V&R

# Edition
# Wege zum Menschen

Herausgegeben vom
Redaktionskreis der Wege zum Menschen
Christiane Burbach, Wilfried Engemann,
Klaus Kießling, Anne M. Steinmeier und
Heribert Wahl

Vandenhoeck & Ruprecht

Christiane Burbach (Hg.)

# … bis an die Grenze

## Hospizarbeit und Palliative Care

Vandenhoeck & Ruprecht

*Umschlagabbildung:*
Skulptur von France Disalvo-Siptrott

Bibliografische Information der Deutschen Nationalbibliothek

Die Deutsche Nationalbibliothek verzeichnet diese Publikation in der Deutschen Nationalbibliografie; detaillierte bibliografische Daten sind im Internet über http://dnb.d-nb.de abrufbar.

ISBN 978-3-525-67014-9
eISBN 978-3-647-67014-0


Satz: weckner media+print, Göttingen
Druck und Bindung: ⊕ Hubert & Co, Göttingen

Gedruckt auf alterungsbeständigem Papier.

# Inhalt

*Christiane Burbach*
Vorwort . . . . . 7

*Annette Behnken*
Dasein und Mittragen – Eindrücke aus dem Kinderhospiz . . . . . 15

*Heike Dech*
Hospizversorgung von Demenzkranken und unterstützende Angehörigenarbeit . . . . . 33

*Heinz Rüegger*
Zum Stellenwert von Selbstbestimmung am Lebensende. Autonomie im Blick auf pflegebedürftige Hochbetagte und Sterbende . . . . . 59

*Verena Begemann*
„Der Tod geht tagein, tagaus neben mir“. Abschiedlichkeit und Gelassenheit als wegweisende Haltungen in der Sterbebegleitung . . . . . 93

*Ulrike Elsdörfer*
„… um die Glückseligkeit in beiden Wohnstätten zu erreichen“. Das islamische Menschenbild und das Verhältnis der Muslime zum Sterben . . . . . 117

*Traugott Roser*
Seelsorge im multikulturellen und säkularen Kontext Québecs. Beobachtungen zur spirituellen Begleitung auf der Palliativstation des Jewish General Hospital Montreal . . . . . 141

*Kurt Buser / Volker E. Amelung / Nils Schneider*
Interviews mit Gemeindepastoren zur Versorgung von Patienten am Lebensende. Eine explorative Studie . . . . . 153

*Ralph Charbonnier*
Seelsorge in der Palliativversorgung. Konzeptionelle, kommunikative und organisatorische Aspekte einer berufsübergreifenden Zusammenarbeit ........ 165

*Frank Kittelberger*
Dem Affen Zucker geben? Supervision als pastoralpsychologische Aufgabe im Feld von Hospizarbeit und Palliative Care ........ 191

*Christiane Burbach*
Burnout in der Hospizarbeit. Anfragen an die Leipziger Untersuchung ........ 209

Autorinnen und Autoren ........ 217

# Vorwort

In verschiedener Hinsicht werden Menschen zu Grenzgängern, die im Hospiz oder auf Palliativstationen arbeiten, die einen nahe stehenden Menschen im Hospiz besuchen, die selbst zeitweilig dort als Gäste weilen, ehrenamtliche Hospizhelferinnen und Hospizhelfer ausbilden oder MitarbeiterInnen in diesem Bereich supervidieren. Die große Grenze zwischen Leben und Tod, Zeit und Ewigkeit, der Alltagswelt und der Welt der Sterbenden übt ihre Wirkungen auf diejenigen aus, die sich ihr nähern.

Menschen sterben so unterschiedlich wie sie das Leben unterschiedlich führen. Einer stirbt, während der Schlusschor der Bach'schen Matthäuspassion von der CD zu hören ist:

> Wir setzen uns mit Tränen nieder
> Und rufen dir im Grabe zu:
> Ruhe sanfte, sanfte ruh!
> Ruht, ihr ausgesognen Glieder!
> Euer Grab und Leichenstein
> Soll dem ängstlichen Gewissen
> Ein bequemes Ruhekissen
> Und der Seelen Ruhstatt sein.
> Höchst vergnügt schlummern da die Augen ein.

Ein anderer stirbt mit dem Schrei: „Nein“ auf den Lippen. Ein Mensch stirbt ohne zu realisieren, dass er stirbt, obwohl er die Signale sehr gut aus der eigenen Hospizarbeit kennt. Aber er wird durch den Tod überwunden während des Kampfes gegen die Krankheitssymptome, die er nicht als final erkennt, sondern während er versucht, selbstständig noch eine Transplantation zu organisieren. Ein anderer Mensch geht geräuschlos und leise aus diesem Leben; noch ein anderer während des Schlafes. Eine hat sich verabschiedet und das Zeitliche im wahrsten Sinne des Wortes gesegnet, eine andere wird vom Todeszeitpunkt überrascht. Bei manchen Menschen ist es ein quälender Kampf, bis es ihnen möglich wird, loszulassen, andere berichten, dass sie das Sterben desjenigen, den sie begleiteten, wie ein Heilwerden erlebt haben. Seelsorgerinnen erzählen von Kindern, die sich angesichts ihrer schweren Krankheit auf den Himmel gefreut haben. Es gibt unterschiedliche Kulturen, wie Sterbende begleitet werden, wie Wahrnehmungen entziffert werden und wie mit Beobachtungen umgegangen wird.

All diese und weitere Grenzerfahrungen machen Menschen, die sich begleitend, pflegend, behandelnd, koordinierend oder supervidierend in diesem Feld bewegen. All diese Grenzerfahrungen müssen ausgehalten und verarbeitet werden. Dazu hat das Hospiz- und Palliativwesen hohe Standards der Professionalität entwickelt, deren grundsätzliches Charakteristikum eine berührbare Unerschrockenheit und gelassene Handlungsfähigkeit darstellt. Dennoch tauchen immer wieder neue Aspekte auf, die wahrgenommen und betrachtet werden wollen. Die Beiträge dieses Buches verstehen sich als Einblicke in neuere Erkenntnisse und Erfahrungen, die die Professionalität der Menschen, die sich für diese Arbeit interessieren, erweitern und vertiefen möchte.

Der erste Text dieses Bandes führt an eine besonders schmerzhafte Grenze, die erreicht wird, wenn Eltern vor die Tatsache gestellt werden, dass ihr gesundes Kind durch die Geburt eine Schädigung erfahren hat, die seine Lebenszeit auf wenige Monate begrenzt. Die Theologin und Pastorin *Annette Behnken* stellt dar, wie das *Kinderhospiz Löwenherz* solch eine Situation zu bewältigen hilft. Welche praktischen und seelsorglichen Unterstützungsangebote hilfreich sind, welche Rollen auf eine Seelsorgerin in diesem Feld warten.

Eine Herausforderung besonderer Art stellt der Umgang mit demenzerkrankten Menschen und ihre Pflege dar. Welche Grenzen hier im Erleben der Angehörigen tangiert oder überschritten werden, zeigen u.a. die Darstellungen von Inge und Tilman Jens in eindrucksvoller Weise.[1] Die Not, in die Ehefrau und Sohn als nächste Angehörige geraten, kommt dem Leser sehr nahe. Ein weiterer Schritt in Richtung Grenzerfahrung ist getan, wenn pflegebedürftige demenzerkrankte Menschen in ihre finale Lebensphase eintreten. Hier können aus Kosten-

1 *Inge Jens,* Unvollständige Erinnerungen, Hamburg $^{2}$1999 und *Tilman Jens,* Demenz. Abschied von meinem Vater, Gütersloh $^{2}$2009.

gründen leicht Grenzen der Menschenwürde und der Lebensqualität tangiert werden. Die Geriaterin und Gerontologin *Heike Dech* zeigt wichtige Perspektiven einer Konzeption zur Sterbebegleitung Demenzkranker auf. Dies ist eine relativ neue Aufgabenstellung für die Hospizarbeit. Demenzkranke Menschen benötigen eine intensivere und lückenlos-kontinuierliche Begleitung, wenn sie körperlich unbeschadet ihren letzten Weg gehen können sollen. Psychosoziales und seelsorgliches Wirken zur Angstreduktion und Beruhigung sind von besonderer Bedeutung. Wichtig wird hier ebenso die kontinuierliche Unterstützung der Angehörigen durch das Hospizteam. Eine Diskussion der verschiedenen Methoden im Hinblick auf ihre Wirkung und Eignung in verschiedenen Kontexten runden die Vorstellung dieses Konzeptes ab.

Ein zur Sterbebegleitung demenzkranker Menschen benachbarter Bereich stellt die Begleitung pflegebedürftiger Hochbetagter dar. Der Geriatrie-Seelsorger und Medizinethiker *Heinz Rüegger* beschäftigt sich in seinem pflege-ethischen Artikel mit dem Grenzgang der Selbstbestimmung trotz altersbedingter Abhängigkeit am Ende des Lebens. Er problematisiert zunächst den aufklärerisch-liberalen Autonomiebegriff, um ihn schließlich zu ergänzen. Notwendig werden der post-liberale Aspekt der „relationalen Autonomie" und der der „Autonomie in Abhängigkeit". Allerdings stellt selbst die „relationale Autonomie" angesichts der Fragilität des Lebens im hohen Alter eine erst noch zu bewältigende Aufgabe dar. Die Tendenz der Pflegeeinrichtungen zur Effizienz und Standardisierung ihres Handelns muss mit diesen subjektiven Vorstellungen, die hier zum Tragen kommen, erst noch in Beziehung gesetzt werden. Dieser Aufgabe sollte sich die Organisation mit ihrer Heimkultur in der Form stellen, dass auch hochbetagte Menschen sich damit identifizieren können. Beide Seiten haben hier die Aufgabe, eine Lebenskunst zu entwickeln. Die Pflegenden: eine professionelle, die das Selbstbestimmungsrecht auch demenziell erkrankter Menschen mit den Pflegestandards auszubalancieren versteht, die Gäste: eine persönliche, die sowohl das eigene Selbstverständnis als auch die Anerkennung der Leistung der Pflegenden im Auge zu halten versucht. Hier ist u.a. an die Herausbildung einer Haltung oder gar Tugend gedacht, die als „Generativität des Alters“ bezeichnet wird, die sowohl Selbstverantwortung als auch Selbstbescheidung umfasst.

Des Weiteren gilt es zu reflektieren, wie mit Patientenverfügungen, die z.B. in einem prae-dementiellen Zustand niedergelegt wurden, umzugehen ist, nachdem eine Demenzerkrankung eingetreten ist und Spannungen zwischen der Verfügung und dem augenscheinlichen Erleben der Lebensqualität auftritt. *Rüegger* plädiert hier für ein verantwortungsvolles interdisziplinäres und unter der Beteiligung von Angehörigen durchgeführtes Auslegungsverfahren. Er plädiert für eine empathisch-solidarische Sorgekultur, die es in dialogischer Eingebundenheit ermöglicht, die Freiheit der Selbstbestimmung in Balance zur unumgänglichen Abhängigkeit bis um Ende zu realisieren.

An und auf der Grenze in ambulanten und stationären Hospizen zu arbeiten, erfordert ein besonderes Ethos. Die Sozialpädagogin und Erwachsenenbildnerin *Verena Begemann* zeigt Methoden und Übungswege für MitarbeiterInnen in diesem Bereich auf, die Raum bieten, um einen gelassenen Umgang mit dem eigenen und dem Sterben anderer zu entwickeln. Abschiedlich leben zu können, ohne das Leben herabzusetzen oder den Tod zu dramatisieren, ist ihr großes Anliegen. Eine wesentliche Voraussetzung dafür, zu gegebener Zeit auch Abschied nehmen und das eigene Leben loslassen zu können, ist für sie das zuvor gelebte Leben in Fülle. Das Innewerden der Vollmacht zur Lebensgestaltung stellt für sie ein wesentliches Element der eigenen Lebenskunst dar. Abschiedliches und gelassenes Leben und Begleiten Sterbender ist jedoch für *Begemann* auch lernbar. Sie stellt wichtige Elemente, kreative Texte und Übungen ihres Curriculums zur Ausbildung von ehrenamtlichen MitarbeiterInnen vor, die die eigenen Erfahrungen mit Abschied, die eigenen Bilder von Pietät, die Vorstellungen vom eigenen Sterben aktivieren, ihrer bewusst zu werden helfen und für die eigene Lebensführung und die Sterbebegleitung fruchtbar zu machen. Gedanken über die Weite und innere Freiheit, die durch Meditation und Gebet entstehen, weisen weitere Übungswege zur gelassenen Existenz.

Den Grenzgang zwischen verschiedenen Kulturen und Religionen unternehmen die nächsten beiden Beiträge.

Einen großen Grenzgang in eine andere Kultur und Religion wagt die Theologin *Ulrike Elsdörfer*. Ausgehend von einer Situation, die eine Krankenhausseelsorgerin angesichts des Sterbens einer Frau, deren ältester Sohn noch nicht anwesend ist, zu bewältigen hatte, sucht sie Spuren des Umganges mit Leben und Sterben im Islam auf. Das islamische Menschenbild, die religiösen Vorstellungen von Gesundheit, Krankheit und Heilung, Alter und dem den religiösen Ritualen entsprechenden Sterben und Trauern werden entfaltet. Hier ist das Wissen um die wichtigen Rituale entscheidend. Durchgeführt werden müssen sie jedoch von Muslimen selbst. Das Wissen darum jedoch wie ebenso die Kenntnis der Konfliktpotentiale für muslimische Menschen in unserem Kontext kann einen wesentlichen Beitrag zu kultureller und religiöser Sensibilität leisten.

Der Theologe *Traugott Roser* berichtet in seinem Beitrag, wie spirituelle Begleitung im multikulturellen und säkularen Kontext Québecs aussieht. In dieser multikulturellen und multireligiösen Gesellschaft, von der Wirtschaftskrise gebeutelt, jedoch für viele Projekte und Anliegen im Krankenhaus auf Spendengelder angewiesen, in diesem säkularisierten Umfeld, in dem sowohl die „Stille Revolution“ als auch die Skepsis gegenüber der Religion, die während der Bush-Ära wuchs, dem pastoralpsychologischen Anliegen heftig zusetzte, kann es leicht geschehen, dass theologische und seelsorgliche Problemlösungsansätze nicht verstanden werden und folglich nicht zum Zuge kommen. Inwiefern dies ein ferner Spiegel auch künftiger bundesrepublikanischer Verhältnisse ist, mag an dieser Stelle offen bleiben.

Den Grenzgang zwischen verschiedenen Professionen, die im Grenzbereich zwischen Leben und Tod tätig werden, beleuchten die beiden nächsten Beiträge.

In welchem Maße sind GemeindepastorInnen bereit und in der Lage, an der Grenze zwischen Leben und Sterben seelsorglich tätig zu werden? Dieser Frage geht die medizinethische Untersuchung von *Kurt Buser, Volker E. Amelung und Nils Schneider* nach. Die 114 befragten evangelischen und katholischen GemeindepastorInnen in Brandenburg betrachten zwar die Seelsorge mit PalliativpatientInnen als eine wichtige Aufgabe, allerdings stellen sich ihnen einige Hürden in den Weg. Diese bestehen im ambulanten Bereich u.a. in einer Mentalität der Kirchenferne oder in Überlastung der Hausärzte; sie ist z.T. Ergebnis der Marginalisierung der Kirchen in der DDR-Zeit. Dass PalliativpatientInnen spirituelle Interessen haben, steht außer Zweifel. Insofern stellt es eine wichtige Aufgabe dar, zum einen interdisziplinäre Kooperationsstrukturen zu schaffen, und zum anderen, PastorInnen im Palliativ Care-Bereich fortzubilden.

Hier setzen die weiterführenden Überlegungen des Medizinethikers *Ralph Charbonnier* ein. Zunächst stellt er die Ziele und die Schritte zur Entwicklung der Palliativ-Regelversorgung dar. Hierbei zeigt es sich, dass besonders das Anliegen der Seelsorge, des Spiritual Care und deren Verzahnung mit den anderen an der Palliativversorgung Beteiligten noch zu wünschen übrig lässt. Die Aufgabe von Seelsorge in diesem Bereich ist eine dreifache: zum einen ein profiliertes Todes- und Sterbeverständnis zu erarbeiten, die Interessenlage der Sterbenden ernst zu nehmen und in ethischen Fragen kommunikationsfähig zu sein. Seelsorge hat in diesem Feld noch einige Profilierungsaufgaben zu lösen: Sie sollte sich zu der in den Palliativversorgungskonzepten vorgesehenen „spiritual care" in Beziehung setzen und sowohl die divergenten als konvergenten Elemente formulieren. Geklärt werden müsste auch, inwiefern Seelsorge in multi-, inter- oder transprofessionelle Kooperationen eintreten kann. Jeweils unterschiedliche Anliegen müssten in diesem Zusammenhang einer Lösung zugeführt werden. Neben diesen Aufgaben formuliert *Charbonnier* Kompetenzen und Fortbildungsinhalte für Seelsorge in diesem Bereich.

Hier gilt es noch verschiedene Aspekte der Professionsentwicklung profilierter zu gestalten zugunsten einer gelingenden Kooperation.

Der Pastoralpsychologe *Frank Kittelberger* befasst sich mit den besonderen Herausforderungen der Supervision mit Ehrenamtlichen im Bereich der Hospizmitarbeit und des Palliative Care. Er bringt Herausforderungen dieses Feldes zur Sprache, die mit den generellen Standards der Supervision nicht leicht vereinbar sind. Verschiedene Tabus wären zu benennen, zu bearbeiten und zu klären, die bisher unter der Decke bleiben, Themen, die bisher nur rudimentär reflektiert sind. Sein Plädoyer geht besonders in die Richtung, die spirituellen Bedürfnisse der PatientInnen und Mitarbeitenden zu fokussieren, zu bearbeiten und auch unter supervisorischen Aspekt zu reflektieren. Schließlich gilt es auch zu bedenken, was es für die Arbeit und Supervision in diesem Feld bedeutet, wenn es tatsächlich eine Zweiklassengesellschaft nicht nur des Lebens, sondern auch des Sterbens geben sollte. Die Klärung blinder Flecken im Bereich der spirituellen Praxis ist hier besonders gefragt.

Schließlich werden von der Praktischen Theologin *Christiane Burbach* Anfragen an die Leipziger Studie zu Burnout in der Hospizarbeit und Palliativpflege gestellt. Angesichts der Tatsache, dass es sich hierbei um normative Institutionen handelt, wurde das Instrumentarium nicht spezifisch genug auf diesen Organisationstypus zugeschnitten. Die Ergebnisse dieser Studie müssen insofern als verzerrt gelten. Die Arbeit im Hospiz hat sehr viel beanspruchendere Facetten als in dieser Untersuchung erkennbar wird. Das Instrumentarium bedarf in einer weiteren Untersuchung dringend der Modifikation, um den bisher nicht in den Blick geratenen Fragen auf die Spur zu kommen.

Die Grenzen, die in den Beiträgen dieses Bandes erkennbar werden, liegen nicht alle auf derselben Ebene. Es werden Grenzerfahrungen persönlicher Art erkennbar, die durch die Unterstützung der Hospizarbeit, ihrer Ausbildung dazu ausgehalten werden können. Es werden aber auch Grenzen erkennbar, an denen durch Organisationsentwicklung, Fortbildungen, Professionsentwicklung gearbeitet werden muss. Schließlich werden auch Grenzen erkennbar, bei denen die Politik gefragt ist. Dies gilt z.B. für die Finanzierungsmodelle des Hospizwesens.

# Dasein und Mittragen – Eindrücke aus dem Kinderhospiz

*Annette Behnken*

*Zusammenfassung:* Die Autorin beschreibt Aufgaben, Funktion und Impulse eines Kinderhospiz' aus der Sicht einer betroffenen Mutter und reflektiert sie aus seelsorgerlicher Perspektive. Die besondere Herausforderung für die Seelsorge im Kinderhospiz sieht sie in der Haltung von Achtsamkeit und Echtheit in der Begegnung mit hochsensibilisierten Menschen in seelischen Extremsituationen, im Mut, existentielle Erschütterung mitzutragen sowie in der Offenheit für die spirituelle Dimension der Erfahrungen der Betroffenen und in der Fähigkeit, diese zu begleiten.

*Abstract:* The author describes function and impulse of a childhospice from the point of view of a concerned mother and is reflecting it from a pastoral perspective. In her view the pastoral care in a childhospice requires an inner attitude of attentiveness and authenticity in the contact with people, who are highly sensitiv because of extreme emotional stress, it besides requires courage, to share existential distress and furthermore to perceive the spiritual dimensions and experiences of the persons and the ability to accompany them.

Von einem Kind an die Grenze des Lebens geführt zu werden, lässt die Grenzen dessen berühren und überschreiten, was aushaltbar, was in Worte zu fassen ist, was bisher geglaubt und gehofft werden konnte. An der Uferlinie zwischen Leben und Sterben verblassen die vertrauten Markierungen des Lebens. Die gewohnten Kriterien und Kategorien des Wahrnehmens, Fühlens, Denkens, Urteilens greifen nicht mehr. Was sind Raum und Zeit? Was ist Schönheit? Was ist Wahrheit? Das Leben an seiner Grenze ist nackt und pur. Wenn ein Kind stirbt, gilt nichts, außer wahrhaftiger und echter Begegnung.

## *1. „Wir sind da – wir tragen mit – im Leben und im Sterben“[1] – Aufgaben und Ziele des Kinderhospiz’*

Durchschlafen dürfen. Nicht geweckt werden vom Klingeln des Pulsoxymeters, das die Vitalfunktionen meiner Tochter überwacht. Nicht immer wieder das Sekret aus dem Rachen absaugen, an dem sie ersticken könnte. Nicht die Nahrungspumpe anschließen und Medikamente sondieren. All das abgeben, ohne schlechtes Gewissen. Ich weiß meine Tochter in den allerbesten Händen der Pflegekräfte des Kinderhospiz’. Sie massieren den kleinen spastischen Körper, stellen eine Duftlampe neben das Bett, machen ein schönes Licht an oder Musik. Sie tun meiner Tochter wohl. In die Eltern- und Familienzimmer des Hospiz’ dringen die Geräusche aus den Zimmern der kranken Kinder nicht vor. Trotzdem liege ich wach. Ich gehe in das Zimmer meiner Tochter und schaue sie an. Es ist mitten in der Nacht. Sie schläft. Nach ein paar Tagen im Kinderhospiz habe ich Kraft geschöpft, auch wieder für Gefühle, und kann weinen. Eine Krankenschwester kommt ins Zimmer, stellt sich schweigend neben mich und schaut mit mir auf das schlafende Kind. Einen Moment lang legt sie ihre Hand auf meinen Rücken. Dann geht sie wieder.

Wenn ich in ein paar Tagen wieder zu Hause sein werde, werde ich spüren, dass ich wieder mehr Geduld und Raum habe, meiner Tochter nicht nur als Pflegefall, sondern als ganz besonderem Menschen zu begegnen, wieder mehr Kraft und Aufmerksamkeit für die Begegnung mit meinem Kind, das nicht sprechen, nicht lächeln, mich nicht anschauen kann, für die Kommunikation über Herz und Hände. Mehr Kraft auch, die Intensität auszuhalten, die in der Gleichzeitigkeit von Schmerz und Liebe liegt. Wenn die Kraft nachlässt, stärkt mich das Wissen, dass es einen nächsten Aufenthalt im Kinderhospiz geben kann, solange meine Tochter lebt.

1 Leitspruch des Kinderhospiz’ Löwenherz in Syke.

## *1.1 Leben in der Dauerkrise*

Das Leben mit einem Kind, das eine lebensbegrenzende Erkrankung oder Beeinträchtigung hat, bedeutet für seine Familie, in einer Dauerkrise zu leben. Für die Familie als System sowie für jedes Familienmitglied individuell wird der dauernde Ausnahmezustand zum Alltag. Der Tagesrhythmus wird durch die aufwändige Pflege des kranken Kindes bestimmt und richtet sich nach seinen jeweils besonderen Bedürfnissen. Trotz Unterstützung durch ambulante Kinderpflegedienste bedeutet die meist rund um die Uhr notwendige Pflege, dass Interessen von Geschwistern und Eltern stets zurückgestellt werden müssen. Den Eltern bleibt wenig Zeit und Kraft für die gesunden Geschwisterkinder oder die Partnerschaft. Häufig belasten zudem ständiger Schlafmangel sowie die nur stark eingeschränkte Möglichkeit, Sozialkontakte pflegen zu können, die Lebenssituation. Die Sorge um das kranke Kind und das ständige Konfrontiertsein mit der Begrenztheit des Lebens müssen seelisch verarbeitet oder mindestens ausgehalten werden. Das Ziel von Kinderhospizen ist es, Entlastung in diese Situation zu bringen. Nicht erst in der letzten Phase des Lebens, sondern schon auf dem Lebensweg davor werden die kranken Kinder und ihre Familien unterstützt – hierin unterscheiden sich Kinderhospize von anderen Hospizen.

## *1.2 Herberge für die ganze Familie*

28 Tage im Jahr haben Familien die Möglichkeit, ihr Kind im Kinderhospiz pflegen zu lassen. Gemeinsam mit dem kranken Kind kann die Familie im Hospiz aufgenommen werden.[2] Die Architektur ermöglicht den Familien akustischen und visuellen

2 In Notfällen können die Kinder auch länger aufgenommen werden. Die Betriebskosten für das Kinderhospiz Löwenherz werden rund zur Hälfte über den Hospizpflegesatz der Krankenkassen und die Pflegeversicherung gedeckt. Dieser Betrag stellt die medizinische und die pflegerische Versorgung sicher. Die Betreuung und Unterbringung der Eltern und Geschwister muss komplett über Spenden finanziert werden. Jährlich sind für den gesamten Betrieb des Kinderhospizes mehr als € 500.000 Spenden notwendig.

Abstand von der Pflegesituation bei gleichzeitiger räumlicher Nähe zum Kind. Mit den Pflegekräften wird verabredet, wie viel Pflege die Familien selbst übernehmen oder abgeben wollen.

Ein Kinderhospiz will Herberge für die ganze Familie sein, ein Ort, an dem sich das kranke Kind, seine Geschwister und Eltern bergen können, an dem wertvolle Lebenszeit möglichst erfüllt gelebt werden kann. Das gilt zunächst für das kranke Kind. Im Hospiz wird es in seiner Persönlichkeit und Eigenart, in seinen Fähigkeiten und Bedürfnissen respektiert, als ein Kind, das sein Leben leben will. In der Pflege geht es über die notwendige medizinische Behandlungspflege hinaus um Wohlbefinden und Freude. Es wird für eine wohltuende Atmosphäre durch Farben, Düfte, Beleuchtung und Musik gesorgt. Leibsorge ist hier zugleich Seelsorge. Alter und Zustand des Kindes angemessen wird massiert, gesnoezelt, gespielt, gebadet, geritten, ins Kino gegangen, gefeiert, ...denn: „Es gibt viel zu leben, bevor man stirbt“[3].

Dann sind da die Geschwister, die Aufmerksamkeit brauchen. Bei ihnen lässt sich häufig eine „Notreife“ beobachten: Sie werden altersunangemessen früh vernünftig und erwachsen. Die Geschwister brauchen Zeiten, in denen sie keine Rücksicht nehmen müssen, sondern Kind sein dürfen. Sie brauchen Menschen, die ihnen authentisch und ehrlich begegnen, im Spiel genauso wie im Gespräch und die ihre ambivalenten Gefühle und ihre Situation respektieren und akzeptieren. Ein pädagogisches Team begleitet die Geschwisterkinder mit altersgerechten Angeboten.

Die Eltern haben im Kinderhospiz Zeit und Raum, um sich mit ihrer Situation und ihren Gefühlen auseinanderzusetzen. In der Entlastungssituation entstehen Freiräume für innere Prozesse. Mit der physischen wächst auch die psychische Kraft, sich solchen inneren Bewegungen zuzuwenden. So kann in Ge-

3 *Sr. Frances Dominica,* A house called Helen ... Ursprung und Geschichte der Kinderhospizarbeit und aktuelle Entwicklungen in Großbritannien, 27, in: Deutscher Kinderhospizverein e.V., Kinderhospizarbeit. Begleitung auf dem Lebensweg. Beiträge der 1. Deutschen Kinderhospiztage 2005. Schriftenreihe des Deutschen Kinderhospizvereins e.V. Band 1, Wuppertal 2006, 25–36.

sprächen mit anderen Betroffenen, mit Mitarbeitenden oder Seelsorgern Verarbeitung geschehen.

Als entlastend und entspannend erleben es viele Familien, dass sie im Hospiz mit ihrer sehr besonderen Situation „ganz normal" sind. Sie fallen nicht störend auf mit einem Kind, das sich ungewöhnlich verhält oder von medizinischen Hilfsmitteln umgeben ist. Die Themen Krankheit und Sterben haben einen selbstverständlichen Ort. Man muss sich nicht erklären, alle befinden sich in einer ähnlichen Lage und manchmal ermöglicht gerade dies, dass sich trotz der Schwere der Situation eine besondere Entspanntheit und Leichtigkeit im Zusammensein einstellt. Bei der Rückkehr in den Alltag fühlen sich die Familien häufig körperlich und seelisch gestärkt und befreit.

„Wir sind da, wir tragen mit, im Leben und im Sterben" – im Hospiz gehört zur Lebens- die Sterbebegleitung dazu. In den letzten Tagen und Stunden des Lebens steht das Wohlbefinden des kranken Kindes an erster Stelle, die palliative Versorgung gehört selbstverständlich dazu. Auch die Angehörigen werden respekt- und liebevoll unterstützt und „ummantelt" (palliare = mit einem Mantel umhüllen). Dabei gehen die Mitarbeitenden des Hospiz' davon aus, dass die Eltern Experten für ihr Kind sind: „ich glaube aufrichtig, dass die Liebe, die Kraft und die Möglichkeit in sich selber hat, alles perfekt zu machen, was ein Kind in einer Sterbephase braucht. Wir als Helfer und Pfleger müssen uns im Klaren darüber sein, dass die Eltern wissen, was sie tun."[4]

Wenn ein Kind gestorben ist, finden seine Angehörigen im Kinderhospiz Raum für den Abschied. Der Umgang mit dem gestorbenen Kind unterscheidet sich in der Regel sehr von dem weitverbreiteten, gesellschaftlich üblichen Umgang mit verstorbenen Menschen. Im Allgemeinen löst der Tod angstvolles Zurückweichen aus. Tod und Sterben werden an spezialisierte Berufsgruppen und Einrichtungen delegiert. Verstorbene Menschen werden schnell fortgebracht und nur selten angeschaut, berührt oder aufgebahrt. Familien im Kinderhospiz dagegen gehen häufig sehr sinnlich und direkt mit ihrem toten Kind

4 Sr. *Frances Dominica*, 30.

um. Sie berühren und liebkosen es, können es selbst waschen und ankleiden, es noch einmal im Arm halten. Im Abschiedsraum des Kinderhospiz' kann das Kind aufgebahrt und in Ruhe Abschied genommen werden. Die Angehörigen können ihren Gefühlen und Impulsen nachgehen, was sich heilsam auf den Trauerprozess auswirkt.

### *1.3 Das Kinderhospiz als gesellschaftlicher Kontrapunkt*

Tod und Sterben machen Menschen vielfach beklommen, lassen sie wegschauen und verstummen. Für Familien mit sterbenskranken Kindern ist solche Erstarrung ihrer Umwelt schmerzhaft, sie verstärkt ihre soziale Isolierung und erschwert die Verarbeitung der Situation sowie den Trauerprozess. Es ist ein Anliegen der Kinderhospizarbeit, das Thema „Kind und Tod" ins Gespräch und ins öffentliche Bewusstsein zu bringen, um zur Entspannung dieser gesellschaftlichen Verkrampfung beizutragen. Dass hier bereits einiges in Bewegung gekommen ist, zeigt die große Bereitschaft in der Bevölkerung, Kinderhospize durch Informations- und Benefizveranstaltungen zu unterstützen. Mit dem Entstehen der ersten Kinderhospize in Deutschland ist eine regelrechte Kinderhospizbewegung gewachsen.

Jedes Hospiz setzt durch seine bloße Existenz einen Kontrapunkt zu gesellschaftlichen Gewohnheiten und Konventionen im Umgang mit Tod und Sterben. Hospize haben insofern auch eine prophetischen Funktion, „prophetisch" verstanden als „kritisch unter die Oberfläche der Dinge"[5] sehend und gesellschaftlichen Konventionen gegenüber widerständig. „Propheten kontrastieren eine bestimmte historische Situation mit der Vision von der Fülle des Lebens im Gottesreich und leiten aus der sich abzeichnenden Differenz Forderungen für die Veränderung der Gegenwart ab."[6] So geht von der Hospizarbeit ein gesellschaftlicher Impuls für eine würdevollere Kultur im Umgang mit Sterben, Tod und Trauer aus, die dem Tod seinen Ort im Leben

5 So *Michael Klessmann* über die prophetische Dimension der Notfallseelsorge, in: Solidarität und Parteilichkeit – Der prophetische Auftrag der Kirche im Kontext der Notfallseelsorge, 99, in: WzM 58 (2006), 94–182.

6 Ebd., 100.

einräumt und ihm seinen Sinn als Vollendung des Lebens zugesteht.

Kinderhospize verschärfen diesen Akzent noch: Das Sterben von Kindern erschüttert in besonderer Weise. Es kann verzweifeln lassen – aber auch die Kostbarkeit des Lebens radikal bewusst machen. Wo Menschen das Sterben, gerade auch das von Kindern, miterleben, wird häufig ein Anstoß für eine neue Prioritätensetzung des Lebens gegeben: „Lehre uns bedenken, dass wir sterben müssen, auf dass wir klug werden" (Ps 90,12).[7]

## *2. Zeuge, Kumpan, Begleiter – Gedanken zur Seelsorge im Kinderhospiz*

„Sie war zwölf Jahre alt, und wir mochten sie alle sehr gern. Ihre Erkrankung machte häufige Klinikaufenthalte erforderlich.

Als sie diesmal kam, war sie auffallend still und redete kaum ein Wort – mit niemandem. Sie sprach nur das Nötigste. Täglich besuchte ich sie. … Oft saßen wir auch nur so schweigend beieinander. … Sie hatte eine tiefe Aura um sich, eine tiefe Aura des Geheimnisses vom Leben. Ich wollte nicht in sie eindringen. Ich wollte sie so respektieren, wie sie war. Und ich wollte auch einfach nicht wahrhaben, daß sie sterben musste.

Als ich sie eines Tages in meinem eigenen Unbehagen fragte, ob ich wiederkommen solle, platzte sie heraus, wütend fast, sie wurde plötzlich ganz lebendig und brüllte mich an: ‚Begreifst du nicht, daß ich nur von dir will, daß du meine Ungeduld mit mir aushältst? – Bleib da, sieh zu, halt aus!' "[8]

7 *Verena Begemann* zeigt in ihrer Dissertation „Hospiz – Lehr – und Lernort des Lebens" auf, wie von der Begleitung sterbender Menschen ethische Impulse für eine „kluge Lebensführung" (10) ausgehen können. Es geht ihr um eine sinnvolle Sterbe – und Trauerkultur, die zu einer neuen „Lebenskunst" (13) motiviert und Orientierung für das eigene Leben gibt. Dies., Hospiz – Lehr – und Lernort des Lebens, Stuttgart 2000.

8 *Dorothea Bobzin*, Das behalt ich mir. Kranke Kinder seelsorgerlich begleiten, Hannover 2004, 65f.

### *2.1 Seelsorge als Zeugenschaft*

„Bleib da, sieh zu, halt aus!" – das Mädchen formuliert in seinem Aufschrei elementare Aspekte für die Seelsorge im Kinderhospiz, für die Begleitung der kranken Kinder ebenso, wie für die von Eltern und Geschwistern. Die kranken Kinder und ihre Familien müssen ihre Situation aushalten, sie können vor ihrem Leben nicht davonlaufen, während sie in ihrer sozialen Umwelt oft auf ausweichendes Verhalten stoßen. Im Kontrast dazu umreißt die Forderung nach „Dableiben, Zusehen, Aushalten" eine seelsorgerliche Haltung der Zeugenschaft.

*Dableiben:* Wissend, dass es sterben wird, fordert das Mädchen die Seelsorgerin auf, an ihrer Seite zu bleiben und sie angesichts ihres Sterbens nicht allein zu lassen: „Meine Seele ist betrübt bis an den Tod; bleibt hier und wacht mit mir!" (Mt 26,38) Der Seelsorger[9] geht in Wachheit und Präsenz ein Stück Lebensweg mit. Er weicht nicht aus, sondern signalisiert, dass er da ist und seinem Gegenüber in dessen emotionalem Chaos, mit allen Gefühlen und Fragen beisteht. „Es geht um das Dabeisein, Danebenstehen, um den Eltern die Kraft zu geben, das zu machen, was sie eigentlich schon können."[10] Dasselbe gilt für die Kinder.

*Zusehen:* Lebensbegrenzend erkrankte oder beeinträchtigte Kinder und ihre Familien erleben Momente großer seelischer Not. Oft haben sie das Bedürfnis, ihr Leid und ihren Schmerz auszudrücken, gesehen und gehört zu werden. Während in unserer Gesellschaft Trauer öffentlich eher zurückhaltend, allenfalls über dunkle Kleidung ausgedrückt wird, kennen andere Kulturen deutlich expressivere Traueräußerungen. Jorgos Canacakis weist auf die Tradition der Klageweiber, der Myroloja (μυρομαι: weinen, beklagen) hin und zeigt auf, wie wichtig der freie Ausdruck von Gefühlen für die Heilung seelischer Wunden und den Trauerprozess ist: „Es ist ausdrücklich erlaubt, den Schmerz so lange, wie man braucht, ausdrücken zu können. Man braucht

9 Die der Einfachheit halber im Folgenden verwandte männliche Form schließt die weibliche jeweils ein.

10 Sr. *Frances Dominica,* 30.

nicht zu erklären, warum und wieso man die Schmerzen so stark empfindet (...). Die Trauernden können ihren Schmerz, ihre Wut, ihren Protest, ihre Schuldgefühle, ihre Verzweiflung dem Toten und den Anwesenden gegenüber ausdrücken. Sie können aber auch ihre Liebe, ihre Sehnsucht und ihre Sympathie zum Ausdruck bringen.“[11]

Der Seelsorger kann ermutigen, die Tränen fließen zu lassen oder den Schmerz und die Wut herauszuschreien. Er ist Augen- und Ohrenzeuge: „Zeig mal deine Wunde. Wer seine Wunde zeigt, wird geheilt.“[12] Seine Ohnmacht und seinen Schmerz zeigen zu können und dabei gehört und gesehen zu werden, hilft, diese Erfahrungen anzunehmen und aus der Ohnmacht und dem Erleiden wieder ins Gestalten zu kommen.

*Aushalten:* Es „mit den Menschen in ihrer Not schweigend und solidarisch auszuhalten – das könnte eine der wichtigsten seelsorgerlichen Aufgaben sein.“[13] Mit-Aushalten, was schier unaushaltbar ist – das bedeutet für die Betroffenen, im Seelsorger ein stabiles Gegenüber zu haben, während die Welt aus den Fugen gerät. Der Seelsorger hält in aller Empathie dem möglichen inneren und äußeren Zusammenbruch des anderen stand. An den Tiefpunkten des Leidens brauchen Menschen solidarische Begleiter, Verbündete, Kumpane (cum panis, „mit dem Brot“ – Brot als Symbol für das zum Überleben Notwendige)[14].

11 *Jorgos Canacakis*, Ich sehe deine Tränen. Trauern, klagen, leben können, Stuttgart 1987, 116f.

12 *Joseph Beuys*, zitiert in: *Christoph Schlingensief*, So schön wie hier kanns im Himmel gar nicht sein, Köln 2009, 197. *Schlingensief* beschreibt, wie ihm in der Auseinandersetzung mit seiner Krebserkrankung wichtig wurde, sich mit seiner seelischen Verwundung zeigen zu dürfen und wie schwer die gesellschaftlich üblichen Durchhalteparolen („Kopf hoch! Das wird schon wieder!“) es machen, zu schmerzhaften Lebenseinschnitten zu stehen, vgl. ebd.

13 *Jürgen Ziemer*, Seelsorgelehre, Göttingen 2000, 294.

14 So Sr. *Frances Dominica*, 30.

## *2.2 Demütige Seelsorge*

Die Angehörigen eines lebensbegrenzend erkrankten, eines sterbenden oder eines gestorbenen Kindes befinden sich seelisch in einer Situation erhöhter Sensibilität und Verletzlichkeit. Oft sind sie wie in innerer Alarmbereitschaft, alle Antennen sind empfangsbereit. Das macht ausgesprochen empfindsam für atmosphärische Störungen und mangelnde Authentizität in der Begegnung. Es verlangt dem Seelsorger den Verzicht auf Antworten und Ratschläge ab, wo er selbst ratlos ist. Er ist Begleiter, der akzeptierend und emphatisch reagieret, nicht mit schnellem Trost und Zureden, sondern mehr hörend als redend, mehr schauend als zeigend, Fragen und Leerstellen aushaltend. Solche Seelsorge ist „demütige Seelsorge". „Die Demut des Seelsorgers verzichtet darauf, etwas ‚machen' zu wollen in einem Raum der Ohnmacht, auch wenn dies verbunden sein mag mit dem Gefühl der Hilflosigkeit und Inkompetenz."[15] Die Hilflosigkeit des Anderen zu teilen, ist vielleicht die entscheidende Hilfe. Sister *Frances Dominica*, Begründerin des Helen House, des weltweit ersten Kinderhospiz' in England 1978, berichtet: „Nach 23 Jahren habe ich sogar weniger Antworten auf die großen Fragen, als ich am Anfang hatte. Und immer wieder habe ich überhaupt keine Worte. Und alles, was wir machen können, ist, als Begleiter zur Seite zu stehen."[16]

„Demütige Seelsorge" kann für den Seelsorger auch meinen, sich für das, was in der Begleitung an Erfolg und Scheitern geschieht, nicht ausschließlich selbst verantwortlich zu fühlen, sondern in allem mit der Wirkung „eines Dritten" zu rechnen. So kann er sich davor schützen, am Scheitern zu verzweifeln oder am Erfolg größenwahnsinnig zu werden.[17]

15 *Werenfried Wessel*, Seelsorge, 195, in: Johann-Christoph Student (Hg.), Sterben, Tod und Trauer. Handbuch für Begleitende, Freiburg 2004, 194–197.

16 Sr. *Frances Dominica*, 30.

17 Vgl. dazu: *Monika Renz*, Grenzerfahrung Gott. Spirituelle Erfahrungen in Leid und Krankheit, Freiburg 2006, 87.

## *2.3 Abschied nehmen und Beziehung gestalten*

Seelsorge im Kinderhospiz ist Begleitung auf einem ganz besonderen Stück Lebensweg. Wenn den Eltern das alltägliche Sorgen für das kranke Kind erleichtert wird, kann die Sorge um und für die eigene Seele Raum bekommen. Unbewältigte Konflikte der eigenen Biographie oder Partnerschaftsprobleme kommen an die Oberfläche, so dass die Seelsorge im Kinderhospiz ganz „normale" Ehe- und Lebensberatung sein kann. Im Wesentlichen aber geht es darum, Menschen in unterschiedlichen Phasen des Abschiednehmens und Trauerns zu begleiten.

Am Beginn steht die Auseinandersetzung mit der Diagnose. Die mit der Aussage: „Ihr Kind wird sterben" verbundene Erschütterung muss verarbeitet werden. Es muss Abschied genommen werden von den Hoffnungen und Wünschen, die an ein gesundes Kind geknüpft sind und von der Vorstellung, wie das Leben mit diesem Kind bzw. für es hätte sein sollen. In der Lebenszeit des kranken Kindes erleben Eltern und Geschwister vorweggenommene Trauer um das Kind und die gemeinsame Zukunft. In dieser Zeit geht es darum, der Familie den Rücken zu stärken und ihr dabei zu helfen, ihr Kind zu begleiten. Das beinhaltet zum einen, die Angehörigen darin zu unterstützen, sich Freiräume und Kraftquellen für sich selbst zu suchen, um den gemeinsamen Weg bewältigen zu können. Zum anderen bedeutet es, die Familie darin zu unterstützen, die kostbare Zeit mit dem kranken Kind mit Leben zu füllen. „Die Trauer nach dem Tod des Kindes fällt so auf fruchtbareren tragfähigeren Boden. Dem oftmals beobachteten Phänomen des Zerbrechens der Elternehe nach dem Tod des Kindes könnte diese Arbeit Vorschub leisten."[18]

Später geht es darum, den Abschied vom gestorbenen Kind zu gestalten. In diesem Zusammenhang wird in der klassischen Trauerbegleitung häufig davon gesprochen, dass der verstorbene Mensch „losgelassen" werden müsse. Diesem „Dogma" der klassischen Trauerpsychologie widerspricht der Psychotherapeut und Vater eines verstorbenen Sohnes *Roland Kachler*. Sein alternativer Ansatz versteht den Trauerprozess als kreative Be-

18 *Bobzin*, 119.

ziehungsarbeit: „Der Tod beendet das Leben, aber nicht die Liebe! Die Trauer zeigt, wie sehr wir den Verstorbenen liebten und immer noch lieben. Die Trauer will, dass die Liebe weitergeht – über den Tod des geliebten Menschen hinaus."[19] *Kachler* ermutigt, in der Liebe zum Verstorbenen zu bleiben und eine neue Beziehung zu gestalten, in der der verstorbene Mensch einen inneren Ort findet.[20]

### *2.4 Aushalten und vertrauen*

Damit das Erfahrene verarbeitet werden kann und seelische Wunden heilen können, ist es essentiell für die betroffenen Menschen, Zugang zu ihrer emotionalen Kraft und intuitiven Kompetenz zu finden. Der Weg dorthin führt über die Wahrnehmung der eigenen Gefühle. In den Gefühlen wirklich anzukommen, insbesondere den schweren Gefühlen wie dem Schmerz über den Verlust der gemeinsamen Zukunft und der Sehnsucht nach dem verstorbenen Kind nicht auszuweichen, fordert den Betroffenen Kraft und Mut ab. Doch erst im Spüren dessen, was verloren ist, beginnt eine innere Suchbewegung: „Nur im Wahrhaben des Schrecklichen und dessen bewusstem Aushalten kommt es zu jener äußersten Spannung, in der sich das Neue von innen her wie eine Frucht des Prozesses konstelliert."[21] *Monika Renz*, die solche Prozesse intensiv begleitet und reflektiert hat, betont, dass Formulierungen wie „bewusst aushalten" und „Spannung aufrecht erhalten" nicht

19 *Roland Kachler*, Meine Trauer wird dich finden. Ein neuer Ansatz in der Trauerarbeit, Stuttgart 2005, 10.

20 Wie ungewöhnlich solches Suchen nach einer Beziehung zum Verstorbenen für protestantisches Denken ist, das den Tod eher als Verhältnislosigkeit bestimmt, zeigt *Hans-Martin Gutmann*, der in Abgrenzung zu dieser Position die Möglichkeit einer Beziehung zu verstorbenen Menschen aus evangelischer Perspektive beleuchtet. Er hält das Loslassen und Abschiednehmen, das Akzeptieren des Verlustes für eine notwendige aber ergänzungsbedürftige Seite des Trauerprozesses, zu ergänzen um das Gestalten einer neuen Beziehung, für die auch die evangelischen Seelsorge Symbole und Rituale anbiete. In: *Hans-Martin Gutmann*, Mit den Toten leben – eine evangelische Perspektive, Gütersloh 2002.

21 *Renz*, 58.

masochistisch interpretiert werden dürfen, sondern dass es im Gegenteil um das Potential im Leiden geht, aus dem neue Antworten und Kräfte entstehen können: „Leiden wird dort kreativ, wo Menschen unverschönert aushalten und zugleich dem Prozess, dem Schicksal oder dem Leben oder Gott (wie immer sie das formulieren) schlussendlich mehr zutrauen.“[22]

Es geht ausdrücklich nicht um eine Mystifizierung des Leidens, sondern um die Bereitschaft, zu fühlen, die tiefsten Sehnsüchte, die Wut, den Schmerz, die Liebe, und dadurch innerlich lebendig zu bleiben.

## *3. „ … bis ans Ufer“ – Rituale in der Kinderhospizseelsorge*

Unsere Tochter ist gestorben. Wir sind zum Abschiedsritual ins Kinderhospiz Löwenherz eingeladen. Der Seelsorger und einige Mitarbeitende, zu denen sich eine besondere Beziehung entwickelt hat, begrüßen uns. Im Eingangsbereich des Hospiz' brennt eine Kerze. Daneben ist das Abschiedsbuch aufgeschlagen, zwei Seiten, gefüllt mit von Gästen und Mitarbeitenden des Hospiz' aufgeschriebenen Gedanken, Wünschen, Gedichten und Gebeten für unsere Tochter. Familien, die zu Gast im Hospiz sind, Pflegekräfte, der Seelsorger, mein Mann und ich sitzen im Kreis, auf Stühlen und auf dem Fußboden, in der Mitte liegt ein goldgelbes Tuch. Darauf ein Foto unserer Tochter, außerdem eine Ikone, ein Kreuz und viele Kerzen. Über allem schwebt ein großer, orangefarbener Luftballon, an dem ein Schmetterling hängt, den wir bei unserem ersten Aufenthalt im Löwenherz für unsere Tochter gebastelt haben. Zusammen mit den vielen Schmetterlingen anderer Kinder hing er bis jetzt im Eingangsbereich des Hospiz'. Es werden Gebete gesprochen und Texte gelesen. Eine Kinderkrankenschwester liest einen Text, der mir in der Begleitung meiner Tochter wichtig geworden ist:

„Ich werde nicht mit dir hinübergehen,
aber ich begleite dich an die Grenze.
Ich werde den Schmerz nicht von dir nehmen,
aber ich werde mit dir fühlen.
Ich werde nicht verneinen, was ist

22 Ebd., 59.

aber ich reiche dir die Hand
auf der Suche nach dem Warum und dem Ja.
Ich werde mich nicht aufgeben.
Ich werde dich loslassen, wenn die Zeit kommt
und ich bin mit all meinem Respekt
und mit meiner Liebe bei dir und deinem Weg,
bis ans Ufer."[23]

Einige der Pflegekräfte erzählen von ihren Begegnungen mit unserer Tochter. Wir singen, zünden Kerzen an und sprechen Wünsche und Bitten aus. Dann gehen wir gemeinsam nach draußen. Mein Mann und ich halten den Luftballon mit dem Schmetterling. Alle Anwesenden stellen sich im Kreis um uns, so dicht, wie es geht. Es ist still. Irgendwann sind wir bereit, Ballon und Schmetterling loszulassen. Es sieht schön aus, wie der Ballon schnell in die Höhe steigt und der Schmetterling in der Luft tanzt. Wir schauen ihm nach, bis wir ihn nicht mehr sehen können.

### *3.1 Übergänge begleiten*

Aus gutem Grund nehmen Rituale großen Raum in der Seelsorge im Kinderhospiz ein. Die Gefühle der Familien eines Kindes vor, während und nach seinem Sterben sind kaum in Worte zu fassen. Rituale bieten eine Form für das Unfassbare, ein Gefäß für die Emotionen in ihrer Wucht und chaotischen Abgründigkeit. Sie geben den Gefühlen Ausdruck und Richtung, strukturieren das innere Chaos und binden es in eine Gemeinschaft ein, die in der Haltlosigkeit mit trägt und stützt. Belastende Gefühle können in die ritualisierte Form hinein abgegeben werden.

Die Rituale im Kinderhospiz sind religiös und weltanschaulich in ihren konstitutiven Elementen und ihrer Symbolik offen und werden, wo es passt, um Symbole und Elemente ergänzt, die dem geistigen Hintergrund der Angehörigen entsprechen. In ihrer Intention entsprechen diese Rituale der klassischen Funktion von Kasualien als Passageriten, ritualisierte Begehungen von Übergängen, auch von Statusübergängen.[24]

23 Mu-un Ra. Der Text hängt am Eingag zum Abschiedszimmer im Kinderhospiz Löwenherz in Syke.

24 Vgl. *Ziemer*, 250.

Mit allen Übergängen gehen ambivalente Gefühle einher. Der erste Aufenthalt im Kinderhospiz ist solch ein Übergang, der neben der Entlastung und Erleichterung für viele Familien auch mit schweren Gefühlen verbunden ist und in Ritual und mit Symbolik (etwa im Kinderhospiz Löwenherz durch das Gestalten und Aufhängen eines Schmetterlings) begleitet wird. Wer das erste Mal Gast im Kinderhospiz ist, hat möglicherweise noch den Schock der Diagnoseeröffnung in den Knochen. Der erste Aufenthalt bedeutet zudem, dass die Diagnose, dass keine kurative Therapie möglich ist, endgültig angenommen werden muss, was mit Gefühlen von Angst, Frustration, Unsicherheit, Trauer etc. verbunden sein kann. Dazu kommt, dass das Hospiz zunächst ein fremder Ort mit fremden Menschen ist. Das Vertrauen, das eigene Kind dort abgeben zu können, die Vertrautheit mit Mitarbeitern, Gästen und Räumlichkeiten muss erst wachsen. Es ist neu, möglicherweise befremdlich und angstauslösend, sich in einer Umgebung aufzuhalten, in der Sterben und Tod selbstverständlich ihren Platz haben und so wenig verdrängt werden können.

Den Übergang vom Leben zum Tod markiert die Abschiedfeier als ritualisierte Begehung dieses Überganges, die zudem den Statusübergang der Angehörigen in eine neue gesellschaftliche Position begleitet. In solchen Krisensituationen haben Rituale auch identitätsstiftende Funktion: Nach dem Tod ihres Kindes müssen sich die Angehörigen neu finden und neu im Leben ausrichten.

### *3.2 Grenzerfahrung Gott*[25]

Familien, die ihr Kind im Sterben begleiten machen im wahren Wortsinn Grenzerfahrungen. Sie begleiten ihr Kind im Sterben bis an die Grenze, die der Tod bedeutet, „bis ans Ufer“. Das Sterben des eigenen Kindes hautnah mitzuerleben und zu

25 *Monika Renz* beschreibt in ihrem gleichnamigen Buch die Beobachtung, dass spirituelle Erfahrungen sich häufig in Grenzsituationen des Lebens, insbesondere im Konfrontiertsein mit der Endlichkeit des Lebens ereignen.

spüren empfinden Eltern, als würde etwas in ihnen selbst mit sterben. Diese Erfahrung kann in einer Tiefe des Erlebens erschütternd sein, die das Wahrnehmen und Fühlen der Alltagswirklichkeit übersteigt. Rituale nehmen auch solche Erfahrungen auf. Sie transzendieren in ihrer symbolhaften Form und gerichteten Gestik den Bereich menschlichen Erlebens, der kognitiv einholbar und theoretisch artikulierbar ist. Sie formulieren und begehen „die Bezogenheit der Teilnehmenden auf solche Wirklichkeit, die an der Grenze der Alltagswirklichkeit begegnet. Sie stehen an den Übergängen, wo Alltag und Transzendenz sich berühren."[26]

Indem Rituale auf eine transzendente Dimension hin offen sind, entsprechen sie der anthropologischen Struktur, die *Karl Rahner* die „Frage, die der Mensch ist"[27] nennt. Die „Frage, die der Mensch ist" fragt über das Individuum hinaus nach einem transzendenten Gegenüber. Solche Öffnung auf eine transzendente Dimension hin, solches Tasten „bis ans Ufer" kann sich in Ritualen vollziehen. In Ritualen verlassen Menschen den Bereich des Machbaren und öffnen sich einer religiösen Dimension, mit der sie an der Grenze des Lebens in Berührung kommen. In den Notsituationen des Lebens brechen existentielle Fragen auf und eine große Offenheit für das, „was uns unbedingt angeht", wie *Tillich* es formuliert. Im oben zitierten Gedicht wird für die Grenze zwischen Leben und Tod das Bild des Ufers verwendet: Wer am Ufer steht, kann zur anderen Seite hinüberrufen oder einen Blick auf die andere Seite erhaschen. Die Grenze ist nicht absolut – das können Menschen in Ritualen erleben.

26 *Eberhard Hauschildt,* Was ist ein Ritual? Versuch einer Definition und Typologie in konstruktivem Anschluss an die Theorie des Alltags, 30.

27 *Karl Rahner,* Grundkurs des Glaubens, Freiburg 1984, 41ff.

## *4. „... der Augenblick ist mein ...“ – Ein abschließender Gedanke*

Von ihrer Sterblichkeit her fragen Menschen nach dem Sinn des Lebens. Aus der Perspektive des Todes fragen Menschen über sich selbst hinaus. Dass dies im Umfeld von Hospizen geschieht, ist nahe liegend. Doch auch aus der Perspektive der Geburt ergeben sich ähnliche Fragen. Angesichts des Wunders einer Geburt fragen Menschen nach Ursprung und Ziel, Sinn oder Zufälligkeit des Lebens, nach dem, was die individuelle Identität und das eigene Leben begründet und übersteigt.

Geborenwerden und Sterben als fundamentalanthropologische Sachverhalte haben in der Ähnlichkeit ihrer Fragestellungen jedoch eine vollkommen konträre Dynamik. Vom Sterben her zu denken oder zu leben, bedeutet, auf etwas hin zu leben. Die Sinnfrage stellt sich aus dieser Perspektive als eine Frage des Wozu oder Woraufhin des Lebens. Aus der Perspektive des Todes ist das Leben abschiedliches Leben. Vom Geborenwerden her zu denken und zu leben bedeutet, von etwas auszugehen, von etwas herzukommen, sich zu verdanken.[28] Aus dieser Perspektive ist das Leben begrüßendes Leben. Aus welcher Perspektive ein Mensch lebt, macht im Lebensgefühl einen Unterschied, der deutlich werden mag an den Fragen: Wie würde ich leben, wenn heute der letzte Tag meines Lebens wäre? Wie würde ich leben, wenn heute der erste Tag meines Lebens wäre?

Im Kinderhospiz liegen Geborenwerden und Sterben, erster und letzter Tag des Lebens zu nahe beieinander. Die Sinnfrage stellt sich in potenzierter Form, aus beiden Perspektiven, und sie steht zugleich in der Spannung der unterschiedlichen Zielrichtungen. Begrüßendes und abschiedliches Leben fallen zusammen. Begrüßend und abschiedlich zugleich zu leben, das

28 Die Bedeutsamkeit der Geburtlichkeit des Menschen für eine christliche Anthropologie und Ethik untersucht *Karin Ulrich-Eschemann* unter Aufnahme und Abgrenzung von *Hannah Arendts* Natalitätsgedanken, in: *Karin Ulrich-Eschemann*, Vom Geborenwerden des Menschen. Theologische und philosophische Erkundungen, in: *Eckhard Lessing / Peter Neuner / Dietrich Ritschl* (Hg.), Studien zur systematischen Theologie und Ethik, Band 27, Heidelberg 2000.

erzeugt in seinem Paradox eine intensive innere Spannung. Es funktioniert nur in der Synthese beider Haltungen: Leben im Augenblick.

Menschen, die mit dem Sterben oder dem Tod ihres Kindes oder eines geliebten Menschen leben müssen, können dies manchmal nur dadurch aushalten und dadurch innerlich heil bleiben, dass sie sich ganz auf die Wahrnehmung des Augenblicks konzentrieren: Was ist jetzt? Was empfinde ich in diesem Augenblick? Wie fühlt sich der Kontakt zu meinem (lebenden oder verstorbenen) Kind in diesem Moment an? Was ist jetzt zu tun?

Geburt und Tod unterbrechen den alltäglichen Fluss des Zeitkontinuums. Nach der Geburt eines Menschen und nach dem Tod eines Menschen scheint die Zeit einen Moment stehen zu bleiben, nichts ist, wie es bisher war, die Welt ist eine andere geworden.: „Bei Gott, es fehlt ein Stück / Haltet die Welt an / es fehlt ein Stück / sie soll stehen.“[29] Ebenso verläuft der Augenblick als Kairos nicht innerhalb der horizontalen Zeitschiene, sondern bricht vertikal in die Zeit ein. Im Augenblick begegnet dem endlichen Menschen Ewiges.[30] Im Augenblick sind Vergangenes und Zukünftiges, Diesseitiges und Jenseitiges, Zeitliches und Ewiges aufgehoben in absolute Gegenwärtigkeit:

Mein sind die Jahre nicht,
die mir die Zeit genommen,
mein sind die Jahre nicht,
die etwa mögen kommen,
der Augenblick ist mein,
und nehm ich den in acht,
so ist der mein,
der Jahr und Ewigkeit gemacht.

*Andreas Gryphius*

29 Liedtext der Gruppe Glashaus.
30 Vgl. *Ulrich-Eschemann*, 62.

# Hospizversorgung von Demenzkranken und unterstützende Angehörigenarbeit

*Heike Dech*

*Zusammenfassung:* Die Gefahr des Verlustes von Lebensqualität und Menschenwürde stellt sich bei Demenzerkrankten in besonderem Maße. Die Sterbebegleitung von demenzkranken Patienten im Rahmen der Hospizbewegung ist eine noch relativ junge Idee und stellt vollkommen neue Anforderungen, die über den Rahmen der bisher praktizierten Sterbebegleitung hinausgehen, da Demenzkranke ihre Autonomie und Selbstbestimmung erheblich früher einbüßen als Sterbende, die sich im normalen Prozess eines Sterbens aufgrund schwerer körperlicher Erkrankungen oder aus Altersschwäche befinden. Der Herausforderung einer Alternativkonzeption zur Sterbebegleitung von Demenzpatienten hat sich die Hospizbewegung neu zu stellen. In dieser Übersicht werden ethische Aspekte sowie Fragen der praktischen Umsetzung und der Verwendbarkeit spezifischer Methoden im Umgang mit Demenzkranken und ihren Angehörigen im Hinblick auf die zumeist ehrenamtliche Hospizarbeit erörtert.

*Abstract:* Experiencing diminishing dignity and quality of life is a common problem in patients with dementia. Palliative care of patients suffering from dementia is a relatively new concept and requires new skills and methods, differing from those in typical palliative care situations. Patients with dementia lose their autonomy and self-determination earlier than others. Alternative approaches and methods are required to understand and meet their specific needs. In this paper, ethical issues as well as specific methods of communicating with dementia patients and their relatives are discussed. These ideas are considered from the point of view of their implementation into both volunteer and professional work.

## *1. Lebensqualität als Voraussetzung für ein menschenwürdiges Leben*

Die Diskussion um Lebensqualität hat einige Kontroversen hervorgerufen. Trotz aller Debatten um Inhalte und Grenzen des Begriffs „Lebensqualität“ ist davon auszugehen, dass seine

Definition von unterschiedlichen Seiten abgesichert ist.[1] Seine wesentlichsten Inhalte bilden die Begriffe Menschenwürde, Gesundheit und ein erfülltes Leben auf den verschiedenen soziokulturellen Ebenen. Das Grundgesetz der Bundesrepublik Deutschland sichert mit der Aussage, dass „die Würde des Menschen unantastbar" ist, einen wichtigen Bestandteil von Lebensqualität als ein Grundrecht des Menschen als gesetzlich verbrieftes Recht ab. Zwischen Lebensqualität und menschlicher Würde besteht inhaltlich ein enger Zusammenhang, denn die Dimension der Lebensqualität mit all ihren Voraussetzungen ermöglicht erst ein menschenwürdiges Leben.[2] Das bezieht sich naturgemäß nicht nur auf den autonomen Menschen, der – im Stand der Gesundheit – sein Leben frei bestimmen können muss, sondern ebenso auf den Sterbenden. Besonders problematisch ist der Lebens- oder Sterbeprozess eines an Demenz Erkrankten, der über diese Autonomie nicht mehr verfügt und bis zu hohen Graden auf die Unterstützung seiner Umwelt angewiesen ist.[3]

Der Begriff einer lebensqualitativ hoch stehenden Menschenwürde hat in unserer Zivilisation christliche Wurzeln und Bedingungen. Die christliche Ideenwelt setzt voraus, dass Gott den Menschen als ein ganzheitliches Wesen, bestehend aus Leib, Geist und Seele, als ein personal strukturiertes Wesen geschaffen hat. Auf ein solches Menschenbild beruft sich naturgemäß auch die Hospizbewegung zur Begleitung demenzkranker Sterbender, denn gerade in dieser kritischen Phase, in der die natürliche Autonomie verloren geht, bleibt die Aufrechterhaltung der Würde des Patienten ein wesentlicher Bestandteil seiner Lebensqualität.

1 Vgl. z.B. *John Orle/Willem Kuyken* (Hg.), Quality of life assessment: International perspectives. Heidelberg: Springer 1994, oder auch *Clemens Tesch-Römer,* Lebensqualität im hohen Alter: Herausforderungen für Forschung und Praxis. Blätter der Wohlfahrtspflege 149 (2002) 165–168.

2 Vgl. *Heinz Rüegger*, Würde im Alter – eine kritische Besinnung auf das Verständnis menschlicher Würde, Wege zum Menschen 59 (2007) 137–151.

3 *Thomas Klie,* Würdekonzept für Menschen mit Behinderung und Pflegebedarf; Balance zwischen Autonomie und Sorgekultur. Zeitschrift für Gerontologie und Geriatrie 38 (2005) 268–272.

Die empirische Konzeption der Würde des Menschen, die keine transzendenten Begründungen in den Vordergrund stellt, ist als Ergänzung der spiritualen Wurzeln des Begriffs durchaus brauchbar. Auf dieser Ebene versteht sich die Begriffsdimension als Kontext eines Gesellschaftsvertrages. Zum Erhalt der Menschenwürde gehört in diesem Bereich die Absicherung individueller und sozialer Lebensmöglichkeiten des Individuums, seine rechtliche Gleichstellung gegenüber den Mitmenschen, die Wahrung seiner Integrität und Identität, die Beachtung der Grenzen staatlicher Gewaltanwendungsmöglichkeiten sowie der Respekt vor der physischen Kontingenz des Individuums. Im Zusammenhang mit dem Begriff der Unantastbarkeit der Menschenwürde lässt das empirische Konzept aber auch Ansätze eines Relativismus erkennen, da die Autonomie des Einzelnen stark von bestimmten Definitionen abhängig gemacht wird.[4] Auch die WHO[5] hat sich um eine Definition des Begriffes der Gesundheit im Rahmen von Lebensqualität bemüht und definiert den Begriff als einen Zustand körperlichen, seelischen und sozialen Wohlbefindens, der nicht nur auf das Freisein von Krankheit und Gebrechen bezogen zu sehen ist. Auch hier wird die Ganzheitlichkeit des Individuums angesprochen, wie sie im Begriff der Unantastbarkeit der Menschenwürde mitschwingt.

Die Lebensqualität, die ganzheitliche Gesundheit und somit die Würde des Menschen sind im System des globalisierten Wettbewerbs zunehmend dem Druck der sozioökonomischen Prioritäten ausgesetzt. Die Fortsetzung eines sinnvollen Lebens und der Aufrechterhaltung von Lebensqualität unterliegen besonders dort einem hohen Kostendruck, wo der Sterbende oder der in seinen Sterbeprozess eingetretene Demenzkranke seine persönliche Autonomie – seine selbstbestimmte Handlungsfähigkeit – verloren hat. Die Messung von Lebensqualität orientiert sich aufgrund des durch den Pflegezwang entstehenden Kostendrucks oft ausschließlich an den Bedingungen des nor-

4 *Peter Kampits*, Ethische Probleme um das Lebensende: Sterbebegleitung – Sterbehilfe. Wiener Medizinische Wochenschrift 152 (2002) 317–319.

5 *WHO*, Psychiatry of the elderly – A consensus statement. Division of Mental Health (WHO / MNH / MND / 96.7). Geneva, 1996, WHO.

malen Lebens und seiner Autonomiefähigkeit[6]. Pflegebedürftigen Menschen, besonders Sterbenden, wird in diesem Sinne eine mangelhafte Autonomie attestiert. Die Perspektive der Betroffenen, die auch von den Angehörigen repräsentiert wird, fällt nicht selten aus der Berücksichtigung heraus. Die Situation in Alten- und Pflegeheimen lässt erkennen, dass sich die Lebensqualität der Menschen, die von Pflegebedürftigkeit und/oder Demenz betroffen sind, am finanziellen Budget orientiert. Die Pflege reduziert sich daher oft auf pure Mechanismen.[7] Dem Sonderfall „Demenzerkrankter" will sich dieser Beitrag widmen.

## 2. *Neue Sicht auf den Pflege- und Sterbeprozess demenzerkrankter Personen*

Die Gefahr eines Verlustes von Lebensqualität und Menschenwürde stellt sich bei Demenzerkrankten erheblich früher ein als bei Menschen mit normaler Altersschwäche. Die Demenz zeigt mit zunehmender Krankheitsprogression erheblich gravierendere Effekte, da die Patienten unter Umständen schon lange vor ihrem physischen Tod in einen Prozess des Autonomieverlustes eintreten, der ihr Mitteilungs- und Kommunikationsvermögen zunehmend vermindert. Demenzkranke – etwa im Sinne der Alzheimerschen Krankheit – leiden prinzipiell unter einer zunehmenden Beeinträchtigung ihrer Hirnfunktionen, insbesondere der Orientierung und des Gedächtnisses. Sie büßen nicht nur ihre Orientierung in Zeiträumen und zeitlichen Abläufen ein, sondern verlieren auch das räumliche Orientierungsbewusstsein. Sie verlieren ihre bisherige personale Identität. Sie sind einer autonomen Selbstbestimmung immer weniger fähig. Sie haben keine situative Orientierung mehr und sind deshalb

6 *Thomas Klie*, Sterben in Würde – zwischen Autonomie und Fürsorge. Ein Beitrag zur aktuellen juristischen Diskussion. Zeitschrift für Gerontologie und Geriatrie 36 (2003) 347–354.

7 So beispielsweise die Kritik von *Karin Wilkening/Mike Martin*, Lebensqualität am Lebensende: Erfahrungen, Modelle und Perspektiven. Zeitschrift für Gerontologie und Geriatrie 36 (2003) 333 –338.

auf intensive Betreuung angewiesen. Der Verlust der zeitlichen Orientierung führt dazu, dass die Patienten sich nicht mehr an einen Tagesplan halten können, die Uhrzeit vergessen und mit Hilfe der Betreuer dazu gebracht werden müssen, sich an einem von außen herangetragenen Zeitplan zu orientieren. Die räumliche Orientierungslosigkeit Demenzkranker bringt es mit sich, dass sie die Fähigkeit verlieren, räumlich sinnvolle Handlungen auszuführen. Die Demenz schafft eine eigene, verworrene Raumordnung, nach der sich der Kranke richtet, sodass sie etwa Eigentum oder Gebrauchsgegenstände an dafür nicht geeigneten Orten ablegen oder sich verlaufen. Die personelle Orientierungslosigkeit der Demenzkranken schließt ein, dass sie ab einem höheren Schweregrad ihre nächsten Angehörigen nicht mehr erkennen. Auch das Bewusstsein für ihre eigene Identität, und damit für adäquate Reaktionen auf ihre Außenwelt, geht ihnen allmählich verloren. Situative Orientierungslosigkeit bedeutet den Verlust sinnvoller Handlungsprogramme gegenüber der unmittelbaren Umgebung und ihren aktuellen Anforderungen. Insgesamt bilden die, über einen längeren Zeitraum entstehenden Verlustmomente als Summe einen zunehmenden, im weiteren Verlauf fast totalen Verlust jeder Autonomie, im Sinne einer vollkommenen Hilflosigkeit. Es gibt jedoch bei Demenzkranken stets Residuen einer bestimmten Handlungskompetenz.

Ganz offensichtlich bedürfen Demenzpatienten mit dem Fortschreiten ihrer Erkrankung eines zunehmend höheren Pflegeaufwands. Inwiefern und ob es sich bei einer einsetzenden Demenz bereits um einen Sterbeprozess handelt, ist genauer zu beschreiben. Aus medizinischer Sicht ist ab einem höheren Schweregrad der Schädigung von einem Sterbeprozess auszugehen, weil mit dem Absterben von Hirnarealen und -funktionen nicht nur die kognitiven Funktionen, sondern auch die Organe des Körpers geschädigt werden und absterben. Dieser Prozess ist allerdings einer zeitlichen Dimension unterworfen, die auf theoretischer Ebene von unterschiedlichsten Wissenschaftsdisziplinen weiter zu erforschen ist. Der Krankheitsverlauf demenzerkrankter Personen wird von betroffenen Angehörigen sicherlich nicht als Sterbeprozess bezeichnet, obwohl sie den geistigen Verfall und den zunehmenden Verlust der Autonomie erleben, aber die körperliche Präsenz des demenzkranken Familienmitgliedes oft noch über lange Jahre erhalten bleibt. Umgangssprachlich ist nicht selten die Rede davon, dass die Persönlichkeit des Demenzkranken stirbt – der Körper allerdings lebt und will versorgt sein. Professionell Pflegende wissen über die zeitliche Dimension des Sterbeprozesses von dementen Patienten. In ihrem Berufsalltag jedoch sind sie mit einem vollkommen neu zu konzipierenden Pflegeprozess konfrontiert. Obwohl sie theoretisch einen Sterbenden pflegen, haben sie es mit körperlich meist unversehrten Patienten zu tun, deren Lebensqualität und Menschenwürde zu sichern ist. Das pflegende Begleiten beim langsamen Schwinden der Persönlichkeit von dementen Personen stellt die tägliche Herausforderung dar, um die Lebensqualität und Menschenwürde der ihnen anvertrauten Patienten zu bewahren. Der Sterbeprozess von Demenzerkrankten ist demnach in erster Linie ein aufwendiger Pflegeprozess, der nach einer völlig neuen Konzeption verlangt.

Die Problematik, die sich bei der Sterbebegleitung von Demenzkranken einstellt, besteht im Vergleich mit herkömmlicher Sterbebegleitung zusätzlich darin, dass es sich um eine zeitlich lange Begleitung handelt, die beim Eintritt des akuten Sterbeprozesses erheblich schwerer zu ermitteln ist, so dass sich der Sterbeprozess aus medizinischer Sicht über mehrere Jahre erstrecken kann. Ein solcher, lang anhaltender Krankheitsverlauf beinhaltet jahrelange Begleitung und ein lang andauerndes Abschiednehmen für alle Beteiligten.[8] Der frühe Verlust der Selbstständigkeit und der Selbstbestimmung bei Demenzkranken bedeutet auch einen Verlust der „Sterbeautonomie" und erfordert eine erhöhte Hilfs- und Pflegebedürftigkeit der betreffenden Patienten. Der Verlust der Selbstbestimmung bedeutet ebenso eine erhöhte soziale Vulnerabilität.

Die Sterbebegleitung Demenzkranker erfordert im Vergleich zur herkömmlichen Sterbebegleitung eine Alternativkonzeption, wobei der Einheitsgedanke von Tod und Leben grundlegend ist. Aufgrund des frühen Autonomieverlustes Demenzkranker

8 *Nancy L. Mace/Peter V. Rabins*, Der 36-Stunden Tag. Die Pflege des verwirrten älteren Menschen, speziell des Alzheimer Kranken, Bern 1996.

im Rahmen ihres Sterbeprozesses gibt es für die Pflege und die Fürsorge bei der Sterbebegleitung Demenzkranker ein erheblich größeres Ausmaß. Die Probleme der Sterbebegleitung Demenzkranker lassen sich unter verschiedenen Dimensionen betrachten. Die Unterschiedlichkeit der Problematik betrifft sowohl das Pflegepersonal als auch die Angehörigen. Die wohl größte Belastung aus Angehörigenperspektive ist das ständige Präsentsein, die ständige Aufsicht und das ständige Beachten der/s Demenzerkrankten. Pflegende Angehörige sind dauerhaft gefordert, den Demenzkranken im Blick zu behalten, aus dem Augenwinkel zu beachten, um Einschreiten zu können, wenn Hilfe erforderlich wird. Sie sind sozusagen den ganzen Tag „auf dem Sprung". Weiterhin lastet ein hoher Druck von Verantwortlichkeit auf pflegende Angehörige.[9] Hinzu kommt eine elementare Geduld bei gleichzeitig ständiger Ansprache, Strenge und Disziplinierung. Die Gestaltung und Einhaltung eines regelmäßigen Tagesablaufes stellt sich als Dauerbelastung dar, weil das Leben der pflegenden Angehörigen ein Leben nach der Uhr ist, das keinen Freiraum für unvorhergesehene Zwischenfälle (Besuche, Behördengänge, Freizeitaktivitäten, Havarien) lässt. Eigene Gewohnheiten und Bedürfnisse müssen pflegende Angehörige vollkommen zurückstellen, weil das Leben der pflegenden Angehörigen zwangsläufig das Leben des Demenzerkrankten ist.[10]

Da mit zunehmender Zeitdauer der schwer Demenzkranke seine Autonomie und Mitteilungsfähigkeit verloren hat, lässt sich fast immer nur intuitiv erschließen, welche Bedürfnisse er befriedigt haben möchte, was ihn quält, was er fühlt. Es ist davon auszugehen, dass demenzkranke Patienten prinzipiell folgende Bedürfnisse haben: Sie sind auf Nahrung, Bewegung, Schmerzfreiheit, Ruhe und Wärme angewiesen. Sie bedürfen der Sicherheit, des Schutzes, der Hilfe bei der Orientierung,

9 *Heike Dech*, Die versteckten Opfer der Demenz: Zur Situation pflegender Angehöriger. In: Hessisches Sozialministerium (Hg.): Altenhilfe in Europa, Wiesbaden 2002.

10 *Heike Dech / Helmut Pauls / Hildegard Hegeler / Manfred Oste / Silke Brigitta Gahleitne / Astrid Hedtke-Becker*, Klinische Sozialarbeit mit alten Menschen. Soziale Arbeit 56 (2007) 91–105.

sie verlangen Anerkennung, soziale Integration, sinnvolle Kontakte, Nähe, aber im Zusammenspiel mit Distanz, sie wollen Zärtlichkeit empfinden können, sind daran interessiert, sich mit kleinen Aufgaben zu beschäftigen, bemühen sich im Rahmen der ihnen zugänglichen Welt mit all ihren Beschränkungen durchaus um eine Selbstverwirklichung über das, was ihnen an Sinneswahrnehmungen noch möglich ist.[11] Der Herausforderung einer Alternativkonzeption zur Sterbebegleitung von demenzkranken Patienten hat sich die Hospizbewegung neu zu stellen.

## *3. Erweiterung der Hospizarbeit auf demenzerkrankte Patienten*

Die Sterbebegleitung von demenzkranken Patienten im Rahmen der Hospizbewegung ist eine noch relativ junge Idee. In der Bundesrepublik Deutschland etablierte sich die Hospizbewegung zur Sterbebegleitung in den 1980er Jahren. Die Durchsetzung der Idee erfolgte trotz finanzieller Engpässe in Zusammenarbeit mit den Wohlfahrtsverbänden und unter Einbeziehung ehrenamtlicher Helfer. Das Ziel besteht darin, die Hospizbewegung zu einem festen Bestandteil des Versorgungssystems der Bundesrepublik zu machen und einen Standard für ein würdevolles Sterben zu etablieren. Für die Durchsetzung dieser Ideen existieren unterschiedliche Möglichkeiten. Die Betreuung von demenzerkrankten Patienten stellt an die Hospizidee vollkommen neue Anforderungen und ihre neuen Aufgaben werden über den Rahmen der bisher praktizierten Sterbebegleitung hinausgehen, da Demenzkranke ihre Autonomie und Selbstbestimmung erheblich früher einbüßen als Sterbende, die sich im normalen Prozess eines Sterbens aufgrund schwerer körperlicher Erkrankungen oder aus Altersschwäche befinden. Insofern entsteht für die Hospizbewegung eine neue Aufgabe mit anderen

11 *Mace / Rabins*, Der 36-Stunden Tag sowie *Stephan Kostrzew / Marion Kutzner*, Was wir noch tun können. Basale Stimulation in der Sterbebegleitung, Bern 2004.

Anforderungen, wenn sie sich künftig zunehmend demenzkranken Patienten zuwendet.[12]

Die Idee des Hospizes geht historisch gesehen auf christliche Grundlagen zurück. Im Mittelalter bot das Hospiz Pilgern oder wandernden Mönchen Unterkunft. Religiöse Grundlage für die Idee solcher Herbergen war die christliche Idee der Caritas, also der Nächstenliebe als Zuwendung zum Mitmenschen. Später wurde die Idee des Hospizes auf die Aufnahme von Kranken und Bedürftigen erweitert. Die moderne Hospizidee hat ihre Ursprünge im 19. Jahrhundert in Irland, wo in Dublin im Jahre 1879 die Irish Sisters of Charity ein Haus für die Aufnahme von Sterbenden eröffneten, um dort bis zu ihrem Tod im christlichen Sinne für sie zu sorgen. Dieses Haus kann als Ursprungshaus der modernen Hospizbewegung gelten. Eine weitere wichtige Station in der Geschichte der Bewegung war die Gründung des St. Christoper's Hospice in London im Jahre 1967 durch C. Saunders. Saunders lehnte sich mit ihrer Gründung an christliche Ideen an und entwickelte ein umfassendes Konzept zur Betreuung Sterbender.[13] Selbst ausgebildete Krankenschwester, Ärztin und Sozialarbeiterin bezog sie dabei medizinische, pflegerische, spirituelle, soziale und psychologische Aspekte der Betreuung mit ein. Saunders' Konzeption lag die Idee von der Ganzheitlichkeit des Individuums zugrunde, die sie „rounded care" nannte. Die ganzheitliche Betreuung, die den Ideen von Saunders zugrunde liegt, beinhaltet bereits die Begleitung Sterbender. Im Zentrum steht der menschliche Umgang mit den Patienten, die Akzeptanz des Individuums um seiner Selbst Willen. Die maximale Lebensverlängerung, wie sie in Regelkrankenhäusern angestrebt wird, ist nicht das Ziel einer solchen Sterbebegleitung. Zentrum der Idee ist die Erhaltung der menschlichen Würde der Patienten im Rahmen einer aufrechtzuerhaltenden Lebensqualität. Tod und Sterben werden im Hospiz nicht als vom Leben getrennte Teile aufgefasst, die man

12 *BAG Hospiz e. V.*, Mit-gefühlt: Curriculum zur Begleitung Demenzkranker in ihrer letzten Lebensphase, Wuppertal 2004.

13 *Cicely Saunders*, Hospiz und Begleitung im Schmerz: wie wir sinnlose Apparatemedizin und einsames Sterben vermeiden können (Hospice and palliative care), Freiburg 1993.

institutionell wegrationalisiert, sondern als integrative Lebensbestandteile, deren Würde es zu wahren gilt.

Auch die deutsche Hospizbewegung mit ihren Ideen der Sterbebegleitung beruft sich auf solche Ideen.[14] Im Mittelpunkt der Behandlung der Patienten sind ihre Bedürfnisse, ihre Wünsche sowie die Rechte der Sterbenden und ihrer Angehörigen zu sehen, also auf der sozialen, physischen und psychischen Ebene. Das Personal des Hospizes besteht aus professionellen Medizinern, Krankenpflegern, Seelsorgern und Sozialpädagogen. Diese wirken mit ehrenamtlichen Mitarbeitern in einem Team zusammen und unterstützen nicht nur die Patienten selbst, sondern auch die Angehörigen in ihren Bedürfnissen. Nicht zu vergessen ist, dass auch die Angehörigen einer begleitenden Betreuung bedürfen und in das Pflegekonzept einbezogen sind. Von Angehörigen ist bekannt, dass sie sich neben Gesprächen auch Hilfe in Form von Aufklärungsschriften wünschen. Angehörige sind häufig nicht in ausreichendem Maße über das Krankheitsbild Demenz informiert. Sehr hilfreich wäre es für sie zu wissen, dass einem bestimmten Verhalten ihrer Demenzerkrankten keine böse Absicht zugrunde liegt, sondern dass es sich tatsächlich um Ausfälle der geistigen Steuerung handelt. Pflegende Angehörige brauchen Wissen, wie sie die Pflege durchführen sollen und welche Hilfsmittel ihnen zur Verfügung stehen. Am dringendsten ist der Bedarf nach Wissen um das zwischenmenschliche Zusammenleben mit einer Person, die veränderte, manchmal gar provozierende oder kränkende, Verhaltensweisen zeigt. Diese Anliegen sind Aufgabe der aufsuchenden Betreuung von pflegenden Angehörigen im häuslichen Umfeld. Wenn der demenzerkrankte Patient im Hospiz stationär aufgenommen wird, dann stellt das für die Angehörigen zwar zunächst eine Entlastung dar, die Zusammenarbeit zwischen den Professionellen und den Angehörigen bleibt

14 Vgl. *BAG Hospiz* 2004, *EKD* 2002, *Rainer Sabatowski* (Hg.), Hospiz – und Palliativführer. Neu-Isenburg 2004, Medimedia. *Urte Bejick*, Seelsorge mit dementen Menschen als gemeinsamer spiritueller Weg. In: *Susanne Kobler-von Komorowski/Heinz Schmidt* (Hg.), Seelsorge im Alter – Herausforderungen für den Pflegealltag, Heidelberg 2005; *Christoph Drolshagen* (Hg.), Lexikon Hospiz, Gütersloh 2003.

jedoch weiterhin eine wichtige Dimension im Pflege- und Sterbeprozess.[15]

Will man versuchen, die Hospizidee der Sterbebegleitung auf die längerfristige Begleitung demenzkranker Sterbender auszuweiten, so ergibt sich eine Reihe zusätzlicher Betreuungsprobleme. Es liegt nahe, die Idee der Sterbebegleitung und der entsprechenden Palliativmedizin und seelsorgerlichen Betreuung im Prinzip zu übernehmen. Andererseits findet das Abschiednehmen von Demenzkranken ab einem schweren Stadium der Krankheit nicht selten in einer Pflegeeinrichtung statt und es stellt sich die Frage, ob oder inwieweit die Ideen der Hospizarbeit dort verwirklichbar sind. Im Rahmen der Hospizbewegung, die sich der Begleitung Sterbender und der Begleitung auf den Tod zugehender Demenzkranker annimmt, ist davon auszugehen, dass der Begriff Lebensqualität eine der grundlegenden Voraussetzungen für die ethisch pflichtgemäße Behandlung dieser Patienten bildet. Die Hospizbewegung mit ihrer Pflege der Sterbebegleitung und zumal der Sterbebegleitung demenzkranker Älterer ist in unserer Gesellschaft nicht unumstritten.[16] Sterben und Tod sind nach wie vor zu hohen Graden institutionalisiert und außerhalb dieses institutionalisierten Rahmens existiert wenig Spielraum für eine individuelle Gestaltung des Sterbeprozesses[17]. Nicht nur die Spielräume für den Patienten selbst können als eingeschränkt betrachtet werden, sondern auch die Gestaltungsmöglichkeiten für die Angehörigen, die auf ein menschliches Maß für den Patienten und seine

15 *Heike Dech*, Wie können häusliche Pflegearrangements wirksam durch ehrenamtliche und professionelle Angebote unterstützt werden? In: *Mechthild M. Jansen* (Hg.), Pflegende und sorgende Frauen und Männer – Aspekte einer künftigen Pflege im Spannungsfeld von Privatheit und Professionalität, Wiesbaden 2009.

16 Vgl. *Klie*, Sterben in Würde, 2003 sowie *André Karger / Martin Haupt*, Sterbehilfe bei Demenz – Ethische Überlegungen zwischen Paternalismus und Autonomie. Nervenarzt 68 (1997) 907–913. Zur Sterbehilfedebatte in der Schweiz vgl. *Albert Wettstein* (Stadtärztlicher Dienst Zürich), Gesetzliche Regelung der passiven Sterbehilfe – Ein Vorschlag aus gerontologischer Sicht. Schweizerische Ärztezeitung 82 (2001) 716–722.

17 *Bundesministerium für Familie, Senioren, Frauen und Jugend* (Hg.), Sterben und Sterbebegleitung. Stuttgart $^{4}$2001.

Würde in dem letzten und sehr kritischen Lebensabschnitt Wert legen.

Entsprechend der neuen Anforderungen an die Hospizarbeit sind neue Professionalisierungsstandards einzuführen. Professionalität bedeutet, dass die Angehörigen der helfenden Berufe sich in der medizinischen Relevanz der Schmerztherapie und der Symptomkontrolle auskennen. Wichtig ist die Kontinuität der Begleitung der Patienten. Das Hospizteam muss dem Sterbenden und seinen Angehörigen kommunikativ permanent zur Seite stehen. Dies impliziert Tages- und Nachtarbeit und gilt bis zum Schlusspunkt des Sterbeprozesses, dem Tod. Professionalität im Rahmen der Sterbebegleitung ist auch Anwendung palliativer Medizin. Diese medizinische Betreuung der Patienten richtet sich im Gegensatz zur kurativen Medizin nicht auf die Heilung von Krankheiten, sie hat vielmehr das Ziel, die Symptome zu lindern und damit die Lebensqualität der Sterbenden zu verbessern und damit ihre Würde, so gut es geht, zu erhalten. Es geht also nicht um eine Behandlung oder Rehabilitation, sondern um die Aufrechterhaltung der Autonomie und der Selbstbestimmung der Kranken. Die medizinische Betreuung durch Palliativmedizin versucht also die psychophysischen Grundlagen für ein würdevolles und friedliches Abschiednehmen herzustellen. Im Kontext der Palliativmedizin zur Begleitung Sterbender wird die entsprechende Medikation also auf das Sterben als einem normalen Prozess übersetzt. Der Tod soll hier nicht hinausgezögert, sondern es soll dem Patienten ein möglichst selbstgesteuertes Leben bis zuletzt gegeben sein. Die Palliativmedizin kennt dabei keine Anwendungsgrenzen auf bestimmte Zielgruppen, sondern ist für alle einsetzbar, die an einer zum Tode führenden Krankheit leiden. So lindert beispielsweise die Palliativmedizin die Tumorschmerzen sterbenskranker Krebspatienten.

Patienten, die in ihrer letzten Lebensphase nicht mehr zu Hause betreut werden können, bei denen keine Klinikbehandlung mehr in Frage kommt, nehmen stationäre Hospize auf. Neben stationären Palliativeinrichtungen existieren ambulante Initiativen, die es den Sterbenden ermöglichen wollen, in ihrer vertrauten Umgebung, also zu Hause, in Würde dem Ende entgegen zu sehen. Die in der Sterbebegleitung tätige Palliativmedizin fokussiert primär auf die physischen Aspekte des Sterbens, insbesondere die bestmögliche Schmerzreduktion. In der Sterbebegleitung bei Demenz sind die typischen palliativmedizinischen Maßnahmen jedoch in der Regel nicht erforderlich, häufigstes therapeutisches Ziel ist nicht allein die Schmerzfreiheit, sondern die Angstreduktion und Beruhigung. Eindeutig im Vordergrund steht hier die psychosoziale und seelsorgliche Begleitung.

Seelsorgliche Begleitung, auch der Angehörigen, kann Fragen beantworten, die sich auf das Leben nach dem Tod richten, sie kann Trost erteilen, sie kann entlastende Gesprächsangebote bieten, Andachten und Gottesdienste sowie Trauergespräche mit den Angehörigen. Auch sie ist ein integrativer Bestandteil der Hospizbewegung für Sterbebegleitung.[18] Obgleich viele Menschen heute nicht mehr religiös sozialisiert sind, besteht die Stärke seelsorglicher Betreuung darin, dass man sie auf das sinnvolle Gestalten der verbleibenden Zeit, das biographische Reflektieren des eigenen Gewordenseins erweitern kann. Die Aufarbeitung der eigenen Biographie kann ebenfalls in einem solchen Rahmen erfolgen, das Reflektieren des Lebensweges kann sich hier abspielen. Die Belebung der Erinnerung kann psychisch zu positiven Effekten der Revitalisierung der Patienten führen. Auch der zwischenmenschliche Umgang mit seinen Elementen der gegenseitigen Wertschätzung, des Humors, der Geduld und der Empathie kann sich im Rahmen seelsorgerischer Begleitung vertiefen.

## *4. Methoden der Begleitung von Demenzpatienten im Pflege- und Sterbeprozess*

Aufgrund der Unterschiedlichkeit der Bedürfnisse von Demenzkranken im Vergleich mit der bislang typischen Klientel von Hospizen, körperlich terminal kranken Menschen gilt es, alternative Konzepte für den Sterbeprozess zu entwickeln. Voraussetzungen für die Entwicklung neuer Konzeptionen bestehen in dem Versuch, sich in die Welt der Demenzkranken verständnis-

18 *EKD* 2002, 62/63.

voll einzufühlen. Erst die Entwicklung eines solchen Einfühlungsvermögens ermöglicht die Akzeptanz der erschütterten Welt demenzkranker Menschen.[19] Dem Rückzug der Dementen in eine Welt jenseits des für normale Menschen Erfassbaren muss mit dem Angebot von Sinnesreizen, von spirituellen Erfahrungsmöglichkeiten und von biographischen Erinnerungsanreizen begegnet werden.[20] Das den Sterbeprozess Demenzkranker begleitende Fachpersonal ist in diesem Feld mit einem weiten Spektrum an Anforderungen konfrontiert. Zu dem betreffenden Personal gehören Mediziner, Pflegekräfte, klinische Sozialarbeiter, Seelsorger, die sich darum bemühen, ein Netzwerk mit analogen sozialen Diensten aufzubauen, damit dem Patienten und seinen Angehörigen Hausbesuche, Kontaktbedürfnisse, Trauerbegleitung und der Zugang zu Selbsthilfegruppen, zuvorderst für die versorgenden Angehörigen, ermöglicht werden kann. Für den Umgang mit Demenzkranken sind aus der Alltagspraxis heraus unterschiedliche Methoden entwickelt worden, von denen einige Ansätze für den Pflegeprozess und für die Begleitung des Sterbeprozesses im Rahmen der Hospizarbeit mit dementen Patienten geeignet erscheinen. Die Auswahlkriterien wurden hinsichtlich der Eignung für die Sterbebegleitung im Rahmen der Hospizarbeit zugrunde gelegt:

- Die Methode sollte eine psychopathologische Plausibilität besitzen.
- Sie sollte am Begriff von Lebensqualität und Würde orientiert sein.
- Die Methode sollte in der praktischen Arbeit mit Demenzkranken erprobt sein und einen gewissen Verbreitungsgrad erreicht haben.
- Da in der Hospizarbeit professionelle und ehrenamtliche BegleiterInnen zusammen arbeiten, sollte die Methode von beiden Gruppen leicht und in absehbarer Zeit erlernbar sein.

19 *Sabine Engel*, Alzheimer und Demenzen – Unterstützung für Angehörige, Stuttgart 2006.

20 Vgl. *Bejick*, Seelsorge, sowie *Walter Ullrich*, Sterbebegleitung bei dementen Menschen. In: *Susanne Kobler-von Komorowski/Heinz Schmidt* (Hg.): Seelsorge im Alter – Herausforderungen für den Pflegealltag, Heidelberg 2005.

| | Biographie | Lebenswelt/ Milieu | Validation | Basale Stimulation | Snoezelen |
|---|---|---|---|---|---|
| Ansprechen von Zielort | Altgedächtnis | Räumlich-visuelles Gedächtnis | Altgedächtnis | Non-verbale Wahrnehmung | Non-verbale Wahrnehmung |
| Wirkung | Identitätserhaltung | Alltagsroutinen | Selbstsicherheit, kommunikativer, verbaler Zugang | Körperliches Wohlbefinden | Raumatmosphäre, Entspannung |
| Materialien/ Erfordernisse | Gering: Alte Alltagsgegenstände, Photos etc. | Räumlichkeiten und Betreuung für Wohngemeinschaft | Keine | Gering: Düfte, Öle, Klänge, Berührung | Räumlichkeiten, Beleuchtung, Wassersäulen |
| Materialkosten | Gering | Ggf. hoch | Keine | Gering | Hoch |
| Ausbildung | Fortbildung biographisches Arbeiten Anleitung per Arbeitsbuch | Keine | Fortbildung, Anleitung per Arbeitsbuch, Video, CD | | Anleitung, Kauf spez. Materialien |
| Setting | Ambulant und Stationär | Stationär | Ambulant und Stationär | Ambulant und Stationär | Stationär |

*Abb.:* Übersicht Methodenkenntnisse Hospizarbeit

- Die Sterbegleitung im Verständnis der Hospizbewegung ist sehr individualisiert. Daher sollte die Methode ausreichend flexibel sein, um den jeweiligen häuslichen Gegebenheiten sowie anderen Settings zu genügen.

### *4.1 Biographische Methoden als Zugang zum Kranken*

Eine Methode, den Zugang zum Kranken herzustellen, ist die unter Anleitung erfolgende Rückbesinnung der Patienten auf bedeutende Stationen seiner Biographie.[21] Bei dem Leitsymptom der Demenz, der chronisch progredienten kognitiven Beeinträchtigung, geht das Kurzzeitgedächtnis verloren, während Inhalte des Alt- bzw. Langzeitgedächtnisses oft noch über einen längeren Zeitraum abrufbar sind. Dieses Charakteristikum von demenziellen Erkrankungen kann mittels biographischer Methoden einen Zugang zu dem Erkrankten ermöglichen, indem länger zurückliegende, mit der eigenen Lebensgeschichte verwobene Ereignisse thematisiert werden. Sogenannte Erinnerungsinseln tauchen in den kommunikativen Situationen Demenzkranker immer wieder auf und lassen sich zur Belebung ihres Erinnerungsvermögens sinnvoll aktivieren, sodass sie zu einer Selbstvergewisserung und zu einer Stabilisierung ihrer Identität führen können. Als Informationsquelle für biographisch orientiertes Arbeiten mit Demenzkranken sind Angehörige und Bekannte der Patienten zu nennen.

### *4.2 Lebensweltorientierung als Begleitungsmethode*

Da demenzkranke Personen ihre Lebenswirklichkeit aus dem Bewusstsein verlieren, ist die Bewahrung einer Alltagsumwelt für sie von Bedeutung. Die Perspektive der Lebensweltorientie-

21 Vgl. *Hans-Georg Ruhe*, Methoden der Biographiearbeit: Lebensgeschichte und Lebensbilanz in Therapie, Altenhilfe und Erwachsenenbildung. Weinheim 1998, Beltz sowie *Carolin Osborn / Pam Schweitzer / Angelika Trilling*, Erinnern: eine Anleitung zur Biographiearbeit mit alten Menschen, Freiburg 1997.

rung[22] ist als Grundorientierung in der Sterbebegleitung Demenzkranker geeignet. Routinen und Selbstverständlichkeiten, die sich im Lauf des Lebens entwickelt haben, bilden Teil einer, über das Altgedächtnis noch verfügbaren, Alltagsidentität, die einen Bestandteil der individuellen Identität überhaupt ausmacht. Das Herausnehmen des Patienten aus seiner gewohnten Umwelt, die Konfrontation mit neuer, ungewohnter Umgebung, wird seine Identitätsproblematik verschärfen. Mit dem Verlust seiner gewohnten Umwelt können weitere biographische Grundmuster, Routinen und eingeschliffene räumliche Orientierungen für den Demenzkranken verloren gehen und damit kann sich eine Beeinträchtigung seines Verhaltens verschärfen. Die Bewahrung der gewohnten Alltagsumwelt, so lange als möglich, ist für den Begleitprozess mit der Eröffnung von Handlungsperspektiven wichtig. Die Alltagsumwelt vermittelt ein Gefühl der Sicherheit und bietet eine Welt, in der der Betreffende sich heimisch fühlen kann.

Ein Ansatz, der solche Handlungsmöglichkeiten für Demenzkranke einbezieht, die nicht in ihrer angestammten Umgebung weiterbetreut werden können, bildet die Sterbebegleitung in der familienähnlichen Hausgemeinschaft. Eine neue Entwicklung im Rahmen der Sterbebegleitung sind daher Wohngemeinschaften für Demenzkranke, die die Idee der Erhaltung der Alltags- und Lebensweltorientierung praktizieren. In solchen Wohngemeinschaften hat jeder Bewohner zwar einen eigenen und individuellen Bereich, kann sich aber in der Wohnküche jederzeit den Mitbewohnern anschließen. Dort findet ein Gemeinschaftsleben statt, das die Impulse des guten Lebens bewahrt und verstärkt. Im Rahmen eines flexibel gestalteten Tagesablaufs können die Bedürfnisse der einzelnen Menschen gut berücksichtigt werden. Zugleich strebt die Konzeption eines lebensweltorientierten Ansatzes die Dezentralisierung von Institutionen an und versucht mit kleinen Einheiten der Entpersönlichung von großen Betrieben entgegen zu wirken.

22 Vgl. *Hans Thiersch*, Lebensweltorientierte soziale Arbeit. Weinheim 1995. Oder auch *Peter Pantucek*, Lebensweltorientierte Individualhilfe – eine Einführung für soziale Berufe, Freiburg 1998.

Letztere haben sehr oft sterilen Charakter und bieten eine entfremdete Umwelt. Problematisch an solchen neuen Konzeptionen ist ihre Finanzierbarkeit.

### *4.3 Methode der integrativen Validation*

Die integrative Validation[23] ist ein ressourcenorientierter Ansatz, der es ermöglicht, mit den Patienten Begegnungen zu gestalten, die sich auf der Basis der Einfühlung in die Demenz des Kranken positiv gestalten sollen. Grundprinzip dieser ursprünglich von Naomi Feil entwickelten Methode ist die wertschätzende Begegnung und das Würdigen des Soseins des Demenzkranken.[24] Der Ansatz setzt voraus, dass der Patient über Gefühle und Antriebe verfügt. Erstens hat er eine lebensgeschichtliche Entwicklung hinter sich, zweitens hat er diese persönlich ausgestaltet, drittens diese Gestaltung und die entsprechenden Antriebe mit bestimmten Werten wie Ordnungssinn und Pflichtbewusstsein verbunden. Was Gefühle angeht, so existiert ein direkter Ausdruck momentaner Befindlichkeiten. Die Patienten reagieren auf Personen und Umwelterfahrungen, sie verfügen über Spontaneität, sie können Außenreize mit inneren Erlebniswelten in Beziehung setzen.[25] Die integrative Validation ist daran interessiert, ein vertrauensvolles Klima im Umgang zu erzielen. Dies dient der Vermittlung von Sicherheit und Geborgenheit, soll Anteilnahme herstellen, Kontakte zum sozialen Umfeld des Patienten ermöglichen, ihm helfen, einen Bezug zu seiner individuellen Biographie herzustellen, den demenzkranken Menschen ernst zu nehmen.[26] Der Ansatz bezieht die nonverbalen Kommunikationsmöglichkeiten ein. Dies beinhaltet aktives Zuhören, kongruentes Verhalten des Pflegenden, den behutsamen Einsatz von W-Fragen, das Unterlassen von Korrekturversuchen in der Kommunikation, gefühlsmäßige

23 *Nicole Richard*, Wertschätzende Begegnungen – Integrative Validation (IVA). In: *Peter Dürrmann* (Hg.), Besondere stationäre Dementenbetreuung, Hannover 2001.

24 *Naomi Feil*, Validation, Stuttgart 1992.

25 *Feil*, Validation, 1992.

26 *Richard*, Integrative Validation, 2001.

Aufmerksamkeit auf die Reaktionen, Anpassung an das Tempo der Emotionalität und der Äußerungen des Patienten.

### *4.4 Methode der basalen Stimulation*

Mit der Progredienz der demenziellen Erkrankung wächst die Notwendigkeit, nonverbale Kommunikationsformen zu finden: Berührung, Mimik, Gestik, Stimme und die Aktivierung basaler, körpernaher Sinneswahrnehmungen können Zugänge zum Kranken eröffnen. Das Konzept der basalen Stimulation wurde in den 1970er Jahren von Andreas Fröhlich, Psychologe und Heilpädagoge, entwickelt zur Früh- und Wahrnehmungsförderung von geistig und körperlich Behinderten und in den 1980er Jahren von Bienstein modifiziert in die Pflege eingebracht. Mit dieser Methode bezieht sich der Begleiter auf die körperliche Ebene des Menschen. Der pflegende Begleiter versucht die Sinneswahrnehmungen des Patienten durch gezielte Reize zu stimulieren.[27] Dazu spricht er orale, gustatorische, olfaktorische, auditive, taktile, haptische und somatische Ebenen an, indem er auf diesen Ebenen Anreize zur Aktivität bietet. Die Praxis besteht im Einsatz von Düften, Musik, Zimmergestaltung, Singen und Vorlesen sowie körperlichen Berührungen. Ziel ist eine aktivere Erfahrung der Außenwelt durch den Patienten, die Erfahrung einer Entwicklungsmöglichkeit im Gebrauch seiner Sinne, das Ausleben von Verantwortung und Autonomie.

Solche basalen Prinzipien können für verwirrte Menschen in schwereren Demenzstadien deshalb wichtig sein, weil sich höhere kortikale hirnorganische Funktionen nicht mehr oder nur noch in äußerst eingeschränktem Maß erleben lassen. Daher ist die Verbindung zur Umwelt auf Sinneswahrnehmungen und ein Gespür für die Atmosphäre beschränkt. Da die Umgebung in Kliniken oder Seniorenheimen oft reizarm gestaltet ist, kann die basale Stimulation ein wichtiges Bereicherungsfeld für die Demenzkranken bieten.[28]

27 *Thomas Buchholz/Ansgar Schurenberg*, Lebensbegleitung alter Menschen. Basale Stimulation in der Pflege alter Menschen, Bern 2003.

28 *Michael Goßen*, Basale Stimulation, In: *Peter Dürrmann* (Hg.), Besondere stationäre Dementenbetreuung, Hannover 2001.

### *4.5 Methode des Snoezelen*

Das Wort „Snoezelen“ stammt aus dem Niederländischen und setzt sich aus „snuffelen“, schnuppern, und dem Wort „doezelen“, schlummern oder dösen, zusammen. Die Methode entstand Anfang der achtziger Jahre des vorigen Jahrhunderts in Holland und bezog sich dort auf die, in der Behindertenhilfe angebotenen, Freizeitaktivitäten für schwerstbehinderte, in Heimen lebende Menschen[29], wurde aber schon bald für die Arbeit mit Demenzkranken diskutiert.[30] Die Methode arbeitet mit dem Anbieten primärer Reize in einer positiven Atmosphäre. Sie richtet sich auf die sinnliche Wahrnehmung der Patienten, ähnelt in dieser Hinsicht dem Konzept der basalen Stimulation. Beim Snoezelen wird Wert auf die Ausgewogenheit der Raumgestaltung für die Patienten gelegt. Außerdem geht es um die Harmonie der aufeinander abgestimmten, multisensorischen Reize, die beim Patienten das Wohlbefinden und die Selbstregulationsprozesse steigern sollen.[31] In der Raumgestaltung werden Spiegelkugeln, Mobiles, Blasensäulen, Aquarien, Grünpflanzen und weiche Kissen eingesetzt, aber auch Düfte und Musik. Insgesamt versucht man, die Empfindsamkeit anzuregen und über die angenehme Raumatmosphäre Angstreduktion, Entspannung und Wohlbefinden zu fördern.

## *5. Unterstützende Begleitung der Angehörigen*

Die familiäre, häusliche und ambulante Pflege ist dementsprechend bis ins sehr hohe Alter die dominierende Versorgungsform, dabei ist die Bereitschaft zur Pflegeübernahme in

29 *Jan Hulsegge/Ad Verheul*, Snoezelen – eine andere Welt, Marburg ⁸2000.

30 *Alfred Hoffmann*, „Snoezelen“ mit Verwirrten, Altenpflege 13 (1988) 612–613.

31 *Krista Mertens*, Snoezelen – Anwendungsfelder in der Praxis. Dortmund 2005.

den Familien weiterhin noch relativ hoch.[32] Es sei an dieser Stelle in Erinnerung gerufen, dass die Pflege einer demenzkranken Person jedoch vor gänzlich andere Herausforderungen steht als das alltägliche Sich kümmern um die Kinder, den Ehepartner, Verwandte oder die betagten Eltern. Erlernte familiäre Pflegekompetenzen zwischen den Generationen kommen hier nicht selten an ihre Grenzen[33], zumal die Zeitdauer der häuslichen Versorgung in der Regel wesentlich länger ist als die der Pflegeheimversorgung. Das Ausmaß an Unterstützung das die Angehörigen in der häuslichen Versorgung aufbringen, ist häufig enorm; nicht selten über viele Jahre hinweg und häufig ohne die Möglichkeit eines Urlaubs. *Mace und Rabins* (1996)[34] schildern in ihrem Buch „Der 36-Stunden-Tag" den Alltag pflegender Angehöriger auf eindrucksvolle Weise.

Die Demenz und die Verwirrtheit verändern zudem die Beziehung und es gilt, die Nähe zu Tod und Sterben auszuhalten und eigene Gesprächswünsche hintanzustellen. Der Mangel an Kontakten zu Freunden und Bekannten und die daraus erwachsende Isolation ist eine ernst zu nehmende Belastung.[35] Wir müssen also danach fragen, wie die Bereitschaft zur häuslichen Versorgung mit zusätzlichen Maßnahmen gefördert und unterstützt werden kann.

Die Kontinuität des Lebens- und Wohnalltags erhaltende Versorgungskonzepte sind für demenzkranke Personen von großer Bedeutung, da sie in der vertrauten Umgebung ihre krankheitsbedingten Gedächtnisprobleme deutlich länger kompensieren

32 Stellungnahme der Bundesregierung zum Bericht der Sachverständigenkommission für den Vierten Altenbericht „Risiken, Lebensqualität und Versorgung Hochaltriger unter besonderer Berücksichtigung demenzieller (Hg.), Berlin 2002,17–43.

33 *Katharina Gröning/Annemarie Bauer (Hg.),* Die späte Familie – Intergenerationenbeziehungen im hohen Lebensalter, Giessen 2007.

34 *Mace/Rabins,* Der 36-Stunden Tag.

35 Vgl. *Clemens Tesch-Römer/Susanne Wurm/Andreas Hoff/Heribert Engstier./ Andreas Motel-Klingebiel,* Der Alterssurvey: Beobachtung gesellschaftlichen Wandels und Analyse individueller Veränderungen. In: *Clemens Tesch-Römer/ Heribert Engstler/Susanne Wurm* (Hg.), Altwerden in Deutschland. Sozialer Wandel und individuelle Entwicklung in der zweiten Lebenshälfte. Wiesbaden 2006, 11–46.

und jahrelang erprobte Alltagsroutinen und Bewältigungsstrategien einsetzen können. In der gewohnten Umgebung kann oft noch ein Grad an Selbstständigkeit aufrechterhalten werden, der andernorts nicht mehr gelingt. In diesem Sinne sollten kontinuitäts- und netzwerkerhaltende Beratungs- und Versorgungsansätze – als Stützen des häuslichen Umfelds – zukünftig systematischer entwickelt werden. Ziel einer solchen zukünftigen Entwicklung sollten auf Kontinuität ausgerichtete gemeindenahe, kleinräumige, personzentrierte Angebote und beratungsorientierte Konzepte sein.

Die bei den Angehörigen vorhandene Pflegemotivation gilt es, ebenso wie ihr Kohärenzgefühl, durch das Stärken von protektiven Faktoren, von Kommunikations- und Aussprachemöglichkeiten zu erhalten. So können familiäre Kommunikationsmuster, Intimität und Vertrautheit durchaus als Ressource aufgegriffen werden. In diesem Sinne sollten Versorgungskonzepte so ausgerichtet werden, dass sie durch strukturelle, soziale und personelle Ressourcenförderung die häusliche Pflegesituation und die Patient-Angehörigen-Dyade einbeziehen und unterstützen, um pflegebedingte Belastungen zu reduzieren, damit die Angehörigen durch die Entlastung die häusliche Versorgungskontinuität und -qualität für den Demenzkranken aufrechterhalten können. Gerade die aufsuchende seelsorgerische Angehörigenarbeit von Hospizmitarbeiter/innen könnte hier zu einer bedeutsamen Stärkung der Lebensqualität beitragen.

## *6. Zusammenfassende Bemerkungen*

Ob sich der Pflege- und Sterbeprozess eines Demenzpatienten im Rahmen einer ambulanten Pflegesituation oder in einem stationären Hospiz ereignet, ist von Fall zu Fall unterschiedlich. Da Sterben in dieser Gesellschaft in einem hohen Grad institutionalisiert ist, gilt es, die Gesellschaft für ein menschenwürdiges Sterben zu sensibilisieren. Dies bedeutet, dass die Hospizarbeit sich in anwaltschaftlicher Funktion dafür einsetzt, den meistgehegten Wunsch der Sterbenden zu erfüllen, in den eigenen vier Wänden aus dem Leben zu gehen. So gut als möglich sollten individuelle Tagesabläufe bis zum Schluss gewahrt bleiben, weil dies die Identität und das Selbstbewusstsein der Kranken stärkt. Ein wichtiges neues Konzept im Rahmen der Sterbebegleitung sind solche Wohngemeinschaften für Demenzkranke, die Ideen der Erhaltung der Alltags- und Lebensweltorientierung praktizieren.

Sterbebegleitung ist als Begleitung im Leben aufzufassen.[36] Wichtigstes Ziel ist das Sterben der Begleiteten in Würde. Der Sterbeprozess ist als eine Zeit des Abschiednehmens für alle Beteiligten aufzufassen. Die Bedürfnisse des Sterbenden stehen dabei im Mittelpunkt der Begleitung. Die den Sterbenden entgegen zu bringende Wertschätzung äußert sich durch einen respektvollen Umgang. Das grundlegende Ziel der Sterbebegleitung Demenzkranker besteht in der Erhaltung der bestmöglichen Lebensqualität dieser Menschen. Die entsprechenden Handlungsziele lassen sich in verschiedene Teilziele differenzieren:

- Zum Erreichen von Lebensqualität muss eine ganzheitliche Begleitung eingesetzt sein, die mit Angstreduktion, Schmerztherapie und der Bewahrung der Autonomie sich an den Bedürfnissen der Patienten orientiert.
- Zur Steigerung der Lebensqualität der Patienten bedarf es der Wertschätzung, der Akzeptanz, der Anerkennung.
- Da die geistigen Kräfte Demenzkranker reduziert sind, bekommt im Laufe des Sterbeprozesses die nonverbale Kommunikation erhöhte Bedeutung. Dazu müssen die kommunikativen Reaktionen der Menschen ernst genommen werden, das heißt, der Kranke steht immer im Fokus der Aufmerksamkeit.

Es gibt Methoden, mit denen man einen Sterbenden würdevoll begleiten kann:

- Mit einer Erhaltung der Alltags- und Lebensweltorientierung der Patienten hilft man ihnen, ihre Identität möglichst lange stabil zu halten.

36 *EKD* 2002.

- Man bietet verwirrten Menschen dadurch Orientierung, dass man eine klare Tagesstruktur sowie wiederkehrende Rituale und Routinen aufrechterhält.
- Verwirrte Patienten sind durch Arbeit mit ihrer Biographie sensibilisierbar.
- Sterbebegleitung Demenzkranker richtet sich nicht auf die Verlängerung des Lebens, sondern arbeitet mit palliativer Medizin, sucht Schmerzen und Angst zu lindern.
- Zur Steigerung des Selbstwertgefühls ist ein sinnvoll strukturierter Alltag nötig, sinnvolle Beschäftigung und der Einsatz der integrativen Validation.
- Mit der integrativen Validation und der basalen Stimulation lässt sich die Selbstwahrnehmung der Patienten verstärken.

In einer unterstützenden Angehörigenbegleitung spielen bedürfnisgerechte, flexible Unterstützungsangebote eine wichtige Rolle:

- Die Gesprächsperspektive in der Angehörigenbegleitung sollte kompetenz- und ressourcenorientiert sein.
- Die Zusammenarbeit der verschiedenen professionellen und ehrenamtlichen Angebote sollte mit den Angehörigen abgesprochen werden.
- Es sollten flexible Unterstützungs- und Gesprächsmöglichkeiten in Krisensituationen bereitgehalten werden.
- Die jahrelang gewachsene Patient-Angehörigen-Dyade sollte wertgeschätzt und beachtet werden.

Der Sterbeprozess ist eine Zeit des Abschiednehmens für alle Beteiligten, wobei der Grundsatz gelten muss, dass Sterbebegleitung Begleitung im Leben bedeutet. Der Tod als Endpunkt eines Sterbeprozesses ist nicht als etwas vom vorherigen Leben Getrenntes zu betrachten, sondern sein organisches Ende und daher ein Teil von ihm selbst. Im Unterschied zu den Zielen der modernen Klinikmedizin richtet Sterbebegleitung für Demenzkranke ihr Augenmerk nicht auf die Verlängerung von Leben oder Leiden, sondern bemüht sich um Hilfestellung für ein Sterben in Würde. Diesen Auffassungen liegt die Idee der Caritas – der christlichen Nächstenliebe – zu Grunde. Die Hospizbewegung bemüht sich, die gesamte dargestellte Problematik in der Öffentlichkeit zu vermitteln. Sie macht hierbei zunehmend Fortschritte.

# Zum Stellenwert von Selbstbestimmung am Lebensende

## Autonomie im Blick auf pflegebedürftige Hochbetagte und Sterbende*

*Heinz Rüegger*

*Zusammenfassung:* Selbstbestimmung ist zu einer der wichtigsten Orientierungsgrößen heutiger Menschen geworden. Auch im Blick auf das Lebensende spielt der Wunsch nach einem „selbstbestimmten Alter" oder einem „selbstbestimmten Sterben" eine zentrale Rolle. Der Aufsatz untersucht im ersten Teil verschiedene Aspekte des Konzeptes Selbstbestimmung. Im zweiten Teil fragt er nach der Bedeutung von Autonomie im Blick auf die Lebenssituation hochbetagter pflegebedürftiger Menschen. Der dritte Teil beschreibt schließlich den legitimen Anspruch auf Selbstbestimmung im Blick auf das Sterben. Gleichzeitig kritisiert er problematische Aspekte des Wunsches nach einem selbstbestimmten Sterben.

*Abstract:* Autonomy has become one of the most important marks of orientation in modern society. Likewise does the wish of an autonomous old age and of an autonomous death play a central role in considerations regarding the final period of life when practical performance of autonomy may become precarious. The essay examines in the first part different aspects of the concept of autonomy. Its second part asks about the meaning of autonomy with regard to the circumstances of people of very old age who are in need of care. Finally, the third part describes the legitimate claim of autonomy in regard to dying. At the same time it criticizes problematic aspects of the wish for an autonomous death.

* Dieser Artikel stellt eine erweiterte Fassung von Kapitel 4 des Bandes: *Heinz Rüegger*, Alter(n) als Herausforderung. Gerontologisch-ethische Perspektiven. Zürich 2009, 111–142 dar. Eine wesentlich kürzere Fassung erschien zuerst unter dem Titel: Selbstbestimmung am Lebensende. Zur Bedeutung der Autonomie im Blick auf pflegebedürftige Hochbetagte und Sterbende, in: Wege zum Menschen 60, 2008, 529–545.

Der Anspruch des Individuums auf Selbstbestimmung, auf eine autonome Lebensgestaltung ohne verpflichtende Bindung an traditionelle Vorgaben ist zu einem Kennzeichen moderner westlicher Gesellschaften geworden. Erweist sich dieser Anspruch in allen Lebensbereichen als zentral, so wird er am Lebensende besonders prekär: einerseits in der Phase der Hochaltrigkeit, wenn die physische und psychische Fragilität oft zu chronischen Krankheiten und zu Polymorbidität führt, die mit Pflegebedürftigkeit einhergehen; andrerseits im Prozess des Sterbens, in dem Menschen sich aus der Hand geben und der Begleitung anderer anvertrauen müssen. In beiden Situationen besteht die Angst und die Gefahr, der Selbstbestimmung verlustig zu gehen. Entsprechend wichtig ist es deshalb, sich darauf zu besinnen, was Selbstbestimmung meint und wie sie auch am Lebensende gewahrt werden kann.

Die folgenden Überlegungen gehen in drei Schritten vor: In einem ersten Teil geht es darum, das Verständnis von Autonomie unter verschiedenen Aspekten zu beleuchten. Daran schließen sich zwei Teile an, die danach fragen, was Selbstbestimmung am Lebensende bedeutet und wie sie gewahrt werden kann: einerseits im Kontext von hochaltriger Pflegebedürftigkeit, andrerseits im Blick auf den Prozess des Sterbens.

## *1. Selbstbestimmung als Leitmaxime*

### *1.1 Das dominant gewordene liberale Autonomieverständnis*

*Markus Zimmermann-Acklin* sieht in der Autonomie im Sinne von Selbstorientierung und Selbstbestimmung den „Dreh- und Angelpunkt ethischer Orientierung in der Spätmoderne“[1], die

1 *Markus Zimmermann-Acklin,* Selbstbestimmung in Grenzsituationen? Vom Protest gegen den ärztlichen Paternalismus zur Wiederentdeckung von Beziehungsgeschichten, in: *Matthias Mettner/Regula Schmitt-Mannhart* (Hg.), Wie ich sterben will. Autonomie. Abhängigkeit und Selbstverantwortung am Lebensende, Zürich 2003, 65. Hier und im Folgenden wird nicht zwischen Autonomie und Selbstbestimmung unterschieden, sondern beide werden gleichbedeutend verwendet. Wenn *Jan P. Beckmann,* Patientenver-

den aus konventionellen Bindungen befreiten Menschen auf sich selbst zurückwirft und ihm zugleich ermöglicht und zumutet, seine Identität und Lebensgestalt selbst zu entwerfen.[2] „Der Anspruch auf Selbstbestimmung der Person, aber auch als Kehrseite die Zumutung von Selbstbestimmung prägen das Ethos moderner Lebensführung. Menschen können und müssen selbst entscheiden, wie sie leben wollen."[3] Dabei kann man Selbstbestimmung mit *Martin Seel* als die Fähigkeit von Menschen verstehen, „das eigene Leben so zu führen, wie sie es unter den gegebenen Umständen nach eigener Einschätzung wollen."[4]

Dieses heute gängig gewordene Autonomieverständnis hat verschiedene Facetten. Es trägt zum einen das Erbe der Aufklärung in sich mit ihrer Forderung nach dem Ausgang des Menschen aus seiner selbst verschuldeten Unmündigkeit. Diese emanzipatorische Facette wird ergänzt durch die postmodernen Aspekte der Individualisierung und der Pluralisierung: Aus der Fülle möglicher Optionen, die gesellschaftlich gleichwertig nebeneinander existieren, kann und muss sich das Individuum möglichst autonom für eine entscheiden und sich so individuell profilieren. Im Kontext einer Leistungsgesellschaft gewinnt Selbst-

fügungen. Autonomie und Selbstbestimmung vor dem Hintergrund eines im Wandel begriffenen Arzt-Patienten-Verhältnisses, Zeitschrift für medizinische Ethik 44, 1998, 143–156 etwa zwischen Autonomie als fundamentaler Verfasstheit des Menschen (also als *proprium*) und Selbstbestimmung als konkrete Manifestation derselben (also als *accidens*) unterscheidet, so nehme ich diese Unterscheidung weiter unten in der Differenzierung zwischen normativem Autonomie-Anspruch und empirischer Autonomie-Fähigkeit auf (s.u. Kap. 3.4).

2 Dabei gilt es zu beachten, dass die philosophische Tradition im Gefolge *Immanuel Kants* betont, dass Autonomie nicht mit Willkür und Beliebigkeit zu tun hat, sondern mit freiwillig eingegangener Selbstbindung des Individuums an das als allgemein verbindlich wahrgenommene Sittengesetz, das sich im kategorischen Imperativ äußert, *Beckmann*, Patientenverfügungen, 145f.

3 Nationaler Ethikrat, Selbstbestimmung und Fürsorge am Lebensende. Stellungnahme, Berlin 2006, 18.

4 *Martin Seel*, Bedingungen und Grenzen der Selbstbestimmung – über die Reichweite von Selbstbestimmung, in: Nationaler Ethikrat (Hg.), Wie wir sterben/Selbstbestimmung am Lebensende. Tagungsdokumentationen, Berlin 2006, 131–139, dort 131.

bestimmung dabei den Charakter einer identitätsstiftenden Eigenleistung des *homo faber*: Ich bin, was ich aus mir mache. Wahrhaft freies, menschliches Leben erscheint weitgehend als „Machsal" (*O. Marquard*).

Dieses liberale Autonomie-Verständnis beruht auf einem Konzept negativer Freiheit: Selbstbestimmung meint vor allem die Freiheit des Individuums *von* fremden Vorgaben und Einflüssen, seine Freiheit, sich unabhängig von anderen zu entscheiden (*non-interference*). Dazu gehört heute für viele auch der Aspekt der Selbstständigkeit: Selbstbestimmung als Selbstständigkeit beinhaltet, nicht von anderen abhängig sein zu müssen und sein Leben selbst kontrollieren zu können.[5]

So wurde im Verlauf der neueren geistesgeschichtlichen Entwicklung westlicher Kultur die freie Selbstverfügung des Einzelnen über sein Leben, seine Freiheit zu aufgeklärt-mündiger Entscheidung in allen Fragen, die ihn betreffen, und seine Unabhängigkeit von anderen zum höchsten Gut. Ja, nach *Daniel Callahan* hat das Streben nach Autonomie und Kontrolle in unserem kulturellen Kontext „fast die Qualität einer Besessenheit angenommen."[6] Sie ist, wie *Markus Zimmermann-Acklin* in Aufnahme einer These von *Ulrich Beck* konstatiert, bereits zu einem neuen „Zwang zur Freiheit und zur Selbstbestimmung" geworden.[7]

5 *George J. Agich*, Dependence and Autonomy in Old Age. An ethical framework for long-term care, Cambridge 2003, 13ff. *Agich* sieht den zentralen Aspekt des liberalen Autonomieverständnisses im „concept of independence or what has been termed *negative freedom*, the freedom to be left alone", 14.

6 *Daniel Callahan,* Nachdenken über den Tod. Die moderne Medizin und unser Wunsch, friedlich zu sterben, München 1998, 18. Diese Einschätzung teilt *Agich*, Dependence and Autonomy, 29: „Autonomy thus becomes more an obsession than a moral principle"; und *Harry R. Moody*, The Cost of Autonomy, the Price of Paternalism, in: *Robert Disch* et al. (Hg.), Dignity and Old Age, New York 1998, 111–127, dort 121 beschreibt unsere gegenwärtige westliche Kultur dahingehend, dass sie Unabhängigkeit und Autonomie geradezu vergöttere.

7 *Markus Zimmermann-Acklin*, Selbstbestimmung in Grenzsituationen, 66. Von der zu einem neuen Zwang gewordenen Autonomie spricht in sozialpädagogischer Hinsicht auch *Barbara Pichler*, Autonomes Alter(n) – Zwischen widerständigem Potential, neoliberaler Verführung und illusionärer Notwendigkeit, in: *Kirsten Aner* et al. (Hg.), Die neuen Alten – Retter des Sozialen? Wiesbaden 2007, 67–81, dort 76.

## *1.2 Patientenautonomie als medizin-ethisches Grundprinzip*

Das Prinzip des Respekts vor der Autonomie jedes Menschen hat seit der Mitte des letzten Jahrhunderts wohl in kaum einem anderen Bereich eine so zentrale Rolle gespielt wie in der neueren Medizinethik. Hier war es vor allem die Erschütterung durch die Verbrechen der NS-Medizin im Dritten Reich, die dazu geführt hat, dem Respekt vor der Selbstbestimmung jedes Patienten und jeder Patientin bzw. aller an einer wissenschaftlichen Untersuchung teilnehmenden Probanden hohe Bedeutung zuzuschreiben,[8] und zwar im Sinne eines Abwehrprinzips: Jeder urteilsfähige Mensch soll grundsätzlich jederzeit das Recht haben, jede von ihm nicht gewollte Behandlung abzulehnen,[9] und zwar selbst dann, wenn eine Behandlung an und für sich medizinisch klar indiziert wäre; denn erst in diesem letztgenannten Fall erweist sich, ob mit dem Prinzip des Respekts vor der Patientenautonomie wirklich ernst gemacht wird![10] Die Zu-

8 Maßgebend wurde das Konzept der freiwilligen, informierten Zustimmung (*informed consent*) bei Forschungsvorhaben an Menschen, wie es etwa durch die Erklärungen des Nürnberger Kodex von 1947 oder durch die Deklaration von Helsinki des Weltärztebundes von 1964 formuliert wurde. In neuerer Zeit wurde auch die Bioethik-Konvention des Europarates von 1997 wichtig, die in Art. 5 festhält: „Eine Intervention im Gesundheitsbereich darf erst erfolgen, nachdem die betroffene Person über sie aufgeklärt worden ist und frei eingewilligt hat" (zit. nach: *Claudia Wiesemann / Nikola Biller-Andorno,* Medizinethik, Stuttgart 2005, 146).

9 *Bettina Schöne-Seifert,* Medizinethik, in: *Julian Nida-Rümelin* (Hg.), Angewandte Ethik. Die Bereichsethiken und ihre theoretische Fundierung. Ein Handbuch, Stuttgart 1996, 552–648, dort 567 beschreibt „das Paradigma der neueren Medizinethik (als) ‚Recht auf Zustimmung oder Ablehnung' durch die Patienten und Probanden gegenüber diagnostischen, therapeutischen oder der reinen Forschung dienenden Eingriffen aller Art. Und dieses Recht wurde in erster Linie mit dem Recht auf Autonomie, d.h. auf Selbstbestimmung begründet."

10 So halten etwa die Grundsätze der Bundesärztekammer zur ärztlichen Sterbebegleitung, in: Deutsches Ärzteblatt 95, 1998, A–2366f, dort 2367 fest: „Bei einwilligungsfähigen Patienten hat der Arzt den aktuell geäußerten Willen des angemessen aufgeklärten Patienten zu beachten, selbst wenn sich dieser Wille nicht mit den aus ärztlicher Sicht gebotenen Diagnose- und Therapiemaßnahmen deckt." Und die medizinisch-ethischen Grundsätze der Schweizerischen Akademie der Medizinischen Wissenschaften (SAMW) zum Recht der Patientinnen und Patienten auf Selbstbestim-

lässigkeit einer medizinischen Intervention ist demnach erst gegeben, wenn eine medizinische *und* eine „individuelle“, den autonomen Willen einer Patientin berücksichtigende Indikation vorliegt.[11] Dadurch soll sichergestellt werden, dass Patientinnen und Patienten nicht medizinisch fremdbestimmt und instrumentalisiert werden. Denn „‚Autonomie‘ als normative Begrifflichkeit erhebt für den Menschen den Anspruch, als Subjekt und nicht als Objekt behandelt zu werden. Danach darf ein Mensch nicht zum Mittel von irgendwelchen (ihm fremden, H.R.) Zwecken gemacht werden. Insofern ist ‚Autonomie‘ ein Abwehrbegriff, der den Menschen vor Übergriffen und vor Vereinnahmungen schützen soll.“[12] Dieses normative, von allen empirischen Faktoren des Gesundheitszustandes, der Urteilsfähigkeit, institutioneller Rahmenbedingungen etc. unabhängige Verständnis von Autonomie als einem unbedingten Anspruch leitet sich direkt aus dem entsprechenden Verständnis von Menschenwürde ab, dessen zentraler Gehalt eben in der Unverfügbarkeit und dem Recht auf Selbstbestimmung und Selbstverantwortung jedes Menschen besteht.

Menschenwürdige Behandlung, Betreuung und Pflege ist darum immer unterstützende Begleitung eines Menschen, die dessen Autonomie, also sein Recht auf Selbstverfügung, respektiert und sich weder aus gut gemeintem fürsorglichem Engagement noch aus rein fachlicher, z.B. medizinischer oder pflegerischer Einsicht über den Willen der betroffenen Person hinwegsetzt.

mung halten fest: „Die Respektierung des Willens des urteilsfähigen Patienten ist zentral für die Behandlung und Betreuung. Demzufolge ist das Handeln gegen den erklärten Willen des urteilsfähigen Patienten unzulässig. Dies gilt auch dann, wenn dieser Wille den wohlverstandenen Interessen des Patienten zuwiderzulaufen scheint“ (Schweizerische Ärztezeitung 87, 2006, 103–110, dort 103.)

11 SAMW, Selbstbestimmung, 108.

12 *Ruth Baumann-Hölzle,* Autonomie als Verantwortung, in: *Matthias Mettner / Regula Schmitt-Mannhart* (Hg.), Wie ich sterben will. Autonomie, Abhängigkeit und Selbstverantwortung am Lebensende, Zürich 2003, 229–245, dort 230.

Dieses Prinzip der Patientenautonomie in der Medizinethik ruht weitgehend auf dem liberalen, aufklärerischen Autonomieverständnis, das von einem mündigen, von allen Umfeld-Einflüssen unabhängigen, sich souverän entscheidenden, isolierten Individuum ausgeht, das seine Freiheitsrechte wahrnimmt und im Akt autonomen Entscheidens seine Unabhängigkeit manifestiert.[13] Vor allem in seiner vulgären, das breite Volksempfinden prägenden Form versteht sich dieses Konzept von Selbstbestimmung weitgehend als Selbstständigkeit im Sinne von Unabhängigkeit von anderen.

So unaufgebbar wichtig dieses Verständnis von Autonomie als Anspruch auf Selbstverfügung und Selbstverantwortung mit seinem emanzipatorischen Potenzial – gerade im klinischen Bereich – auch ist, so unübersehbar sind seine Einseitigkeiten. *Markus Zimmermann-Acklin* ist zuzustimmen, „dass die Betonung der Patientenautonomie in der Tradition der negativen Freiheit … einem bestimmten gesellschaftspolitischen und klinischen Umfeld entspringt, das überwunden werden muss, um Raum für ein angemessenes und realisierbares Konzept der Selbstbestimmung von Patientinnen und Patienten im klinischen Alltag zu schaffen."[14]

### *1.3 Das post-liberale Autonomieverständnis: Autonomie in Abhängigkeit*

Die Hauptstossrichtung der Kritik am liberalen Autonomieverständnis, wie sie insbesondere von Vertreterinnen und Vertretern des Kommunitarismus und des Feminismus formuliert

13 Es wird gemeinhin angenommen, dass eine medizinische Entscheidung „drei notwendige (und gemeinsam hinreichende) Bedingungen erfüllen muss, um ausreichend autonom zu sein: Sie muss von einem Patienten, der (1.) versteht, worum es geht, (2.) bewusst und (3.) ohne steuernde Einflussnahme Dritter getroffen werden", *Schöne-Seifert*, Medizinethik, 568.

14 *Zimmermann-Acklin*, Selbstbestimmung in Grenzsituationen, 64f. Für den Bereich der Langzeitpflege hochbetagter Menschen nimmt *Agich*, Dependence and Autonomy, diese Forderung auf und entwickelt ein erweitertes Konzept von praktischer Autonomie unter den Bedingungen eines Lebens in krankheitsbedingter Abhängigkeit von der Pflege und Unterstützung Anderer.

wurde, weist darauf hin, dass ein einseitig akzentuiertes Verständnis von negativer Freiheit im Sinne von Unabhängigkeit von Einflüssen anderer eine Abstraktion darstellt und der realen Situation menschlichen Lebens nicht entspricht, weil „völlige Autonomie dem menschlichen Wesen nach gar nicht möglich ist."[15] Aufgrund des durchweg sozialen Charakters des Phänomens menschlicher Selbstbestimmung muss vielmehr damit ernst gemacht werden, dass es Selbstbestimmung nur zusammen mit Abhängigkeit gibt, weil gegenseitige Abhängigkeit im Sinne gegenseitiger Verwiesenheit ein konstitutives Kennzeichen menschlicher Existenz ist.[16] *George J. Agich* fasst die Kritik am liberalen Autonomieverständnis prägnant zusammen: „Dependence is an essential feature of human existence and autonomy must be reinterpreted to accommodate social arrangements such as family, friendship, and community associations that make possible autonomous human existence in the first place. Dependence is therefore problematic not in itself, but in juxtaposition to an abstract ideal of autonomy as negative freedom. Viewed positively, however, autonomy involves a *dialectic of independence and dependence* that takes place within a social space characterized by *interdependence*. Dependence consequently ceases to be a universal problem to be erased or resolved."[17]

15 *Pichler*, Autonomes Alter(n), 78.

16 *Richard J. Martin / Stephen G. Post*, Human Dignity, Dementia and the Moral Basis of Caregiving, in: *Robert H. Binstock / Stephen G. Post / Peter J. Whitehouse* (Hg.), Dementia and Aging. Ethics, Values, and Policy Choices, Baltimore 1992, 55–68, dort 56 unterstreichen gerade im Blick auf die Situation von an Demenz erkrankten Menschen, dass Abhängigkeit „a universal element of the human condition" ist und dass unsere inhärente gegenseitige Abhängigkeit als menschliche Wesen deshalb als „a ‚premorbid' condition" anzusehen ist.

17 *George J. Agich*, Dependence and Autonomy, 96 (Hervorhebungen H.R.). Ähnlich urteilt *Moody*, The Cost of Autonomy, 121: "A superficial reading of dependency risks making us oblivious to our common human fate: we were all once dependent, we will be so again, and we are so in manifold ways even at this moment. The blindness of adulthood is an intoxication with the illusion of independence. … Perpetuating narcissistic illusions of independence – including non-interference – carries tremendous moral risks for a culture that idolizes independence and autonomy in every sphere of life, as ours does."

Wird also ernst genommen, dass es konkretes Menschsein nur in Gestalt des In-Beziehung-Seins und im Rahmen eines Geflechts gegenseitiger Abhängigkeiten oder Verwiesenheit gibt, wird man Autonomie als „relationale Selbstbestimmung“[18] oder als „Autonomie in Abhängigkeit“[19] verstehen müssen. Selbstbestimmung kann dann nicht bedeuten, „über das Selbst und sein Leben vollständig verfügen zu wollen. … Ein *souveränes Selbst* ist keineswegs dasjenige, das überall und jederzeit vollkommen frei über sich selbst bestimmen kann, sondern dasjenige, das relative Klarheit darüber gewinnt, wo Selbstbestimmung möglich ist und wo nicht. Souverän ist es darin, das eine vom anderen unterscheiden zu können und *sich auch bestimmen zu lassen, statt immer nur selbst bestimmen zu wollen.* Denn Selbstbestimmung ist ein aktiver ebenso wie ein passiver Prozess, ein Tun ebenso wie ein Hinnehmen und Lassen, ein eigenes Gestalten wie auch ein Sich-Gestaltenlassen von anderen, von Umständen und Situationen.“[20]

Die Korrektur und Ausweitung, die dieses post-liberale Autonomieverständnis am klassisch gewordenen aufklärerisch-liberalen Verständnis von Freiheit und Selbstbestimmung vornimmt, ist wesentlich und erweist sich gerade im Blick auf die Situation von pflegebedürftigen Hochaltrigen und von Sterbenden als entscheidend. Denn in solchen Situationen, wo die Erfahrung von Abhängigkeit und Passivität markant wird, kommt ein rein negatives Freiheitsverständnis im Sinne von Unabhängigkeit von anderen und von souveräner kognitiver Entscheidungsfähigkeit an seine Grenzen. Hier ist ein anthropologisches Grundverständnis und ein Autonomiekonzept gefragt, das damit ernst macht, dass „Abhängigkeit und Passivität ein ebenso fundamental-anthropologisches Element sind wie

18 *Tom L. Beauchamp / James F. Childress*, Principles of Biomedical Ethics, Oxford [5]2001, 61.

19 *Pichler*, Autonomes Alter(n), 78.

20 *Wilhelm Schmid*, Mit sich selbst befreundet sein. Von der Lebenskunst im Umgang mit sich selbst, Frankfurt a.M. 2004, 119 (Hervorhebung H.R.). Auch *Seel*, Bedingungen und Grenzen, 133 versteht Selbstbestimmung als eine „Fähigkeit, sich zu bestimmen und doch zugleich sich bestimmen zu lassen.“

das Streben nach Souveränität und Autonomie."[21] Insofern ist Freiheit nicht als Gegensatz zu Abhängigkeit zu verstehen, sondern vielmehr als selbstverantwortliche Souveränität im Umgang mit Abhängigkeiten, die ernst zu nehmen sind.[22]

Zu einem Verständnis von ‚Autonomie in Abhängigkeit' gehört die Einsicht, dass Selbstbestimmung sich nicht einfach von selbst versteht, dass sie keine jederzeit funktionsbereite Entscheidungsfähigkeit meint. Konkrete Autonomie stellt sich häufig erst ein in einem Prozess des Dialogs mit Menschen, die einem wichtig sind, in dessen Verlauf sich durch Phasen von Ambivalenz hindurch herausstellen muss, was jemandem wichtig ist, womit er sich identifizieren kann und wofür er sich entscheiden will.[23] Es ist darum wichtig, wie *Monika Bobbert* im

21 *Jean-Pierre Wils*, Autonomie und Passivität. Tugenden einer zweiten Aufklärung im medizinischen Kontext, in: *Ruth Baumann-Hölzle* (Hg.), Leben um jeden Preis? Entscheidungsfindung in der Intensivmedizin, Bern 2004, Interdisziplinärer Dialog – Ethik im Gesundheitswesen, Bd. 4, 43–57, dort 55. *Wils* spitzt diese Perspektive noch zu: „Was zuerst kommt, ist nicht unsere Autonomie und die des anderen, sondern die geteilte Erfahrung der Abhängigkeit. Was wir benötigen, ist die ‚Anerkennung der Abhängigkeit' (*MacIntyre*)", 53. Die Pflegeethikerin *Ruth Schwerdt*, Autonomie als grundlegendes Wertprinzip, in: *Christian Petzold* et al., Ethik und Recht, Bern 2007, 22–32, dort 31 plädiert ebenfalls für eine Sicht, die Abhängigkeit nicht nur als Kennzeichen bestimmter Entwicklungsphasen in der Lebensspanne versteht, sondern als konstitutives Merkmal menschlichen Lebens schlechthin. Sie gibt zu bedenken, dass ein auf solcher Grundlage entwickeltes „Verständnis von Autonomie, das nur unterschiedliche Grade an Abhängigkeit einzelner Gesellschaftsmitglieder von Solidarität und Sorge kennt und Autonomie und Abhängigkeit nicht als Antagonismus begreift, *integrierend statt diskriminierend* wirkt."

22 *Baumann-Hölzle*, Autonomie als Verantwortung, 240 sagt es so: „Die Abhängigkeit ist das Primärphänomen gegenüber der Unabhängigkeit. Erst wenn die Abhängigkeit und die Unabhängigkeit miteinander in Einklang stehen, ist ein Mensch frei, seinen Autonomieanspruch zu leben. Seine Freiheit beruht darauf, dass er gegenüber seinen existenziellen Abhängigkeiten Verantwortung übernehmen kann. … Freiheit ist nichts anderes als das bewusste Gestalten von Abhängigkeiten und Unabhängigkeiten."

23 Es ergibt darum Sinn, wenn *Agich*, Dependence and Autonomy, 90, „informed consent as a process rather than an event" bezeichnet. Und ein solcher Prozess gelingt nach *Agich* nur, wenn er durch ein soziales Netz gestützt wird: „Human beings attain autonomy only through human relationships and the exercise of autonomy requires supportive relationships throughout one's life", 50. In die gleiche Richtung weist die Stellungnahme des deut-

Blick auf pflegerisches Handeln betont, *„prozessuale Rahmenbedingungen* zu schaffen, die den Patienten darin fördern, in seinem wohlüberlegten Eigeninteresse zu entscheiden."[24]

Das Ernstnehmen des normativen Autonomie-Anspruchs, der mit der Menschenwürde gegeben ist, beinhaltet deshalb auch die Forderung, andern Menschen als integraler Teil der Fürsorge dazu zu verhelfen, dass sie angesichts empirisch meist nur mehr oder weniger gegebener Autonomiefähigkeit[25] in die Lage versetzt werden, so umfassend wie in einer konkreten Situation nur möglich ihre Selbstbestimmung wahrzunehmen.[26] „Im Zentrum patientenorientierter Qualität steht die Förderung der Autonomie der PatientInnen."[27] Und das bedeutet im Blick auf die Medizin-Ethik zugleich, dass Patientenautonomie nicht einfach in Spannung zu ärztlicher oder pflegerischer Fürsorge steht, sondern dass die Fürsorge anderer vielmehr zu den Voraussetzungen eigener Selbstbestimmung gehört.[28]

schen Nationalen Ethikrats, der zufolge „Selbstbestimmung der Stützung durch Solidarität bedarf, durch die sie in bestimmten Fällen überhaupt erst möglich wird", Selbstbestimmung und Fürsorge, 18. Vgl. auch den Hinweis von *Elisabeth Nagel-Studer*, Der ältere Patient-Leben mit einer zunehmend gebrechlicheren Gesundheit, in: *Diana Meier-Allmendinger / Ruth Baumann-Hölzle* (Hg.), Der selbstbestimmte Patient. Handbuch Ethik im Gesundheitswesen, Bd. 1, Basel 2009, 189–201, „dass Autonomie kein statisches Konzept ist, sondern ein Prozess, der sich stets in einem sozialen Kontext vollzieht", 189.

24 *Monika Bobbert*, Patientenautonomie und das Planen und Ausführen von Pflege, in: *Claudia Wiesemann* et al. (Hg.), Pflege und Ethik. Leitfaden für Wissenschaft und Praxis, Stuttgart 2003, 71–104, dort 80.

25 Zur Unterscheidung zwischen unbedingtem, normativem Autonomie-Anspruch und empirisch bedingten Autonomie-Fähigkeiten vgl. *Baumann-Hölzle*, Autonomie als Verantwortung, 230.

26 *Beauchamp / Childress*, Principles, 63 ist zuzustimmen: „Respect (for autonomy) … involves … enabling persons to act autonomously."

27 *Katharina Heimerl / Elisabeth Seidl*, Autonomie erhalten. Gespräche über Tod und Sterben in der Hauskrankenpflege, in: *Andreas Heller* et al. (Hg.), Wenn nichts mehr zu machen ist, ist noch viel zu tun. Wie alte Menschen würdig sterben können, Freiburg i. Br. [2]2007, Palliative Care und OrganisationsEthik, Bd. 2, 507–523, dort 507.

28 *Johannes Fischer*, Bedingungen und Grenzen der Selbstbestimmung – Fürsorge als Befähigung zur Selbstbestimmung, in: Nationaler Ethikrat (Hg,), Wie wir sterben/Selbstbestimmung am Lebensende. Tagungsdokumentationen, Berlin 2006, 113 –119.

### *1.4 Autonomie als Lebenskunst*

Wenn wir oben darauf hingewiesen haben, dass das liberale Verständnis von Selbstbestimmung im Sinne von negativer Freiheit ergänzt werden muss durch ein In-Rechnung-Stellen des unumgänglichen Eingebundenseins des Menschen in ein Geflecht vielfältiger gegenseitiger Abhängigkeiten und Verwiesenheit, so ist dem hier noch eine weitere Facette beizufügen: Autonomie ist – in der Tradition einer eudämonistischen Ethik des guten Lebens – auch unter dem Aspekt von Lebenskunst, also von positiver Freiheit zu bedenken. *Wilhelm Schmid* weist in seinem Entwurf einer Lebenskunst darauf hin, dass „selbstbestimmt, ‚autonom', nicht schon das Selbst ist, das sich befreit (das wäre der Aspekt der negativen Freiheit *von* etwas, H.R.), sondern erst dasjenige, das zur Formgebung aus Freiheit (das wäre der Aspekt der positiven Freiheit *zu* etwas, H.R.), zur ‚Selbstgesetzgebung' in der Lage ist. … Die Autonomie besteht darin, die Gestaltung von Selbst und Leben selbst in die Hand zu nehmen."[29] Und eben darin besteht die Lebenskunst als bewusste, überlegte, selbstverantwortete Lebensführung.

Lebenskunst basiert auf Selbstmächtigkeit, auf der Fähigkeit eines Selbst, seine Möglichkeiten und Grenzen, seine Freiheitsspielräume und seine Prägungen, seine Selbstständigkeit und seine Abhängigkeiten wahrzunehmen und sein Leben nach eigenen Vorstellungen, nach dem eigenen Maß und in eigener Verantwortung zu gestalten – mitsamt und trotz all seinen nicht veränderbaren, vorgegebenen Aspekten, die zum Lebensende hin besonders schmerzlich bewusst werden können.[30] Es geht darum, dem Leben diejenige Gestalt und Ausrichtung zu geben, mit der sich das Selbst identifizieren kann. Insofern ist Lebenskunst Arbeit an der eigenen Autonomie im Sinne positiver Freiheit.[31]

29 *Schmid*, Mit sich selbst befreundet sein, 115f.

30 Dabei handelt es sich bei der durch Selbstmächtigkeit ermöglichten Selbstgestaltung immer um eine „Mischung aus aktiver Gestaltung und passivem Gestaltetwerden", *Schmid*, Mit sich selbst befreundet sein, 100f.

31 *Wilhelm Schmid*, Schönes Leben? Einführung in die Lebenskunst, Frankfurt a.M. 2000, 7.

## *1.5 Gefährdungen der Selbstbestimmung am Lebensende*

Selbstbestimmtes Leben versteht sich allerdings nicht von selbst, sonst müsste es nicht als ein Aspekt von Lebenskunst bedacht werden. Es ist vielmehr durch mancherlei Faktoren gefährdet, innere wie äußere. Zu den *inneren* zählen körperliche und kognitive Einschränkungen, etwa durch altersassoziierte Krankheiten bedingt, die die Selbstmächtigkeit eines Individuums, also seine Fähigkeit, Selbstbestimmung wahrzunehmen, beeinträchtigen können. Dazu kann auch das gewohnheitsmäßige Verharren in unselbstständigen, fremdbestimmten Lebensmustern gehören, die sich jemand angeeignet hat.[32]

Zu den *äußeren* Faktoren können gesellschaftliche, soziale oder institutionelle Rahmenbedingungen gehören, die autonomes Leben erschweren oder gefährden. Manche Leute befürchten eine solche Gefährdung der Selbstbestimmung vor allem im Blick auf das hohe Alter, wenn durch Multimorbidität verursachte Pflegebedürftigkeit das Leben in einem Pflegeheim notwendig machen sollte. Pflegeheime haben in unserer Gesellschaft – in vielen Fällen wohl zu Unrecht! – ein eher fragwürdiges Image, was unter anderem damit zusammenhängt, dass sie als Inbegriff „Totaler Institutionen“ (*E. Goffmann*) gelten, in denen Bewohnerinnen und Bewohner institutioneller Fremdbestimmung unterworfen werden und in ihrer Selbstbestimmung gefährdet sind. Weil das Lebensende – das hohe Alter mit seinen Erscheinungen körperlicher und zuweilen auch geistiger Gebrechlichkeit einerseits und der Prozess des Sterbens andrerseits – eine Phase großer Fragilität und Verletzlichkeit mit potenziellen Erfahrungen von Abhängigkeit und Ohnmacht darstellt, ist es nicht verwunderlich, dass seit längerer Zeit ein dezidierter Ruf nach einem autonomen Alter[33] und nach einem selbstbestimmten Sterben[34] ergeht. Was Selbstbestimmung im Kontext von hochaltriger Pflegebedürftigkeit bedeutet, soll deshalb das

32 *Heimerl/Seidl*, Autonomie erhalten, 509f.

33 *Pichler*, Autonomes Alter(n), 67 weist darauf hin, dass das autonome Alter bereits zu einer Leitkategorie der Sozialpolitik geworden ist.

34 *Heinz Rüegger*, Sterben in Würde? Nachdenken über ein differenziertes Würdeverständnis, Zürich [2]2004, 46–54.

nächste, was Selbstbestimmung im Blick auf das Sterben bedeutet, das übernächste Kapitel erörtern.

## *2. Selbstbestimmung im Kontext von hochaltriger Pflegebedürftigkeit*

### *2.1 Die unumgängliche Problematik*

Es liegt in der Natur der Sache, dass der Prozess des Alterns in der vierten Lebensphase (so etwa ab 80 Jahren) mit einer verstärkten körperlichen und geistigen Fragilität einhergeht und oft mit chronischen, altersbedingten Krankheiten verbunden ist. Multimorbidität wiederum führt zu einem erhöhten Bedarf an Unterstützung und hat zuweilen zur Konsequenz, dass der hochbetagte Mensch in eine spezialisierte Institution der Langzeitpflege eintritt. Für die meisten Zeitgenossen ist dies ein einschneidender, schmerzlicher Schritt, macht er doch unübersehbar deutlich, wie es um einen steht: dass man nicht mehr selbstständig leben kann, sondern im letzten Lebensabschnitt in zunehmendem Maß von der Unterstützung anderer abhängig ist – was beides auf dem Hintergrund des heute dominanten Lebensgefühls als beschämend empfunden werden kann. Sieht man die Literatur zum Thema Selbstbestimmung am Lebensende durch, fällt auf, dass unter diesem Thema fast immer nur von den schwierigen medizin-ethischen Fragen des Umgangs mit Sterbehilfe in Form von Therapieverzicht bzw. -abbruch (passive Sterbehilfe), Suizid-Beihilfe oder Tötung auf Verlangen (aktive Sterbehilfe) die Rede ist. Also von der Frage, ob und wie weit Menschen selbst über Zeitpunkt, Ort und Art ihres Sterbens bestimmen dürfen. Darob tritt – zu Unrecht! – die quantitativ viel häufigere und m. E. auch dringlichere Frage in den Hintergrund, welche Bedeutung Selbstbestimmung dort hat, wo Menschen ihre letzte Lebensphase in starker Abhängigkeit von der Unterstützung anderer z.B. in einem Pflegeheim verbringen müssen. Wir wenden uns in diesem Kapitel darum bewusst zuerst dieser Frage zu, bevor im dritten Kapitel dann Fragen der Selbstbestimmung im Prozess des Sterbens zur Sprache kommen.

Es ist unumgänglich, dass Pflegeheime Institutionen sind, in denen die Professionellen über ein hohes Maß an Experten-, Definitions- und Handlungsmacht verfügen. Und weil Heime in der Regel professionell und zweckrational geführte Institutionen sind, die den Grossteil des Lebens und Alltags der dort Wohnenden bestimmen, ist die Gefahr, zu einer „Totalen Institution" zu werden, nicht von der Hand zu weisen.[35] Der Hinweis von *Ursula Koch-Straube* ist jedenfalls ernst zu nehmen, dass „mit wachsender Definitions- und Entscheidungsfülle der MitarbeiterInnen die Ohnmacht der BewohnerInnen, das Gefühl von Hilflosigkeit und die Überzeugung, keine Kontrolle mehr über die eigenen Belange zu haben, wächst."[36] Denn es lässt sich nicht verhindern, dass zwischen den auf Unterstützung angewiesenen alten Menschen und den professionellen Helfern, schon gar in Heimen, eine asymmetrische Beziehung besteht: Die Professionellen haben einen fachlichen Wissensvorsprung, sie kennen sich in der Institution aus und können in ihrer professionellen Rolle über deren Ressourcen verfügen; zudem sind sie selber gesund und fähig, anderen Hilfe zu leisten. Weil dies so ist, haben professionell Helfende die besondere Pflicht, diese Problematik selbstkritisch-sensibel wahr-

35 In seiner sozialwissenschaftlichen Dissertation: Das Altenheim – immer noch eine „Totale Institution"? Eine Untersuchung des Binnenlebens zweier Altenheime, Göttingen 2004 (Manuskript) kommt *Martin Heinzelmann* zur Schlussfolgerung, „dass die gegenwärtigen Altenheime … als Pseudo-Totale Institutionen zu bezeichnen sind: Sie wirken ihrem Erscheinungsbild nach wie ‚Totale Institutionen' des traditionellen Modells, ihren Auswirkungen auf den Lebensalltag nach sind sie es im Wesentlichen nicht. Die ‚Lebenswelt' Altenheim wird maßgeblich durch andere Ursachen geprägt als durch die Zwänge einer ‚Totalen Institution'. Diese Einschätzung gilt in noch stärkerem Maße für die Pflegeheime, die ebenfalls als Pseudo-Totale Institutionen anzusehen sind" (248). Kritischer fällt demgegenüber das Urteil von *Ursula Koch-Straube*, Fremde Welt Pflegeheim. Eine ethnologische Studie, Bern [2]2003, 345f aus, die die Auffassung vertritt, dass „trotz aller notwendigen Vorsicht, das Konzept der Totalen Institution auf Pflegeheime für alte Menschen anzuwenden, trotz mancher Abweichungen, seine zentralen Aussagen zutreffend sind und die Erfahrungen, die eine intensive … Auseinandersetzung mit dem Leben und Arbeiten im Pflegeheim hervorruft, bündeln."

36 *Ursula Koch-Straube*, Fremde Welt Pflegeheim, 300.

zunehmen und sich bewusst dafür einzusetzen, dass die Voraussetzungen für die Fähigkeit der auf Hilfe Angewiesenen, konkrete Selbstbestimmung wahrzunehmen, gefördert werden.[37]

Dem steht nach *Monika Bobbert* nun allerdings entgegen, dass in der pflegeethischen Diskussion das Thema Patientenautonomie zwar grundsätzlich als wichtig anerkannt, aber wenig systematisch behandelt wurde, weil bei Pflegenden das Prinzip der Fürsorge stärker im Vordergrund steht. Daraus ergibt sich das Problem, dass es „aus der Perspektive der Fürsorge heraus nicht immer leicht sein mag, das Recht eines Patienten auf Achtung seiner Autonomie umzusetzen. Denn dies erfordert es doch zeitweise, von persönlich und pflegerisch für gut befundenen Denk- und Handlungsgewohnheiten zurückzutreten, verständnisvoll zu tolerieren und den anderen manchmal einfach gewähren zu lassen."[38]

Pflegeinstitutionen im Langzeitbereich haben eine Tendenz, das Leben der in ihnen Wohnenden umfassend zu bestimmen, kollektiv zu regeln und der institutionellen Logik eines möglichst effizienten Betriebs zu unterwerfen. Das lässt sich nicht ganz verhindern, entspricht es doch einer den Strukturen inhärenten Dynamik. Was man aber kann ist, sich diese Tendenz bewusst zu machen und ihr dezidiert und mit gezielten Maßnahmen entgegenzuwirken, um eine Pflege- und Betreuungskultur zu entwickeln, die der Selbstbestimmung der Bewohnerinnen und Bewohner förderlich ist. Worum es dabei gehen könnte, kann hier nur in ein paar wenigen Punkten angedeutet werden.

## *2.2 Orientierung am Individuum*

Zentral ist, Betreuungsstrukturen immer wieder daraufhin zu prüfen, wie weit sie den individuellen Bedürfnissen derer, die auf sie angewiesen sind, entsprechen. Die Aufgabe besteht darin, institutionelle Strukturen möglichst den Bedürfnissen der Menschen anzupassen und nicht einfach zu erwarten, dass

37 *Bobbert,* Patientenautonomie, 83.
38 Ebd.

diese sich jenen anpassen.[39] Eine Literaturübersicht zur Frage der Selbstbestimmung älterer, pflegeabhängiger Menschen kommt zur Feststellung, dass „any attempts to ‚deinstitutionalize' the environment through efforts to recognize and meet individual needs could be seen als promoting personal autonomy."[40] Dazu gehört auch, die Prioritäten medizinisch-pflegerischen Handelns so zu setzen, wie sie der Sicht der pflegebedürftigen Person entsprechen, nicht primär so, wie sie sich in der Perspektive der Fachpersonen darstellen. Denn bereits das Formulieren von Pflegeproblemen setzt wertende Vorannahmen voraus, was jemand braucht, was für ihn oder sie gut und wünschenswert ist. Dabei kann das Wohl einer Person im Lichte ihrer subjektiven Wahrnehmung und Prioritätensetzung durchaus in anderem bestehen, „will (sie) vielleicht andere Pflegeprobleme beseitigt wissen, als dies Pflegemodelle, Pflegediagnosen oder andere externe Bezugspunkte nahe legen."[41]

Orientierung am Individuum beinhaltet auch, eigene, vielleicht eigenwillige Gewohnheiten von unterstützungsbedürftigen Menschen zu respektieren, sind sie es doch, durch die ein Selbst sich wie durch weniges sonst charakterisiert. In ihnen drückt sich die Selbstbestimmung des Individuums aus, die Form, die es seinem Leben verleiht.[42]

39 Damit soll nicht idealistisch überspielt werden, dass es zur soziologischen Wirklichkeit jeder kollektiven Lebensform mit ihrer Institutionalität gehört, dass sie die ihr zugehörigen Menschen prägt und erwartet, dass sich diese ihr ein Stück weit anpassen und einfügen. Anders wäre Leben in Gemeinschaft angesichts des Ineinanders von Personalität und Sozialität gar nicht möglich.

40 *Sue Davies* et al, Promoting autonomy and independence for older people within nursing practice: a literature review, Journal of Advanced Nursing 26, 1997, 408–417, dort 413.

41 *Bobbert,* Patientenautonomie, 90f. *Bobbert* betont mit gutem Grund das „Recht auf Selbstbestimmung in Bezug auf das Eigenwohl", 77–80.

42 Darauf weist *Schmid,* Schönes Leben, 33–37, mit Nachdruck hin.

### *2.3 Einbezug in Entscheidungsprozesse und Ermöglichung von Identifikation*

Selbstbestimmung in einer Situation von altersbedingter Betreuungsabhängigkeit wird dadurch gefördert, dass der alte Mensch konsequent in Entscheidungsprozesse, die ihn betreffen, einbezogen wird. Das setzt voraus, dass in allen Belangen angemessen informiert wird und echte Optionen vorgelegt werden, zwischen denen entschieden werden kann. Dies betrifft nicht nur schwerwiegende Entscheidungen etwa über größere medizinische Eingriffe, sondern ebenso Entscheidungen über die Pflegeziele und die Alltagsgestaltung.[43]

Autonomiefähigkeit kann krankheitsbedingt abnehmen; manche Entscheide übersteigen dann vielleicht die Möglichkeit eines Heimbewohners. Aber selbst dann wird es meist immer noch kleinere oder größere Entscheidungen im Alltäglichen geben – wie sich jemand kleiden oder was jemand essen will, ob und wann jemand aufstehen oder einen Spaziergang machen möchte –, die zu treffen möglich sind. Nach der oben erwähnten Literaturübersicht gilt: „Even the ability to make quite small decisions about their day-to-day activities can make a significant impact on older people's sense of control."[44] Menschen in altersbedingten Abhängigkeitsverhältnissen zu ermutigen, eigene Entscheidungen zu treffen und sie in diesen Entscheidungen dann zu respektieren, ist eine Aufgabe der Ermächtigung (*empowerment*). Sie schließt auch die Ermutigung ein, sich gegebenenfalls kritisch dazu zu äußern, wie Hilfe und Unterstützung erbracht werden.[45]

Nun hat *George J. Agich* darauf hingewiesen, dass sich gerade bei schwer pflegeabhängigen, in ihrer Autonomiefähigkeit eingeschränkten alten Menschen die Frage der Selbstbestimmung oft gar nicht so sehr an der Möglichkeit entscheidet, gewichtige

43 Auf die Wichtigkeit, Autonomie in der Alltagsgestaltung wahrnehmen zu können, weist *Andreas Kruse*, Das letzte Lebensjahr. Zur körperlichen, psychischen und sozialen Situation des alten Menschen am Ende seines Lebens, Stuttgart 2007 (Grundriss Gerontologie, Bd. 21), 204f hin.

44 *Davies* et al., Promoting autonomy, 415.

45 *Davies* et al. sprechen von einem „empowerment of patients to allow them to be critical" (ebd., 413).

Entscheidungen zu fällen. Denn diese Sicht ist stark vom klassischen liberalen Autonomieverständnis geprägt, wie es in der Diskussion über klinisch-ethische Probleme dominant geworden ist. In der Situation von betagten Menschen in Pflegeeinrichtungen stellt sich *Agich* zufolge stärker die Aufgabe, Institutionen und Dienstleistungen so zu gestalten, dass sich die betroffene Person damit identifizieren, sie als eine sinnvolle Wirklichkeit akzeptieren kann. Es geht also eher um die Frage einer Heimkultur, einer Betriebsphilosophie, eines Lebensstils oder einer generellen Beziehungsqualität als um irgendwelche weit reichenden Einzelentscheidungen. Kann sich eine Heimbewohnerin mit dieser Kultur identifizieren, sie sich zu eigen machen, ist eine wesentliche Voraussetzung für Selbstbestimmung im Sinne einer ganz elementaren Lebenskunst gegeben, die sich dann unweigerlich auch in einer aktiven Teilnahme an Entscheidungsprozessen niederschlagen wird. In diesem Sinne postuliert *Agich*: „identification precedes autonomy."[46]

## *2.4 Betagte als verantwortliche Menschen ernstnehmen*

Jemandes Selbstbestimmung zu respektieren heißt gleichzeitig, die betreffende Person als für sich selbst verantwortlich anzusehen und von ihr die Wahrnehmung solcher Selbstverantwortung[47] im Rahmen der vorhandenen Fähigkeiten – die im Ver-

46 *Agich*, Dependence and Autonomy, 123. *Agich* führt aus: "To be dependent on something does not in any way diminish one's degree of freedom as long as one truly identifies with the thing on which one is dependent" (111). Und weiter: "If the actual exercise of choice is typically only a small part of our lives, then questions about the style of life and the structure and organization of long-term care assume importance. In other words, is the style of life availabel in long-term care meaningful for elders? Is the life available in long-term care something with which the elder can identify, that is, not through explicit choice but passively and reflexively? Raising this question suggests that a radically different metaphor of autonomy in long-term care is required" (119).

47 *Andreas Kruse* hat immer wieder auf die Bedeutung dieses Verständnisses von *Selbstbestimmung als Selbstverantwortung* hingewiesen, so etwa in: Wie die Selbstverantwortung im Prozess des Sterbens erhalten werden kann – Anforderungen an die Begleitung sterbender Menschen, in: *Matthias Mettner/Regula Schmitt-Mannhart* (Hg.), Wie ich sterben will. Autonomie. Ab-

lauf etwa eines demenziellen Prozesses natürlich abnehmen können – auch zu erwarten. Dieser Aspekt wird in der Autonomie-Diskussion gerne übersehen, ist aber zentral, weil er Autonomie als Teil einer sozialen Beziehung versteht, die auf Gegenseitigkeit zielt, so dass das Wahrnehmen von Pflichten und Verantwortungen die Selbstbestimmung ebenso stärkt wie das Geltendmachen von Ansprüchen und Rechten.[48] Dieser Gesichtspunkt impliziert, dass es angemessen sein kann, Bewohnerinnen und Bewohner in Langzeitinstitutionen auf Möglichkeiten solcher Wahrnehmung von Verantwortung anzusprechen und mit ihnen danach zu suchen, wie sie etwas für andere sein können. Die Psychogerontologie spricht hier vom Phänomen der *Generativität im Alter* und meint damit eine Lebenshaltung, die sich produktiv in die Gemeinschaft einbringt und Werte realisiert, die für andere von Bedeutung sind. Nach *Frieder R. Lang / Margret M. Baltes* gehört zur Altersgenerativität unter anderem das Verwirklichen einer Haltung, die durch Selbstbescheidung und Selbstverantwortlichkeit geprägt ist.[49]

hängigkeit und Selbstverantwortung am Lebensende, Zürich 2003, 101–128; und: Selbstverantwortung im Prozess des Sterbens, in: *Andreas Kruse / Mike Martin* (Hg.), Enzyklopädie der Gerontologie, Bern 2004, 328–340.

48 *Agich*, Dependence and Autonomy, 78: "Responsibilities of elders constitute a significant, yet insufficiently recognized, aspect of autonomy." Unter Aufnahme von Überlegungen von *Andrew Jameton* nennt *Agich* als Beispiele solcher Wahrnehmung von Verantwortungen unter anderem: "responsibilities to caregivers such as expressing gratitude toward caregivers, complaining appropriately and understandingly to caregivers; basic responsibilities not to hit, insult, or otherweise abuse caregivers; responsibilities to observe or not violate institutional rues or the customs and daily routines in the home of a child caregiver; responsibilities to other patients and residents; personal responsibilities regarding self-care and grooming … Even elders with limited physical abilities can assume some of these responsibilities, though, like all responsibilities, these naturally conform to changes in capacity and circumstance", 79.

49 *Frieder R. Lang / Margret M. Baltes*, Brauchen alte Menschen junge Menschen? Überlegungen zu den Entwicklungsaufgaben im hohen Lebensalter, in: *Lothar Krappmann/Annette Lepenies* (Hg.), Alt und Jung. Spannung und Solidarität zwischen den Generationen, Frankfurt 1997, 161–184, dort 173–177.

Bedeutsam ist man aber nicht nur dadurch, dass man äußerlich aktiv und produktiv ist. Bedeutsamkeit für andere erlangt ein alter Mensch gerade durch die Art, wie er sein Altsein lebt und die ihm durch das Leben in dieser Phase gestellten Herausforderungen annimmt. Man kann darin eine innere, existenzielle Form von Produktivität und Kreativität sehen.[50]

So weit als möglich Verantwortung für sich selbst zu übernehmen beinhaltet, andere zu entlasten, sich anderen nicht mehr zuzumuten, als dies unumgänglich ist. Das kann z.B. für eine pflegeabhängige Heimbewohnerin heißen, dass sie sich – soweit sie das von ihrer psychisch-mentalen Verfassung her kann – darum bemüht, dem Heimpersonal bei seinen Verrichtungen so zu begegnen, dass es sich wertgeschätzt vorkommt, dass es in seinem persönlichen und beruflichen Selbstbewusstsein wie auch in seiner Arbeitsmotivation gestärkt wird.[51]

## *2.5 Selbstbestimmung als Orientierungsmerkmal einer humanen Sorgekultur*

Damit Selbstbestimmung im Sinne von Selbstverantwortung gelebt werden kann, braucht es nicht nur innere Voraussetzungen auf Seiten des alten Menschen, sondern auch äußere Rahmenbedingungen institutioneller, sozialer, kultureller, gesundheits- und sozialpolitischer Art, die der Verwirklichung von Autonomie förderlich sind. Denn Autonomie kann sich erst im Kontext einer entsprechenden respektvoll-solidarischen Sorgekultur entfalten, die sich am Prinzip der Selbstbestimmung orientiert.[52] *Sue Davies* et al. halten fest: “A caring environment

50 *Kruse*, Das letzte Lebensjahr, 219–222, spricht im Blick auf das bewusste Annahmen der eigenen Abhängigkeit im Alter von einer motivationalen oder emotionalen Produktivität, die es ernst zu nehmen und zu würdigen gilt.

51 *Leo Montada*, Machen Gebrechlichkeit und chronische Krankheit produktives Altern unmöglich? In: *Margret M. Baltes/Leo.Montada* (Hg.), Produktives Leben im Alter, Frankfurt 1996 (ADIA – Schriftenreihe, Bd. 3), 382–292, dort 385–388.

52 *Schwerdt*, Autonomie, 31. In dieselbe Richtung scheinen mir auch *Heimerl/Seidl*, Autonomie erhalten, 513, zu weisen, wenn sie Autonomie als Eigenschaft eines Systems begreifen möchten. Insgesamt geht es in allem darum,

is one offering individuals the opportunity to develop their own potential and the freedom to choose their own course of action."[53]

Dabei ist immer mit zu bedenken, dass Selbstbestimmung eine freiwillige Option ist, nicht eine verpflichtende Norm.[54] Es besteht ein Recht auf Autonomie, nicht eine Verpflichtung zur Autonomie.[55] Das Recht, auf eine eigene Entscheidung zu verzichten und sie an andere zu delegieren, ist selbst auch ein Aspekt von Selbstbestimmung.[56]

## *3. Selbstbestimmung im Blick auf das Sterben*

### *3.1 Sterben als selbst zu verantwortendes Machsal*

Dass der Tod seit einiger Zeit nicht mehr nur als bedrohlicher Feind bekämpft oder als verhängtes Schicksal erduldet wird, sondern dass ihn heute viele unter dem Motto des Rechts auf einen „eigenen Tod", auf ein „würdiges Sterben" oder ein „selbstbestimmtes Sterben" geradezu einfordern, deutet auf einen fundamentalen Wandel in der Einstellung zum Sterben hin. Bereits 1976 fand die erste Weltkonferenz der ‚Right-to-Die-Societies' statt, die eine ‚Tokio-Erklärung' verabschiedete, in der u.a. das Recht auf ein Sterben in Würde[57] betont und die These aufgestellt wurde, dass jeder Mensch selber über Art und Zeitpunkt seines Todes entscheiden können sollte.[58] Das Neue an dieser Entwicklung ist, dass Sterben zunehmend als etwas

Versorgungssysteme, Entscheidungsprozesse und eine Kultur des sozialen Miteinanders zu gestalten, die darauf hin zielen, Betroffene zu Beteiligten zu machen, *Katharina Heimerl*, Orte zum Leben – Orte zum Sterben. Palliative Care in Organisationen umsetzen, Freiburg i.Br. 2008 (Palliative Care und OrganisationsEthik, Bd. 15), 34.

53 *Davies* et al., Promoting autonomy, 410.

54 *Schmid*, Mit sich selbst befreundet sein, 115.

55 *Beauchamp/Childress*, Principles, 61, 63.

56 *Bobbert*, Patientenautonomie, 78.

57 Ein Kernsatz lautet: „This brings us to affirm this right to die with dignity, which means in peace and without suffering" (www.worldrtd.net/about/page/?id=690).

58 „Death is unavoidable. But we believe that the manner (and time) of dying should be left to the decision of the individual", ebd..

verstanden wird, das der Mensch in eigener Verantwortung zu gestalten und worüber er nach Möglichkeit frei zu entscheiden hat.[59] Für den modernen *homo faber* tritt der Tod aus dem Schatten eines verfügten Schicksals ins Licht eines selber zu verantwortenden „Machsals" *(O. Marquard)*, das im Zeichen menschlicher Autonomie zu kontrollieren ist.[60] *Daniel Callahan* formuliert sehr pointiert: „Während der Tod seiner kollektiven Bedeutung beraubt wurde, wurde das Recht, die Umstände des Sterbens zu bestimmen, umso mehr hervorgehoben. Die Forderung nach Kontrolle und die Ablehnung eines Todes, wie er sich ereignet, wenn wir ihn unmanipuliert geschehen lassen, sind nicht nur stark, sie sind für viele eine Leidenschaft geworden. Das einzige Übel, das grösser scheint als der persönliche Tod, wird zunehmend der Verlust der Kontrolle über diesen Tod."[61] In den USA gibt es seit Jahrzehnten ein eigentliches „death control movement".[62]

59 *Reimer Gronemeyer*, Sterben in Deutschland. Wie wir dem Tod wieder einen Platz in unserem Leben einräumen können, Frankfurt a. M. 2007, 177, bringt das entscheidend Neue an dieser Situation auf den Punkt: „Solange der Tod ‚kam', musste sich keiner rechtfertigen: Es bedurfte einer solchen Debatte nicht. Das moderne Subjekt, der homo modernissimus, hat sich in die fatale Lage gebracht, dass er nun selbst sein Sterben und seinen Tod zu verantworten hat." *Paul B. Baltes*, Alter(n) als Balanceakt im Schnittpunkt von Fortschritt und Würde, in: Nationaler Ethikrat, Altersdemenz und Morbus Alzheimer. Medizinische, gesellschaftliche und ethische Herausforderungen, Berlin 2006, 83–101, dort 92 verweist auf empirische Untersuchungen in Deutschland, die ergeben haben, dass nahezu drei Viertel der Befragten angaben, über das Wie und Wann ihres Todes selbst bestimmen zu wollen, wobei keine Unterschiede im Blick auf das Alter der Befragten festzustellen war. „Auch die 70- bis 80-Jährigen, diejenigen, die näher am Tod stehen, … wollen in der Mehrzahl Handlungskontrolle über das Wie und Wann des Sterbens."

60 *Martin W. Schnell*, Sterben und Tod seit dem Ende des 20. Jahrhunderts, in: ders. (Hg.), Patientenverfügung. Begleitung am Lebensende im Zeichen des verfügten Patientenwillens. Kurzlehrbuch für die Palliative Care. Bern 2009, 93–99, dort 95 formuliert zutreffend: „Der Tod ist in das Zeitalter der Konstruktion, des Gemachten, das nicht mehr natürlich ist, eingetreten."

61 *Callahan*, Nachdenken über den Tod, 43.

62 *Barbara J. Logue*, Last Rights. Death Control and the Elderly in America, New York 1993.

Bei vielen Vertretern dieser Perspektive bekommt das Sterben gerade dadurch seine Würde, dass es unserer Kontrolle und unserer autonomen Verfügungsmacht unterworfen wird. Sterben in Würde heisst dann: selbstbestimmt sterben, nicht das Sterben als ein Widerfahrnis erdulden und an sich resp. mit sich geschehen lassen. Diese Haltung ist klassisch zusammengefasst in dem Diktum von *Joseph Fletcher*: "Death control, like birth control, is a matter of human dignity. Without it persons become puppets."[63]

### *3.2 Die Angst vor der medizinisch-technischen Fremdbestimmung des Sterbens*

Dieses Streben nach Autonomie und Kontrolle zeichnet unsere westliche Gesellschaft schon seit längerem aus, hat sich aber in jüngster Zeit noch verschärft und nach *Daniel Callahan* „fast die Qualität einer Besessenheit angenommen."[64] Dazu beigetragen hat nicht zuletzt die rasante Entwicklung der modernen High-Tech-Medizin, die zu erstaunlichen Möglichkeiten geführt hat, den Tod immer weiter hinauszuschieben. Die einerseits als Segen empfundenen Errungenschaften der modernen Medizin lösen andrerseits tiefgehende Ängste davor aus, am Ende des Lebens, wenn es Zeit wäre zu sterben, nicht sterben zu können, sondern künstlich am Leben (besser: am rein biologischen Überleben) erhalten zu werden.

Es gehört zu den spezifischen Vergesellschaftungsformen heutigen Sterbens, dass dieses medikalisiert, institutionalisiert, professionalisiert und durchorganisiert worden ist.[65] Der sterbende Körper wird gewissermaßen zur Endbehandlung Professionellen in spezialisierten Institutionen übergeben, unter deren fachmännischer Begleitung und Überwachung er dann schmerzkontrolliert sein Leben beschliesst.[66]

63 *Joseph Fletcher*, The Patient's Right to Die, in: A.B. Downing (Hg.), Euthanasia and the Right to Death, London 1969, 61–70, dort 69.

64 *Callahan*, Nachdenken über den Tod, 18.

65 *Armin Nassehi*, Formen der Vergesellschaftung des Sterbeprozesses, in: Nationaler Ethikrat (Hg.), Wie wir sterben / Selbstbestimmung am Lebensende. Tagungsdokumentationen, Berlin 2006, 81–92, dort 83f, 89f.

66 *Gronemeyer*, Sterben in Deutschland, 198f.

Auf diesem Hintergrund fordert der Ruf nach einem selbstbestimmten Sterben ein Sterben, bei dem der Sterbende nicht zum blossen Objekt einer hochgerüsteten Intensiv-Medizin degradiert wird, sondern als menschliches Subjekt selber bestimmen kann, wann er auf lebensverlängernde Massnahmen verzichten und dem Tod bewusst entgegen gehen oder ihn sich allenfalls sogar direkt besorgen will, und welche Begleitung resp. welche äusseren Rahmenbedingungen er auf dieser letzten Wegstrecke beanspruchen möchte.

### *3.3 Die Unumgänglichkeit des von Menschen bestimmten Sterbens*

Menschen müssen heute im Blick auf den Tod in einer Weise Entscheidungen darüber treffen, ob sie ihn zulassen oder bekämpfen wollen, wie sie das in früheren Zeiten nicht mussten.[67] In der Mehrzahl der nicht plötzlichen Todesfälle geschieht Sterben heute in Europa nicht mehr ohne solche medizinischen Entscheidungen über Leben und Tod.[68] Wir haben also streng genommen in vielen Fällen gar nicht mehr die Möglichkeit, über Ort, Zeitpunkt und Art des Sterbens *nicht* zu entscheiden – Sterben ist so oder so weithin von Menschen bestimmtes Sterben geworden! Die Frage, die mit der Forderung nach einem selbstbestimmten Sterben gestellt wird, ist vielmehr eine doppelte: zum einen die, *wer* denn über das Sterben bestimmen solle: die Ärztin, oder die gesellschaftliche Meinung, oder die Angehörigen – oder der Sterbende selbst. Zum andern geht es um die Frage, *wie weit* diese Selbstbestimmung gehen dürfe, ob es etwa auch legitim sei, sich den Tod durch einen (begleiteten) Suizid oder durch eine verlangte medizinische Fremdtötung (aktive Sterbehilfe) zu holen.

67 *Josef Römelt*, Autonomie und Sterben. Reicht eine Ethik der Selbstbestimmung zur Humanisierung des Todes? Zeitschrift für medizinische Ethik 48, 2002, 3–14.

68 *Nationaler Ethikrat*, Selbstbestimmung und Fürsorge am Lebensende, 27.

### *3.4 Der legitime Anspruch der Selbstbestimmung im Blick auf das eigene Sterben*

Die Forderung, angesichts der heutigen Ausweitung der medizinischen Möglichkeiten zur Lebensverlängerung dem moralischen Prinzip der Patientenautonomie die ihm gebührende Beachtung zu schenken und Sterbenden zuzugestehen, auf weitere Therapien zu verzichten, ist – zumindest im Grundsätzlichen – kaum bestritten. Passive Sterbehilfe (Verzicht auf oder Abbruch von Therapien), ja selbst indirekte Sterbehilfe, also Schmerzbekämpfung unter Inkaufnahme möglicher lebensverkürzender Konsequenzen, sind heute nicht nur erlaubt, sie gehören zum Standard einer *good clinical practice.* Und geht man davon aus, dass das Leben zwar ein hohes Gut und – theologisch gesehen – eine zu schützende und zu achtende Gabe Gottes ist, nicht aber etwas, zu dem wir unter allen Umständen gezwungen werden, so wird man jedenfalls aus einer liberalen protestantischen Sicht auch der Möglichkeit eines (begleiteten) Suizids als *ultima-ratio*-Lösung in Situationen grossen Leidens die Legitimität nicht grundsätzlich absprechen wollen.

In diesem Sinne besteht zu Recht ein in der Menschenwürde gründender, normativer Anspruch auf Autonomie, auf eine Selbstbestimmung oder besser: Selbstverantwortung im Blick auf Ort, Zeitpunkt und Art des Sterbens, der gerade um der Humanität und Erträglichkeit des Sterbens willen nicht in Frage gestellt werden sollte. Dieser Autonomie-Anspruch behält grundsätzlich auch dann seine uneingeschränkte Gültigkeit, wenn die Fähigkeit eines betagten oder sterbenden Menschen, diese Selbstbestimmung auch empirisch wahrzunehmen, krankheitsbedingt eingeschränkt ist oder – wie bei Wachkoma-Patienten – ausfällt. Die Richtlinien der Schweizerischen Akademie der Medizinischen Wissenschaften (SAMW) halten fest: „Der *Anspruch* auf Respektierung der Menschenwürde und Autonomie gilt uneingeschränkt für alle Menschen. … Eingeschränkte Autonomie*fähigkeiten*, welche mit zunehmendem Alter häufiger werden und das Gleichgewicht zwischen den abhängigen und unabhängigen Seiten bei einem Menschen stören, heben den Anspruch auf Respektierung seiner Würde und

Autonomie nicht auf."[69] Das heißt: Bei fehlender empirischer Autonomie-*Fähigkeit* ist das Defizit an Selbstbestimmungsmöglichkeit dadurch auszugleichen, dass der sog. mutmaßliche Wille der betroffenen Person eruiert und auf diesem Wege dem bleibenden normativen *Anspruch* auf Selbstbestimmung Genüge getan wird. Dabei ist zu beachten, „dass auch bei vorangeschrittener Demenz auf jeder Stufe der Entwicklung immer noch Kompetenzen des Verstehens, des Bewertens und der Selbstäußerung vorhanden sind, wenn auch auf einem zunehmend eingeengten und instabilen Niveau," weshalb „das gänzliche Absprechen einer Selbstbestimmungsmöglichkeit in den fortgeschrittenen Phasen der Demenzentwicklung nicht statthaft ist."[70]

### *3.5 Zur Bedeutung von Patientenverfügungen*

Die ethische Unterscheidung zwischen dem bleibenden normativen Autonomie-Anspruch und der im Alter gegebenenfalls abnehmenden oder entfallenden empirischen Autonomie-Fähigkeit ist zentral. Sie stellt sicher, dass auch Patienten, die nicht mehr entscheidungsfähig sind, nicht zum Objekt gutgemeinten Verfügens der sie betreuenden und behandelnden Professionellen und Angehörigen werden, sondern so weit als möglich Subjekt ihrer eigenen Lebensgeschichte bleiben und in ihrer Menschenwürde bis zuletzt respektiert werden.[71] Es ist deshalb die Aufgabe der mit der Behandlung und Begleitung nicht entscheidungsfähiger Menschen Beauftragten, stellvertretend deren mutmaßlichen Willen zu eruieren, also im Gespräch aller Beteiligten nach bestem Wissen und Gewissen und unter Heranziehung aller möglichen Informationen zu bestimmen, wie eine Patien-

69 SAMW, Medizinisch-ethische Richtlinien und Empfehlungen zur Behandlung und Betreuung von älteren, pflegebedürftigen Menschen, Schweizerische Ärztezeitung 85, 2004, 1452–1462, Pkt. II.3.1 (Hervorhebungen H.R.).

70 *Michael Wunder*, Demenz und Selbstbestimmung. Ethik in der Medizin 20, 2008, 17–25, dort 22.

71 Dabei gilt es zu bedenken, dass „das Recht auf Selbstbestimmung über den eigenen Körper zum Kernbereich der Würde und Freiheit des Menschen gehört", Nationaler Ethikrat, Patientenverfügung – Ein Instrument der Selbstbestimmung. Stellungnahme, Berlin 2005, 9.

tin oder ein Patient in einer konkreten Situation für sich selbst entscheiden würde, wenn sie oder er dazu noch in der Lage wäre. Dass bei einem solchen Ermitteln eines mutmaßlichen Willens meist ein Rest an Unsicherheit bleibt[72], liegt in der Natur der Sache, spricht aber nicht gegen den Sinn solcher Ermittlungsbemühungen. Ein gewichtiges Indiz für die Bestimmung dieses mutmaßlichen Willens ist eine vorliegende Patientenverfügung.

Eine Patientenverfügung ist „eine Willenserklärung, die eine entscheidungsfähige Person vorsorglich für eine Situation trifft, in der eine Entscheidung über eine medizinische Massnahme notwendig, die Person selbst aber nicht mehr entscheidungsfähig ist.“[73] Dienten Patientenverfügungen früher primär der Ablehnung von medizinischen Massnahmen; werden sie heute vermehrt auch als Möglichkeit gesehen festzuhalten, welche Massnahmen man gegebenenfalls einfordern möchte.[74]

Wenn sich über die Verbindlichkeit solcher Verfügungen auch ein kontroverser Diskurs gebildet hat, so kann man aufs Ganze gesehen doch festhalten, dass Patientenverfügungen als Instrumente antizipierender Selbstbestimmung in der jüngsten Vergangenheit stark an Bedeutung gewonnen haben. Das zeigt sich einerseits an entsprechenden Gesetzestexten aus Österreich[75] und Deutschland[76], andererseits an berufsethischen Empfeh-

72 *Nationaler Ethikrat*, ebd., 15.

73 So die Definition des Nationalen Ethikrats, ebd., 16.

74 *Daniela Ritzenthaler-Spielmann*, Zielsetzung, Aufbau und Grenzen von Patientenverfügungen, in: *Diana Meier-Allmendinger / Ruth Baumann-Hölzle* (Hg.), Der selbstbestimmte Patient. Handbuch Ethik im Gesundheitswesen, Bd. 1, Basel 2009, 43–58, dort 47, 51. Dabei gilt, dass nur medizinisch indizierte Maßnahmen eingefordert werden können.

75 Vgl. das Patientenverfügungs-Gesetz von 2006, das zwischen *verbindlichen* Patientenverfügungen, die nach umfassender ärztlicher Aufklärung konkret beschreiben, welche medizinischen Behandlungen abgelehnt werden, und die vor einer Rechtsperson erstellt wurden (§§ 4–7), und solchen, die bloß *beachtlich* sind, weil sie nicht alle Voraussetzungen der verbindlichen Patientenverfügung erfüllen (§§ 8–9), unterscheidet.

76 Vgl. das am 18.06.09 vom Deutschen Bundestag verabschiedete Dritte Gesetz zur Änderung des Betreuungsrechts, das einen § 1901a des Bürgerlichen Gesetzbuchs einführt, der besagt: „Hat ein einwilligungsfähiger Volljähriger für den Fall seiner Einwilligungsunfähigkeit schriftlich festgelegt, ob er in bestimmte, zum Zeitpunkt der Festlegung noch nicht unmittelbar bevorstehende Untersuchungen seines Gesundheitszustandes,

lungen medizinischer Gremien etwa in der Schweiz[77] oder in Deutschland[78]. Und auch repräsentative Umfragen in der Bevölkerung weisen hohe Zustimmungsraten zum bindenden Charakter von Patientenverfügungen für Ärzte und Pflegende auf.[79] Grundsätzlich kann man sagen, dass Patientenverfügun-

Heilbehandlungen oder ärztliche Eingriffe einwilligt oder sie untersagt (Patientenverfügung), prüft der Betreuer, ob diese Festlegungen auf die aktuelle Lebens- und Behandlungssituation zutreffen. Ist dies der Fall, hat der Betreuer dem Willen des Betreuten Ausdruck und Geltung zu verschaffen." Bereits früher formulierte das deutsche Bundesministerium der Justiz in einer Broschüre über ‚Patientenverfügung': „Wenn in einer Patientenverfügung Festlegungen für ärztliche Maßnahmen in bestimmten Situationen enthalten sind, sind sie verbindlich, wenn durch diese Festlegung Ihr Wille für eine konkrete Behandlungssituation eindeutig und sicher festgestellt werden kann", Berlin 2004, 9. – In der Schweiz gibt es auf Bundesebene noch keine rechtliche Regelung im Blick auf Patientenverfügungen. Eine solche ist allerdings mit dem neuen Erwachsenenschutzrecht (als Teil des Zivilgesetzbuches) am Entstehen. Die Gesetzesvorlage dazu wurde von den eidgenössischen Räten am 19.12.08 angenommen. Das Gesetzt wird aber nicht vor 2012 in Kraft treten. Vgl. *Michelle Salathé*, Patientenverfügung. Rechtliche Situation in der Schweiz, in: Schweizerische Akademie der Medizinischen Wissenschaften, Jahresbericht '08, Basel 2009, 110–114. Zum Ganzen vgl. den Beitrag von *Christine Dunger*, Die Stellung der Patientenverfügung in Deutschland, Österreich und Schweiz, in: *Martin W. Schnell* (Hg.), Patientenverfügung. Begleitung am Lebensende im Zeichen des verfügten Patientenwillens – Kurzlehrbuch für die Palliative Care, Bern 2009, 35–63.

77 So halten die am 19.05.09 verabschiedeten medizinisch-ethischen Richtlinien und Empfehlungen der Schweizerischen Akademie der Medizinischen Wissenschaften zum Thema „Patientenverfügungen" in Kap. II.8 fest: „Sind Behandlungsentscheidungen erforderlich, werden diese aufgrund des in der Patientenverfügung geäußerten Willens getroffen."

78 Die Empfehlungen von 2007 der Bundesärztekammer und ihrer Zentralen Ethikkommission zum Umgang mit Vorsorgevollmacht und Patientenverfügung in der ärztlichen Praxis stellen fest, dass „der in einer Patientenverfügung geäußerte Wille des Patienten grundsätzlich verbindlich ist; deshalb dürfen sich Ärzte nicht über die in einer Patientenverfügung enthaltenen Willensäußerungen eines Patienten hinwegsetzen" (Deutsches Ärzteblatt 104, 2007, 13, A 891–896, dort A 895).

79 So ergab eine EMNID-Umfrage von 2004 im Auftrag der Deutschen Gesellschaft für Humanes Sterben (DGHS), dass rund 90 % der Befragten für die Verbindlichkeit der in Patientenverfügungen festgelegten Behandlungswünsche waren, *DGHS* (Hg.), Patientenverfügung im Kontext einer möglichen gesetzlichen Regelung, Humanes Sterben 2/2004.

gen – unbeschadet offener strittiger Punkte im Einzelnen – heute als massgebliche Indizien für die Bestimmung des mutmaßlichen Willens einer Patientin gelten können und einen hohen Grad an Verbindlichkeit haben. Das schliesst allerdings nicht aus, dass in jeder konkreten Situation ein gewisser Interpretationsspielraum vorhanden bleibt und ein Auslegungsverfahren[80] nötig ist, das u.a. zu berücksichtigen hat, inwieweit eine vorhandene Verfügung auf die aktuelle Situation zutrifft und ob nicht Anzeichen dafür bestehen, dass ihr Verfasser seinen Willen seit der Abfassung geändert haben könnte. Denn zentrales Anliegen kann ja nicht sein, eine Verfügung in geradezu fundamentalistischer Manier unbesehen wörtlich umzusetzen, sondern diese als wichtiges Indiz bei der Eruierung eines mutmaßlichen Willens *in der aktuellen Entscheidungssituation* ernst zu nehmen.

Schwierige Konstellationen können sich im Blick auf vorwegnehmende Verfügungen dort ergeben, wo die Persönlichkeit des Verfassers im Lauf seiner Erkrankung stark verändert wird, wie dies bei demenziellen Entwicklungen der Fall sein kann.[81] Inwieweit soll in diesem Falle der in einer Patientenverfügung festgeschriebene Wille und das Lebensgefühl der praedemenziellen Frau A, für die ein Leben in dementem Zustand einer Horrorvorstellung gleichkommt, verbindlich sein für das Wollen und Lebensgefühl der sechs Jahre älter gewordenen, nun dementen Frau A, die sich in ihrer Lebensform der Demenz gar nicht so unglücklich zu fühlen scheint?[82] Hier gehen die Vorstellungen stark auseinander. Ich bin der Meinung, Selbstbestimmung am Lebensende müsse heissen, dass man sich soweit als möglich am mutmaßlichen Willen der am Lebensende stehenden Person *in der aktuellen Entscheidungssituation*

80 Darauf weist zu Recht die Stellungnahme des Nationalen Ethikrates in Punkt 3 hin, 24f.

81 Vgl. zu dieser Frage die Ausführungen in: Nationaler Ethikrat, Patientenverfügung, Pkt 2.5.1, 21–24.

82 Zu solchen Fragen einer Demenzethik vgl. *Heinz Rüegger*, Herausforderung Demenz. Ethische Aspekte im Umgang mit demenzkranken Menschen, in: ders., Alter(n) als Herausforderung. Gerontologisch-ethische Perspektiven, Zürich 2009, 143–189, dort 160–166.

orientiert, auch wenn das bedeuten sollte, Willensbekundungen zu übergehen, die eine Person viel früher in einer ganz anderen, z.B. prae-demenziellen Situation formuliert hat. Ein solches Übergehen früherer Willensbekundungen im Interesse des gemutmassten aktuellen Patientenwillens darf allerdings nicht als Ausdruck eines leichtfertigen Umgangs mit Patientenverfügungen missverstanden werden, sondern wäre nur zu rechtfertigen aufgrund eines sehr sorgfältigen, interdisziplinär und unter Beizug von Angehörigen erfolgten Bestimmens des mutmaßlichen Patientenwillens, bei dem deutliche Indizien für Divergenzen zwischen dem in der Patientenverfügung geäusserten Willen und dem nach bestem Wissen und Gewissen im gemeinsamen Gespräch bestimmten mutmaßlichen Willen im Hier und Heute zutage getreten sind.

Bei urteils- bzw. entscheidungsunfähigen Patientinnen am Lebensende ist die Herausforderung an deren betreuendes und behandelndes Umfeld gross, die Identität, die Würde und Selbstbestimmung der kranken Person dadurch zu respektieren, dass eine vorhandene Patientenverfügung ernsthaft zur Kenntnis genommen und soweit als möglich auf medizinische oder pflegerische Massnahmen verzichtet wird, die die Patientin für sich wahrscheinlich ablehnen würde. Gerade am Umgang mit Patientenverfügungen wird sich erweisen, wie ernst der vom deutschen Nationalen Ethikrat formulierte Grundsatz genommen wird, dass „das Selbstbestimmungsrecht des Menschen über seinen Körper … höher zu bewerten ist als die Schutzpflicht anderer für sein Leben.“[83]

### *3.6 Kritische Anfragen an gängige Vorstellungen selbstbestimmten Sterbens*

Ist die Berechtigung der Forderung nach Selbstbestimmung am Lebensende einmal grundsätzlich anerkannt, wird man allerdings nicht umhin können, die heute weit verbreitete Forderung nach einem selbstbestimmten Sterben auch kritisch zu hinterfragen. In welche Richtung mir eine solche Kritik nötig

83 *Nationaler Ethikrat*, Patientenverfügung, 10.

erscheint, möchte ich mit drei Hinweisen andeuten.

Erstens: Für viele Heutige scheint ein „würdiges Sterben" wie selbstverständlich mit einer autonomen Entscheidung des Sterbenden verbunden zu werden, wann und wie er sterben will[84] – als entbehre es der Würde, wenn ein Mensch seinen Tod dann und in der Gestalt annimmt, in der er ihm als Geschick entgegentritt![85] *Daniel Callahan* ist zuzustimmen: „Es gibt keine zwingende Korrelation zwischen einer Kontrolle über den eigenen Tod und der Würde dieses Sterbens."[86] Umgekehrt scheint mir die Befürchtung nicht von der Hand zu weisen, dass ein subtiler, aber nachhaltiger Druck auf alte, multimorbide, pflegebedürftige Menschen entsteht, wenn die Gesellschaft zunehmend die Ausübung von Selbstbestimmung hinsichtlich Todesart und -zeitpunkt als Voraussetzung eines würdigen Sterbens versteht. Denn gewinnt die Vorstellung vom autonomen, selbst bestimmten und individuell zu verantwortenden Sterben in unserer Gesellschaft normative Kraft, müssen alle, die ihr Sterben erleiden, damit rechnen, dass ihnen etwas von ihrer Würde abgesprochen wird.

Eine zweite Problematik der Rede vom selbstbestimmten Sterben zeigt sich in der Unfähigkeit, menschliches Leben gerade in ganz elementaren Grundvollzügen als etwas wahrzunehmen, was über alles eigene Planen, Entscheiden, Machen

84 *Christoph Horn*, Das Sterben als Teil eines gelingenden Lebens, in: *Nationaler Ethikrat* (Hg.), Wie wir sterben/Selbstbestimmung am Lebensende. Tagungsdokumentationen, Berlin 2006, 35–40, dort 38 sieht darin einen gegenwartstypischen Wunsch an ein gutes Sterben: Es soll einerseits möglichst sanft und schmerzlos sein, andrerseits möglichst autonom und authentisch, das heißt Gegenstand freier Wahl (besonders bezüglich Todeszeitpunkt und Todesart). Nach *Horn* könnte man von diesem Standpunkt aus geradezu ein „Menschenrecht auf einen selbstgewählten Tod" postulieren.

85 Dieses heute weit verbreitete Verständnis des Sterbens steht dem der Stoa nahe, die davon ausging, „dass der Mensch das Sterben, den Tod nicht in Passivität erleiden, sondern ihn in eine Tat der Freiheit umgestalten soll, dass das Sterben ihn auf keinen Fall der Freiheit berauben soll. … Stoisch gesehen wird das bloße Erleiden des Todes für untermenschlich, entwürdigend und tierisch gehalten", *Ulrich Eibach*, Sterbehilfe – Tötung aus Mitleid? Euthanasie und ‚lebensunwertes' Leben, Wuppertal $^{2}$1998, 80.

86 *Callahan*, Nachdenken über den Tod, 155.

und Kontrollieren hinaus geht. *Reimer Gronemeyer*, einer der schärfsten Kritiker dieser Einstellung, gibt zu bedenken: „Das Leben wird heute immer mehr zu einem Planungsprojekt: Besonders Geburt und Tod werden aus dem, was einmal natürliches Geschehen war, explantiert, nichts wird dem Zufall überlassen." Das heimliche Credo des modernen Menschen besteht darin, „dass er nichts auf sich zukommen lassen kann, sondern – wenn er schon sterben muss – dem Tod dann doch jedenfalls präventiv die Handlungsmacht nehmen will. Wenn ich schon sterben muss, dann will ich sagen wann und wie." *Gronemeyer* hält den Gedanken, Sterben sei planbar, für eine Zwangsidee der modernen Gesellschaft.[87] Unter dieser Zwangsidee geht leicht vergessen, dass menschliches Dasein „vor aller Aktivität, aber nicht minder in allem Tätigsein durch eine eigentümliche Grundpassivität gekennzeichnet (ist). ‚Es gibt eine Passivität, ohne die der Mensch nicht menschlich wäre. Dazu gehört, dass man geboren wird. Dazu gehört, dass man geliebt wird. Dazu gehört, dass man stirbt.'"[88] Diese Passivität gehört zur grundlegenden Struktur des Humanum. Sie gerade bei so etwas Elementarem wie dem Prozess des Sterbens ausschalten zu wollen, könnte fundamentale Erfahrungen des Menschseins verunmöglichen. Wenn man ernst nimmt, dass ein Individuum gerade darin souverän und selbstbestimmt ist, dass es sich auch bestimmen lassen kann, statt immer nur selbst bestimmen zu wollen, dass Selbstbestimmung also ein aktiver ebenso wie ein passiver Prozess, ein Tun ebenso wie ein Hinnehmen und Lassen, ein eigenes Gestalten wie auch ein Sich-Gestaltenlassen durch Umstände und Situationen ist,[89] wird man Selbstbestimmung im Prozess des Sterbens eher in der Art und Weise sehen wollen,

87 *Gronemeyer*, Sterben in Deutschland, 160f, 181. In die gleiche Richtung weist der kritische Hinweis des Nationalen Ethikrates, Selbstbestimmung und Fürsorge am Lebensende. Stellungnahme, Berlin 2006, 14: „Die Beherrschung des Todes liegt nicht im Horizont menschlicher Handlungsmöglichkeiten."

88 *Ulrich H. Körtner*, Bedenken, dass wir sterben müssen. Sterben und Tod in Theologie und medizinischer Ethik, München 1996, 54 (Zitat von *Eberhard Jüngel*).

89 *Schmid*, Mit sich selbst befreundet sein, 119.

wie jemand sich auf diese Erfahrung einlässt und sie in sein Leben integriert.

Eine dritte Kritik betrifft den Wunsch nach einem leichten, schmerzfreien und „schönen" Sterben. *Reimer Gronemeyer* sieht am Horizont bereits ein „neues Programm: *Happy dying* – Sterben als Event."[90] So sehr die heutigen Möglichkeiten einer Palliative Care zur Linderung von Schmerzen und anderen belastenden Symptomen beim Sterben zu begrüßen und ihre breite Anwendung zu fördern sind, so nüchtern ist anzuerkennen, dass Sterben in vielen Fällen mühsam und belastend ist – nicht anders als die Geburt! Die Fähigkeit und Bereitschaft, Schwieriges auszuhalten und mit Zumutungen des Schicksals konstruktiv umzugehen,[91] ist jedenfalls ein zentraler Aspekt einer Selbstbestimmung im Blick auf das Sterben.

Dieser letzte Aspekt macht nochmals deutlich, wie wichtig ein unterstützendes Umfeld mit einer verlässlichen, empathisch-solidarischen „Sorgekultur" für die Selbstbestimmung am Lebensende ist. Sie wird sich an der Selbstverantwortung der Sterbenden als Leitbild eines menschenwürdigen Sterbebeistandes orientieren[92] und ein gutes, selbstbestimmtes Sterben als Ergebnis eines gemeinsamen Lernprozesses aller Beteiligten verstehen: der Sterbenden, ihrer professionellen Helferinnen und Helfer wie auch ihrer Angehörigen.[93] Darin erweist sich Selbstbestimmung als dialogische, sozial eingebundene Freiheit, angesichts bestehender Abhängigkeiten das Leben bis zuletzt nach dem je eigenen Maß verantwortlich zu führen.

90 *Gronemeyer*, Sterben in Deutschland, 156.

91 Es geht hier um die pathischen Fähigkeiten des Menschen, auch unter Belastungen das Leben mutig zu erleiden und sinnvoll zu meistern, was ein zentrales Element jeder *ars moriendi* und jeder *ars vivendi* darstellt, *Heinz Rüegger*, Das eigene Sterben. Auf der Suche nach einer neuen Lebenskunst, Göttingen 2006, 77–81.

92 *Kruse*, Das letzte Lebensjahr, 201–212.

93 *Zimmermann-Acklin*, Selbstbestimmung in Grenzsituationen, 71.

# „Der Tod geht tagein, tagaus neben mir"

## Abschiedlichkeit und Gelassenheit als wegweisende Haltungen in der Sterbebegleitung

*Verena Begemann*

*Zusammenfassung:* Abschiedlichkeit und Gelassenheit sind Haltungen der Hospizarbeit, die es den Mitarbeitern erlauben, auf Sterbende offen zuzugehen, sie sinnvoll zu begleiten, und den Mitarbeitern selber die Auseinandersetzung mit der eigenen Endlichkeit gestatten. Ein besinnliches Denken bewirkt Ruhe im Sein, das Sicherheit und Orientierung für ein sinnvolles Tun und Lassen schenkt. Zu dieser Thematik wird eine Seminareinheit aus einem Curriculum für Ehrenamtliche vorgestellt.

*Abstract:* Courage to parting and serenity are approaches to hospice work which enable hospice staff to openly approach the dying, to sensibly attend to them, and to enable them to face their own endliness and mortality. Contemplation and reflection give peace of existence, offering security and orientation for meaningful actions and non-actions. A seminar unit of a volunteer curriculum will be presented which approaches this line of thought.

### *1. Hospizarbeit als Quelle der Ethosbildung*

Die Hospizarbeit ist eine relativ junge Keimzelle in der modernen Gesellschaft, die wesentlich dazu beigetragen hat, dass sich ein öffentliches Bewusstsein für die Wichtigkeit und Notwendigkeit von verantwortlichem und freiwilligem Engagement in Deutschland entwickelt. Die Gestalterinnen und Gestalter dieser Bewegung leisten einen Beitrag zu einer zeitgemäßen Sterbe- und Trauerkultur. Hierin liegt das Potenzial, zu den Wurzeln des eigenen Lebens vorzudringen und zu erkennen, dass dies ein Lernprozess ist, der sich als stetig schöpferisches Arbeiten am eigenen Selbst versteht.

Eine ehrenamtliche Hospizmitarbeiterin beschreibt die Grundhaltung, die sich für sie aus dieser Tätigkeit entwickelt hat, mit folgenden Worten:

> „Zum Leben ‚Ja' sagen, weil ich ums Sterben weiß. Genau, da würde sonst ein Stück fehlen, dass das ‚Ja'" nicht vollständig wäre, wenn ich das nicht immer mit einbeziehe."[1]

Wer sich als ehren- oder hauptamtliche Mitarbeiterin durch die Begleitung sterbender Menschen vom Tod des Anderen berühren lässt und sich angesichts dessen zugleich mit der eigenen Lebensgrenze vertraut macht, der überprüft sein Denken und Handeln in dieser Welt. Ein modernes und zugleich sehr lebenspraktisches „meditatio mortis" leuchtet hier auf. Der Tod des Anderen kann zu einem Wegweiser für das eigene Leben werden. Hospizmitarbeiter setzen sich denkend und handelnd mit der Vergänglichkeit und Endlichkeit auseinander. Sie bewegen sich in der Lebenswelt von Sterbenden, nehmen Anteil an deren Wirklichkeit und sind selbst Teil dieser Welt. Die Begegnungen, Erfahrungen und Erlebnisse bleiben für die Begleiter dabei nicht wirkungslos. Geführte Gespräche, erlebte Trauer von Sterbenden und Angehörigen, wahrgenommene Schmerzen, eigene Gedanken und Gefühle über die Endlichkeit sowie alles Dasein für und mit dem Anderen wirken in und an der eigenen Persönlichkeit fort.

Diese innere und äußere Auseinandersetzung ist als Lernprozess zu verstehen, in dem es um „Identitätsbildung, um Aneignung und Durchdringung von Welt, um Individuation und Sozialisation und darin im Erwerb von Handlungskompetenz und um Bewusstseinsbildung geht (…) Lernen bedeutet: der Mensch ist veränderungsfähig."[2]

Lernend das eigene Leben und somit auch das Engagement in der Hospizarbeit zu gestalten, bedeutet also immer wieder, die Erfahrungen in der Sterbebegleitung, die Stunden des Daseins und Begleitens im Gespräch zu vergegenwärtigen. Wenn Hospizmitarbeiter im Dialog mit anderen über Haltungen, Grundsätze, Werte und Ziele des Lebens nachdenken, bildet sich Ethos als reflektierte Lebensführung. In diesem lebenslangen Prozess der Ethosbildung eignet sich der Mensch durch wiederholtes und regelmäßiges Einüben eine innere Grundhaltung an,

1 *Verena Begemann*, Hospiz – Lehr- und Lernort des Lebens, Stuttgart 2006, 29.
2 *Gerd Otto*, Art. Lernen, TRE 21, 16.

die als Weg des schöpferischen Seins bezeichnet werden kann. Dieser Weg braucht Zeit, Vertrauen in die eigene Persönlichkeitsentwicklung und die Überzeugung, dass es für das eigene Leben lohnenswert ist, in diese Vertrautheit zu investieren. Ethos konstituiert das Fundament für die gestaltende Lebensführung, die als klug im Sinne der *phronesis*[3] bezeichnet werden kann, weil hier Haltung und Handeln aufeinander bezogen sind und sich gegenseitig durchdringen.

Im Folgenden werde ich „Abschiedlichkeit" und „Gelassenheit" als wegweisende Haltungen in der Sterbebegleitung darstellen, die zugleich einen wichtigen Beitrag zur Erweiterung der subjektiven Lebensführungshermeneutik leisten. Die Aufgabe der Lebensführungshermeneutik ist es – als Teildisziplin einer Ethik, die nach einem gelingenden Leben fragt – Wege aufzuzeigen, die für Menschen hilfreich sind, um ihr Leben angesichts der Endlichkeit klug führen zu können.

Abschied nehmen, Loslassen können und gelassenes Sein sind wichtige Reifeprozesse im Leben eines jeden Einzelnen, die zur Vollendung des Lebens gehören. Nicht jeder kann jedoch von seinem Kunstwerk Leben in diesem Bewusstsein Abschied nehmen, nicht jeder kann am Ende des Lebens sagen: „es war gut" und den Tod annehmen. Vielleicht liegt dies auch daran, dass wir uns häufig genug nicht der Vollmacht unserer Lebensgestaltung bewusst sind und das kreative Potenzial des Lebens nicht in Fülle wahrnehmen.

> Wie gehören nun aber Abschied nehmen, Loslassen und Gelassenheit in der Hospizarbeit zusammen und was bedeutet Gelassenheit für das Menschsein?

3 Das Verb „phronein" verweist auf „phren", womit in der Antike die Mitte des Menschen bezeichnet wird, die als Verschmelzung zwischen Erkenntnis und Erleben galt.

## *2. Der Tod als Wegbegleiter führt in die Haltung der Abschiedlichkeit*

Angesichts des Todes wird die Zeit nicht als unbegrenztes und selbstverständlich vorhandenes Gut angesehen. Hospizmitarbeiter erleben, dass der Tod ein „Schnitt in der Zeit" ist und das Ende der Lebenszeit bedeutet. Welche Auswirkungen die stetige Konfrontation mit Sterben und Tod bedeuten kann, wird in der Lernerfahrung „Der Tod geht tagein, tagaus neben mir" von einer hauptamtlichen Mitarbeiterin zum Ausdruck gebracht:

> „Ich meine die Tatsache, dass der Tod tagein, tagaus neben mir geht und das empfinde ich auch so, setzt natürlich eine ungemeine innere Auseinandersetzung in Gang, eine Auseinandersetzung auch mit Umwelt. Mit Umwelt meine ich einfach, dass ich glaube, dass ich bewusster Dinge angehe."[4]

Sterbende Menschen verkörpern die Endlichkeit des Lebens und führen Hospizmitarbeitern die eigene Vergänglichkeit bewusst vor Augen. Aus dem Zitat ist wahrzunehmen, dass die stetige Präsenz des Todes nicht als unangenehm empfunden wird. Der Tod erfüllt vielmehr mitten im Leben eine klare Rolle und Funktion. Als Wegbegleiter führt er in die innere und äußere Auseinandersetzung mit Möglichkeiten, Bedingungen und Begrenzungen der Verhältnisstrukturen und trägt damit zur Ethosbildung bei. Damit wird aus dem Wegbegleiter ein Wegbereiter für die Erkenntnis, dass das Leben selbst einen einzigartigen, durch nichts zu ersetzenden Wert hat.

Intuitives Wissen über die eigene Sterblichkeit ist ein im Menschsein angelegtes Wissen und unabhängig von anderen Wissensformen. „Der Tod ist immer durch den Lebensprozess selbst irgendwie als gesetzt gegeben."[5] Das Bewusstsein über die Wirklichkeit des Todes ist eine lebensimmanente Größe. Gerade weil das „Urphänomen Tod" auf das „Urphänomen Leben"[6]

4 *Begemann*, Hospiz, 55.

5 *Max Scheler*, Tod und Fortleben, in: *Ders.*, Schriften aus dem Nachlaß, Bd. 1, Berlin 1933, 18.

6 *Scheler*, Tod, 27.

verweist, können die Möglichkeiten des Lebens vom Individuum bewusster wahrgenommen werden. Dazu gehört die Akzeptanz gegenüber der Sterblichkeit und damit einhergehend die Herausforderung, das vorhandene Handlungspotenzial zur Lebensgestaltung sinnvoll und klug zu nutzen. Dies resultiert aus einer Erkenntnis der Endlichkeit, die als intuitives Todesbewusstsein zu wissen, in der konkreten Sterbebegleitung zu spüren und wahrzunehmen ist und in Meditationen über Leben und Sterben im besinnlichen Denken zum Vorschein kommt. Denjenigen, der nach einer bewussten Lebensführung angesichts des „puren Widerfahrnisses" Tod strebt, darf man sich jedoch nicht als einen vorstellen, der unentwegt aktiv ist und sich einem hohen inneren Handlungsdruck ausgesetzt fühlt. Vielmehr wird die Lebenskunst darin sichtbar und auch für andere erfahrbar, sich im Hinnehmen und Loslassen einzuüben. Der Tod als Wegbegleiter führt in die spürbare Erkenntnis, dass Beginn und Ende des Lebens nicht vom eigenen Handeln abhängig sind. Die letzte absolute Widerfahrnis wird somit zum Ausgangspunkt und letztlich auch zum Prüfstein für einen lebenslangen Einübungsprozess, den unabänderlichen Verlusten zu begegnen. „Die Einübung in die Hinnahme unabänderlicher Verluste durchzieht dann wiederum unser ganzes Leben und findet in der einwilligenden Hinnahme des eigenen Todes nur ihre Vollendung."[7]

Besonders für den modernen Menschen – und somit auch für Hospizmitarbeiter – dürfte es die Herausforderung des Lebens sein, einmal nicht zu handeln, sondern sich dem Geleit des Lebens anzuvertrauen, damit Zeit und Raum überhaupt eine Chance haben, auf Strukturen und Verhältnisse zu wirken.

Sterbebegleitungen einhergehend mit Reflexionszeiten im Rahmen des kollegialen Gesprächs, in Supervisionsgruppen oder in philosophisch-ethischen Workshops zu Fragen der Lebensgestaltung, tragen dazu bei, dass Hospizmitarbeiter sich mit der Abschiedlichkeit ihres Lebens vertraut machen. Dazu können sie durchaus von der Schule der Stoa lernen, denn hier gehörte

7 *Wilhelm Kamlah*, Meditatio mortis, in: *Hans Ebeling* (Hg.), Der Tod in der Moderne, Königstein/Ts. 1979, 215.

es zur Lebensaufgabe, den Tod als Teil des Naturgesetzes ins Leben zu integrieren und sich ihm gegenüber mit „innerer Seelenruhe“[8] zu verhalten.

Das Denken an den Tod galt als Übung sich auf die Möglichkeiten im Hier und Jetzt zu konzentrieren und das naturgemäße Sein des Menschen, die Vergänglichkeit seines Wesens zu akzeptieren und sich bereits im Leben auf den Tod vorzubereiten. Dazu gehörte es – mit Blick auf die naturgegebene Vergänglichkeit – eine Haltung der Gelassenheit und Akzeptanz gegenüber der Endlichkeit des Lebens zu entwickeln.

Dies war nach der Stoa nur dann möglich, wenn der Mensch die sich ihm bietenden Möglichkeiten nutzt, ohne sich von ihnen beherrschen zu lassen. Hieraus ergibt sich eine innere Unabhängigkeit, die in eine heitere Gelassenheit mündet. Senecas konsequente Schlussfolgerung lautete darum auch: „Darauf sei täglich bedacht, dass du die Kraft habest, mit Gleichmut das Leben zu verlassen, an dem viele so sich festklammern und festhalten, wie Menschen, die von einem Wildwasser fortgerissen werden, an Dornen und Gestrüpp.“[9] In der regelmäßigen Auseinandersetzung sieht Seneca die Chance, sich mit Gedanken der Vergänglichkeit vertraut zu machen, um das Leben leichter loslassen zu können. Sein bildhafter Vergleich verdeutlicht, dass Festhalten und Verlängern des Lebens nicht im Machtbereich des Menschen liegen. Sollte er es dennoch versuchen, wird er untergehen, sich verletzen oder keinen Ausweg finden. Der Kraft und Gewalt des Todes kann sich der Mensch weder entziehen noch kann er sich ihm gegenüber ebenbürtig verhalten.

Die Lernerfahrung einer hauptamtlichen Hospizmitarbeiterin schenkt einen Einblick, wie der Spannungsbogen von der Erkenntnis der Endlichkeit zum Loslassen führt. Hier wird die

8 „Das Ideal der stoischen Ethik ist entsprechend charakterisiert durch *Apathie*, durch Leidenschaftslosigkeit, durch innere Seelenruhe, die freilich nicht mit *quietistischer* Passivität zu verwechseln ist, sondern als gleichmütige Kontrolle der Gefühle vernünftiges Wohlwollen für andere und tätiges Engagement in der gesellschaftlich-geschichtlichen Welt neben sich hat.“, *Ottfried Höffe*, Lexikon der Ethik, München 1997, 287.

9 *Lucius Annaeus Seneca*, Die Briefe, in: *Ders*., Philosophische Schriften: lateinisch und deutsch, Bd. 3,4 Darmstadt 1999, Ep. 4, 4.

Überzeugung deutlich, dass der Mensch nicht nur aufgefordert ist, sich zu Abschieden zu verhalten, sondern sich geradezu in ein Abschiedsverhalten einüben muss, das durch das charakterliche Können von Loslassen und Hinnahmefähigkeit gekennzeichnet ist:

> „Das ist die Wahrnehmung meiner eigenen Endlichkeit, dass Dinge nicht ewig sein werden. Das bedeutet für mich auch das ständige Üben eigentlich im Loslassen, auch das bewusst zu kultivieren. Ich glaube ja auch, dass man Sterben ein Stück üben kann, eben in diesen ganz kleinen Schritten, also mir auch bewusst zu machen, wann was wirklich zu Ende ist und das auch bewusst abzuschließen.“ [10]

Der Vergänglichkeit des Lebens mit Offenheit zu begegnen, beinhaltet zugleich, Abschied nehmen mitten im Leben einzuüben. Aus einem bewussten Kultivieren im Loslassen resultiert eine persönliche Abschiedskultur, die in individuellen Ritualen ihren Ausdruck findet. Somit erhält auch das Ende den Status der Gestaltungswürdigkeit. Hierbei kann es sich sowohl um das Ende von Freundschaften und Partnerschaften als auch um die Aufgabe eines Berufes oder Wohnortes oder das Loslassen von materiellen Sicherheiten handeln. In einer beschleunigten Gesellschaft, die sich dem Fortschritt und einer unaufhaltsamen Steigerungsdynamik verschrieben hat, ist die Entwicklung einer Abschiedskultur auch ein Beitrag zum besonnenen Innehalten, das den Weg in die Haltung der Abschiedlichkeit weist.

Hospizmitarbeiter lernen durch die regelmäßige Konfrontation mit Sterben, Tod und Trauer abschiedlich zu *sein* und an der Entwicklung dieses charakterlichen Könnens kontinuierlich zu arbeiten. Diese Haltung ist somit nichts Oberflächliches. Sie berührt den Menschen im Kern und wird so zu einer Art zweiten Natur als Teil des Menschseins. Abschiedlichkeit ist nicht als Besitz zu betrachten, der einmal erworben wird, so dass der Mensch im Haben über sie verfügt, sondern sie ist im Sinne der Ethosbildung eine dynamische, sich stets weiter entwickelnde Existenzweise des Seins.

10 *Begemann*, Hospiz, 58.

Die Haltung der Abschiedlichkeit ist – in Anlehnung an das Tugendverständnis – nach ihrer Art etwas Mittleres und zeichnet sich durch Ausgewogenheit aus.[11] Ein abschiedlich lebender Mensch ist sich der allumfassenden Vergänglichkeit des Lebens und der begrenzten Lebenszeit bewusst. Der Tod wird zu einem Wegbegleiter, der den Menschen nicht ängstlich gefangen hält, sondern ihm Wegweiser zur Gestaltung der begrenzten Lebenszeit ist. Damit ist keinesfalls ausgeschlossen, dass ein abschiedlicher Mensch nicht auch Angst, Sorge, Hilflosigkeit spürt, wenn er an seinen Tod denkt, aber diese Gedanken und Gefühle sind nicht beherrschend, sondern lassen ihm in aller Schwere noch Gestaltungsspielraum.

Abschiedlichkeit bedeutet, nach einer Verwurzelung im Leben zu streben, die sich der Endlichkeit nicht nur bewusst ist, sondern die ausgerichtet ist auf das Ende, um Bedingungen, Möglichkeiten und Grenzen des Lebens zu erfassen. Sich im Leben regelmäßig mit dem Ende vertraut zu machen, hilft Menschen, leichter von diesem kostbaren, einzigartigen Gut – dem Leben – Abschied zu nehmen. Der existenzielle Imperativ der Philosophie der Lebenskunst von Wilhelm Schmid „Gestalte dein Leben so, dass es bejahenswert ist" kann zur orientierungsstiftenden Prämisse einer klugen Lebensführung werden, zu der die Einübung ins gelassene Sein gehört.

## *3. Besinnliches Denken führt in die Gelassenheit*

Gelassenheit steht in assoziativer Nähe zu Loslassen, innerer Ruhe und Ausgeglichenheit. Auch der Aspekt eines Distanz-Einnehmens und der Perspektivenwechsel als Blick von außen auf die Dinge gehört hierher. Gelassenheit qualifiziert das Menschsein und verleiht dem Menschen Würde. Die Sehn-

11 „Tugend ist mehr als eine dauerhafte gute Gesinnung, sie ist praktisch gelebte Überzeugung. Sie ist eine praktische Haltung, die aus der Rückwirkung von Handlungen auf der Basis von Veranlagungen (Dispositionen) entsteht, d.h. ein durch Übung mitbewirktes und stabilisiertes Können", *Dietmar Mieth*, Die neuen Tugenden, Düsseldorf 1984, 16.

sucht des Menschen nach Gelassenheit führt tiefer in die Frage, welche Wege zum Einüben in gelassenes Sein sinnvoll sind. Ausgeglichenheit und innere Seelenruhe gehören nicht zu den „Widerfahrnissen“ des Lebens, sondern sind, genau wie die Haltung der Abschiedlichkeit, auf Einüben und Gewöhnung angewiesen.

Eine ehrenamtliche Hospizmitarbeiterin beschreibt, wie die Hospizarbeit für sie ein Wegbereiter zur Gelassenheit geworden ist, die sich ganz langsam, zunächst fast unbemerkt entwickelt hat.

> „Ich bin von Natur ein temperamentvoller Mensch, ich bin aber auch oft ein unruhiger Mensch gewesen, es war so eine Unruhe da, die mich manchmal dazu getrieben hat, dieses oder jenes zu erledigen, es muss gemacht werden, es soll viel gemacht werden, möglichst alles immer pünktlich zu tun. Diese Unruhe hat mir oft zugesetzt. Ich würde heute sagen, dass mit durch die Tätigkeit, vielleicht nicht nur, aber dass die Tätigkeit beim Hospizdienst auch bewirkt hat, dass ich heute gelassener bin. Nicht immer gleich gelassen, aber doch weitestgehend gelassen und innerlich ruhiger geworden und ich selbst hatte das anfangs gar nicht so wahrgenommen, so in der ersten Zeit und habe aber dann aus Rückmeldungen auch bemerkt, es kann auch sein, dass die Tätigkeit beim Krisentelefon dazu beigetragen hat, und dass das dann durch die Sterbebegleitungen verstärkt worden ist. Es ist eine Gelassenheit, die nicht immer da ist, die aber immer öfter da ist und die für mich sehr wichtig geworden ist, und damit im Zusammenhang kann ich auch heute besser lassen, loslassen, der Bogen geht zurück zum Loslassen. Nicht dass jetzt schon alles perfekt ist, aber ich würde sagen, ich bin auf dem Weg, und ich merke deutliche Veränderungen.“[12]

Die Mitarbeiterin beschreibt sich als aktiv und gewissenhaft. Es gehörte zu ihrer Natur, möglichst viel in kurzer Zeit zu erreichen. In ihrem Tun verspürte sie eine stetige Unruhe, die sie weniger als motivierend empfand, sondern als innerliches Getriebensein erlebte. Es entstand für sie hohe innere Anspannung und Druck, die dafür sorgten, dass sie ihre Ziele erreichte, aber eine natürliche Sehnsucht nach innerer Ruhe nicht erfüllt werden

12 *Begemann*, Hospiz, 158.

konnte und blockiert war. Innerer Druck und Angetriebensein hat sich bedrückend auf ihr Leben ausgewirkt. Es wird deutlich, dass gute Ergebnisse in einer Vielzahl von Aktivitäten dennoch das tiefe innere Bedürfnis nach Ruhe nicht kompensieren konnten. Die Veränderung ist von ihrer Umwelt wahrgenommen worden. Die innere Veränderung zeigt Außenwirkung, so dass sie von anderen auf ihr verändertes Sein angesprochen wurde.

In den Stunden am Sterbebett ist es möglich, zur Ruhe zu kommen und aus dieser Ruhe heraus für einen anderen da zu sein. Der Wille, einen langen Atem zu bewahren, Aushalten- und Wartenkönnen sind wesentliche Charakteristika in der Sterbebegleitung, die ein gelassenes Sein verkörpern. Gelassenheit zeichnet sich auch dadurch aus, dass Menschen sich offen aufeinander einlassen können. Offenheit und Bereitschaft für den anderen, für das Geschehen zwischen beiden und für das Geschehen von Zeit und Raum bedeutet, die eigenen Vorstellungen, Ideen und Gedankenmuster – wenigstens sporadisch – loszulassen. Ein gelassener Mensch begegnet dem Denken und Spüren des anderen frei und mit gesunder Distanz. Teilhabe und Teilnahme sind möglich, ohne dass man sich verliert oder sich darin eingeengt und bedrängt fühlt. Das freie Gegenüberstehen ist eine Haltung der Zuwendung, nicht der Abwendung. Ein gelassener Mensch zu sein, bedeutet nicht, keine Freude, Glück, Wohlbefinden, Leid oder Schmerzen empfinden zu können und ist ebenso kein Verzicht auf Mitfreuen, Mitleiden und Mitgefühl. Auch zu sich selbst nimmt der gelassene Mensch eine gewisse Distanz ein, um sich aus einer anderen Perspektive wahrzunehmen, sich zu überprüfen, zu korrigieren und neu auszurichten.

Um zu alltäglichen Dingen Distanz zu wahren, ist eine besondere Form des Denkvermögens und eine spezifische Willenskraft notwendig, die nicht mit dem üblichen Leistungsverständnis zu erfassen ist. Das besinnliche Denken bietet dem Menschen hier einen Zugang, um sich selbst und dem Sinn seines Lebens auf die Spur zu kommen. „Weil der Mensch das denkende, d.h. sinnende Wesen ist“[13], entspricht es seinem

13 *Martin Heidegger*, Gelassenheit, Pfullingen 1959, 14.

Wesen sich in besinnliches Nachdenken einzuüben und sich dieses gewissermaßen als seine Wesensart anzueignen. Dagegen ist das besinnungslose Denken, ein Ausdruck „… der Flucht vor dem Denken."[14] Besinnliches Denken will den Sinn des Lebens erkennen und fragt danach, wie Leben sinnvoll zu gestalten ist. Das besinnliche Denken bietet dem modernen Menschen einen überlebensnotwendigen Gegenpol zur Beschleunigung und erlöst ihn aus der Enge und Gebundenheit des niemals aufhörenden Fortschritts. Wie oft flieht der moderne Mensch in die Besinnungslosigkeit aus Angst vor der Besinnung, die ihn in tiefere Schichten des Seins führt? Für Hospizmitarbeiter, die die tieferen Schichten der Sterbenden achtsam und sensibel respektieren wollen, (ich wage hier kaum von einer Begleitung in diese tieferen Schichten zu sprechen) ist es wichtig, sich selbst kennen zu lernen, neugierig auf sich zu sein und sich mit diesen Schichten vertraut zu machen. Um Sterbenden mit Ruhe und Gelassenheit begegnen zu können, ist es wichtig, sich der eigenen Unruhe in der Ruhe zu stellen, persönliche Fragen nach Sinn, Ziel und Wert des Lebens, die in der gelösten Sammlung offenbar werden können, wahrzunehmen und zu betrachten.

## *4. Haltungen in Vorbereitungskursen einüben*

Können wir Abschiedlichkeit und Gelassenheit als kluge und sinnvolle Haltungen in der Begleitung sterbender Menschen in Vorbereitungskursen lehren und lernen? Welche didaktischen Methoden bieten sich für einen Vorbereitungskurs an? Diese Fragen haben mich im Laufe der letzten Jahre bei Seminaren immer wieder bewegt. Dabei stehen für mich in der Qualifizierung von zukünftigen Ehrenamtlichen die Bildung und das Einüben von Haltungen im Mittelpunkt.

Der Vorbereitungskurs, den ich gemeinsam mit einem Logotherapeuten gestalte, eröffnet interdisziplinäre Zugänge zum Themenkomplex „Leid – Sterben – Tod – Trauer". Die Arbeit

14 *Heidegger*, Gelassenheit, 12.

an Haltungen ist ein zentrales Grundelement, wenn Teilnehmer sich mit ihrer Lebensgeschichte, mit Abschied, Tod und Trauer auseinandersetzen. In Haltungen wird der eigene Lebens- und Arbeitsstil sichtbar. Sie sind Teil des Charakters, also Teil der Persönlichkeit, die durch vielfältigste Lebenserfahrungen geprägt und geformt sind. Die Teilnehmer lernen sich und den Anderen durch den Kurs bewusster wahrzunehmen. Häufig gilt es den Blick für die vermeintlich kleinen Dinge des Lebens zu schärfen und das eigene Tun und Lassen wertzuschätzen und ggf. zu überprüfen. Die Auseinandersetzung mit Sinn- und Wertfragen des Lebens bietet wertvolle Orientierung, um zu reflektierten Einstellungen zu gelangen, die dann auch in Begleitungssituationen tragfähig sind. Ein Hospizvorbereitungskurs ist somit immer auch ein Ort der ethischen Bildung für den Einzelnen und die Gruppe. Es ist eine Bildungsarbeit, die in der praktischen Sterbebegleitung als wertvolles Handeln für die Gesellschaft sichtbar wird. Die Gestaltung von Vorbereitungskursen ist eine Bildungsarbeit, die am Menschsein mit Blick auf die Endlichkeit und Vergänglichkeit des Lebens schöpferisch wirken will.

*Ziele der Vorbereitungskurse*

Die Bundesarbeitsgemeinschaft Hospiz (seit 2007 Deutscher Hospiz- und Palliativverband) hat die Ziele der Vorbereitung in der Broschüre „Qualitätsanforderung zur Vorbereitung Ehrenamtlicher in der Hospizarbeit“ (Stand 05/2005) wie folgt formuliert:

Die Teilnehmerinnen und Teilnehmer einer Qualifizierung zum hospizlichen Ehrenamt

- sollen sich der Bedeutung bewusst werden, die Hospizbewegung zu repräsentieren
- sollen sich mit kritischen Lebensereignissen wie Abschied, Trauer, Krankheit, Sterben, Tod auf ihrem eigenen Lebensweg auseinander setzen und diese im Hinblick auf die Bedeutung für einen Einsatz in der Begleitung sterbender Menschen und der ihnen Nahestehenden reflektieren

- sollen sich in der Selbstwahrnehmung üben und erleben und die eigene Wirkung auf die anderen Gruppenmitglieder reflektieren
- sollen lernen, ihr jeweiliges Gegenüber sorgsam wahrzunehmen und die gebotene Nähe und Distanz zu finden („distanzierte Nähe“)
- sollen Handwerkszeug kennen lernen, das hilft sensibel zu werden, auf die eigene Person, die Person des Gegenübers und die besonderen Bedürfnisse des Sterbenden und der ihm Nahestehenden zu achten und das eigene Handeln strukturiert zu hinterfragen
- sollen eigene Fähigkeiten entdecken, anerkennen und weiter entwickeln
- sollen lernen Grenzen in Hinsicht auf die eigene Person und Rolle wahrzunehmen und anzunehmen[15]

Die formulierten Ziele bilden die Grundlage für die Gestaltung der Vorbereitungskurse, in denen theoretische Inhalte und Wissensvermittlung eng verknüpft sind mit praktischen Übungen und Lerneinheiten zur Selbsterfahrung. Im letzten Vorbereitungskurs für die Hospiz-Hilfe Meppen e.V. habe ich eine Seminareinheit zum Thema „Innehalten und an den eigenen Tod denken“ in unser Curriculum aufgenommen, die ich an dieser Stelle vorstellen und die Erfahrungen dazu weitergeben möchte.

*Bausteine der Seminareinheit:*
*Impulsreferat: (30 min.)*

Wenn wir uns heute in Vorbereitungskursen für ehrenamtliche Mitarbeiterinnen und Mitarbeiter in der Hospizarbeit Zeit nehmen, um über Sterben und Tod zu meditieren, befinden wir uns auf den Spuren einer philosophisch-biblischen Tradition, die Ausdruck einer Lebenskunst war, zu der die Kunst des Sterbens (ars moriendi) selbstverständlich dazu gehörte. Erläutert habe ich dazu einige Gedanken aus Platons Dialog „Phaidon“.

15 Quelle: http://www.hospiz.net/themen/index.html (Zugriff 10.08.2009)

Er legte den Grund zum Leib-Seele-Dualismus und für ihn gehörte das Denken an den Tod „zum Geschäft" eines freien, philosophierenden Menschen. Dieses galt als eine der wichtigsten Übungen im Alltag, die als Vorbereitung der Befreiung der Seele vom vergänglichen Leib durch den Tod verstanden wurde (Platon 1990). Eine etwas andere Akzentuierung finden wir in der biblischen Weisheitsliteratur: „Lehre uns unsere Tage zählen, dass wir ein weises Herz gewinnen", so heißt es im Psalm 90 in der Übersetzung der Zürcher Bibel. Es gilt die Vergänglichkeit zu reflektieren und sich des eigenen Maßes an Lebenszeit und individueller Zeitgrenzen bewusst zu werden, um in die Tiefe des Lebens und der Persönlichkeit vorzudringen. Aber vor allem die stoische Tradition bietet wertvolle Denkansätze zum Einüben in die Gelassenheit. In der Schule der Stoa galt das vorgeburtliche Leben als identisch mit dem Leben nach dem Tod. Beide Lebensformen bedeuteten, den Raum der Nichtexistenz zu betreten, der für die stoische Lebensart keinerlei Sorge bereitete, wie Seneca (4 v.Chr.–65 n.Chr.) verdeutlicht: „Tod ist, nicht zu existieren. Wie das ist, weiß ich bereits: das wird nach mir sein, was vor mir gewesen ist"[16] Der Tod als Raum der Nichtexistenz ist der Ort der Geborgenheit, aus dem der Mensch in das Leben eingetreten ist und in den er wieder zurückgehen wird. In der Stoa gehörte es zur Lebensaufgabe, den Tod als Teil des Naturgesetzes in das Leben zu integrieren und sich ihm gegenüber mit „innerer Seelenruhe" zu verhalten. Ich denke, dass im meditativen Denken an den Tod das Herz – Inbegriff des Menschseins – berührt, gebildet und bewegt wird.

*Lied „Friedhof" von Reinhard Mey (CD „Nanga Parbat"):*

„Friedhof" wirkt vordergründig leicht, fröhlich, locker und vermittelt Lebenskunst: „Ich geh' gern in einer fremden Stadt auf den Friedhof, so ein Friedhof hat etwas Gastfreundliches und steht allen offen: Manchem nur für seine Mittagszeit, Manchem für die ganze Ewigkeit. Und du hast schnell 'nen Gesprächspartner getroffen. Insel im Meer der Geschäftigkeit, Blumen-

16 *Seneca*, Briefe, Darmstadt 1999, Ep. 54, 2.

garten der Gelassenheit, – sinnigerweise vom Lebensbaum umgeben – zeig mir Hochmut und Vergänglichkeit, tröste mich und mach den Blick mir weit für den Wert der Dinge, an denen wir kleben! […]"

Reinhard Mey singt selbstironisch von der Endlichkeit seines Lebens: „Dabei wäre ich durchaus bereit gegebenenfalls überhaupt nicht zu sterben" und offenbart damit ein tiefes Verständnis für uneingeschränkte Lebensfreude und Lebenswillen einerseits und für ein Bewusstsein von Endlichkeit andererseits. In diesem Lied wird mit „Verfremdungseffekten" gearbeitet. Der Hörer meint die Funktion eines Friedhofs zu kennen. Dieses Wissen wird von Mey praktisch „auf den Kopf gestellt" und infolgedessen fragwürdig. Der bewusste Hörer sieht sich sitzend auf der Friedhofsbank auf einmal mitten im Leben stehend. Ziele, Werte, Wünsche und Einstellungen werden gnadenlos hinterfragt: „Kann ja sein, ich verpaß' grad den Tanz um das goldne Kalb – aus der Distanz wird nicht jedes ‚Dringend' und ‚Eilt sehr!' beachtet." Auch die Pietät, die der Mensch mit einem Friedhof assoziiert, wird in Frage gestellt, so dass der Zuhörer irritiert wird, wie er die Zeilen hört: „Manchmal kommt er früh, der Sensemann. Manchmal trödelt er herum der alte Mäher."

Bei den Teilnehmerinnen und Teilnehmern war immer wieder zu beobachten, dass dieses fröhliche Lied einerseits fast zum Mitsummen einlädt und zugleich das Lachen im „Hals stecken bleibt". Denken und Vorstellungen über Pietät und Friedhofskultur werden irritiert, so dass ein Nachdenken „über den tieferen Sinn der Reise" angeregt wird.

### *Kreative Umsetzung zur Sterbemeditation nach Simonton / Simonton*[17]

In der Hospizarbeit haben wir viel mit dem „Kunstwerk Mensch" zu tun und wissen, wie eng Geistiges und Kreatives beieinander liegt. Ziel ist es, den Geist anzuregen und innezuhalten und über diese Anregung mit unserer Kreativität in Kon-

17 *Anne-Marie Tausch / Reinhard Tausch*, Sterben, Hamburg 1995, 246ff.

takt zu treten. Paul Klee sagte: „Kunst gibt nicht das Sichtbare wider, sondern macht sichtbar.“

Sterbemeditationen sprechen leibliche, soziale und geistige Bezüge an und sind intensive Übungen zur Auseinandersetzung mit dem Tod. Sie können zu Grenzerfahrungen werden, die zur sorgsamen Durchführung ein gewachsenes Vertrauensverhältnis notwendig machen. Es entstehen innere Bilder von Lebenssituationen und Beziehungen, die wichtig und sinnstiftend gewesen sind. Das Denken an den Tod mitten im Leben ist eine gewollte Unterbrechung des Alltags und lässt uns Lebensprioritäten in Frage stellen. In Sterbemeditationen nehmen wir uns also Zeit zur Lebensbilanz, die wir als Methode aus der Gestaltseelsorge kennen und die in der Sterbebegleitung eine Brücke der Begegnung sein kann. Es scheint mir gut und sinnvoll zu sein, wenn wir Begleiter uns im besinnlichen Denken – als Aufgabe unseres Menschseins – einüben, damit wir für Sterbende in ihrer Lebensbilanz mitmenschlich da sein können.

*Anleitung zur kreativen Meditation (60 Min.):*

Das Impulsreferat und das Lied „Friedhof“ geben den Teilnehmern vielfältige Anregungen, um nun meditativ und kreativ am eigenen „Lebens-Kunstwerk“ mit Farben tätig zu werden. Zur Vorbereitung ist wichtig zu erwähnen, dass jeder genug Zeit bekommt, um einen guten Platz für sich zum Malen auszuwählen und mit Zeit und Ruhe Farben, Stifte oder Kreiden auswählen kann (15 Min.).

Ein DIN A2 Bogen wird vertikal oder horizontal gedrittelt. Zur Anleitung habe ich folgende Impulse aus der Sterbemeditation ausgewählt:

Werde Dir bewusst, dass Dein Leben endlich ist – auch Du wirst einmal sterben müssen.

1. Stell’ Dir jetzt vor, wie Du die letzten Lebenswochen verbringen willst. Was möchtest du tun? Was ist Dir wichtig? Was möchtest Du lassen? (15 Min.)
2. Nimm Dir Zeit für einen Rückblick auf Dein Leben. Was hast Du getan? Was hat Dir Freude gebracht? […] Was würdest Du heute gerne anders tun in Deinem Leben?“ (15 Min.)

3. Und jetzt sieh Dich selbst, wie Du dem Tod näher kommst. Du siehst, wie die Verschlechterung Deines Körpers zunimmt. […] Sieh die Menschen um dich herum, an Deinem Sterbebett. […] Was sagen sie? Was fühlen sie? (15 Min.)

Die kreative Umsetzung zu ausgewählten Impulsen der Sterbemeditation nach *Simonton / Simonton* ist eine Möglichkeit an den Tod mitten im Leben zu denken und sich mit der eigenen Vergänglichkeit vertraut zu machen. Wie weit und wie tief das gelingt, wird (und muss) das Geheimnis des Lebens bleiben. Dieses Denken ist weniger rational-analytisch und ergründet komplexe Zusammenhänge, sondern es ist vielmehr ein erwägendes, betrachtendes und besinnliches Denken mit dem Pinsel in der Hand.

*Gespräch und Austausch in selbst gewählten Zweiergruppen (45 Min.)*

Die Teilnehmer hatten die Möglichkeit zu entscheiden, ob sie über ihr Bild sprechen oder zu ihrem Bild etwas hören möchten. Zur Gesprächseröffnung und Ausdruck der eigenen Wahl habe ich zwei Formulierungen vorgeschlagen: „Leih mir deine Ohren" oder „Leih mir deine Augen".

Im philosophischen Betrachten, Nachdenken, Staunen und Gedankenaustausch über die selbst gemalten Bilder kann Unsagbares sichtbar werden. Wir brauchen für die ethische Reflexion, die sich auch im Philosophieren über Bilder einüben lässt, eine entschleunigte Wahrnehmung. Es geht nicht darum, im Rahmen der allumfassenden Beschleunigung möglichst viel auf einmal wahrzunehmen, sondern sich langsam und sensibel auf das eigenen Kunstwerk und das des Anderen einzulassen. Dieser kreative Prozess ist keine therapeutische Arbeit, sondern bietet Hospizmitarbeitern einen ästhetischen Zugang, um ihr eigenes Kunstwerk Leben sichtbar werden zu lassen. Es geht darum sich einzuüben in das besinnliche Denken und diesem mit Farben und Papier einen Ausdruck zu verleihen.

*Ausführliche Abschlussrunde (45 Min.)*

In einer Atmosphäre des konstruktiven von- und miteinander Lernens besteht die Möglichkeit, sich noch einmal in Ruhe auf die Gesprächsbeiträge in der Gruppe einzulassen. Jeder entscheidet, was er oder sie der Gruppe aus diesem kreativen Prozess mitteilen möchte. Viele Gedanken, Gefühle, Einstellungen und Überzeugungen wurden bereits im Zweiergespräch erörtert und müssen nicht wiederholt werden. Mit dieser Plenumsrunde wird die Seminareinheit abgeschlossen. Die Beteiligten sind in ihrer subjektiven Einstellung und Wahrnehmung gefordert und infolgedessen auch herausgefordert, diese Subjektivität beim Anderen schätzen und respektieren zu lernen.

*Reflexion zur Seminareinheit*

Das Ethos der Gelassenheit in Hospizvorbereitungskursen einzuüben, bedeutet für mich einen Beitrag zur Herzensbildung zu leisten. Das eigene Herz zunächst einmal für die eigenen Lebens- und Abschiedserfahrungen zu öffnen, kann ein wahrhaftiger Türöffner zur Begegnung mit sterbenden Menschen sein. Es geht doch in unserer Arbeit, in unserem Engagement darum, dass wir uns selbst unserer eigenen Schwächen und Stärken bewusst werden, damit wir vorbehaltlos und respektvoll dem Anderen begegnen können. Hinweisen möchte ich an dieser Stelle auf den Vortrag von *Margit Eckholt*[18] zur Herzensbildung. Sie hat diesen – fast in Vergessenheit geratenen – Auftrag für die sozial- und religionspädagogische Arbeit im wissenschaftlichen Diskurs revitalisiert und bietet somit auch für die Bildungsarbeit in der Hospizarbeit wegweisende Orientierungspunkte: „Das Herz ist der Ort, der helfen kann, eine solche Spiritualität (zum gelassenen Sein, Anm. V.B.) auszubilden, es ist der Ort der Liebes- und Leidensfähigkeit des Menschen, ein fragiler, kein selbstverständlich gegebener Ort, ein Ort, der errungen

18 *Margit Eckholt* ist Professorin für Dogmatik an der PTH der Salesianer Don Bosco in Benediktbeuern. Der Vortrag wurde beim 6. Werkstattgespräch der Theolog(innen) in der sozialen Arbeit in Bayern am 25.02.2008 in Benediktbeuern gehalten.

und erbildet sein will. Es ist auch kein Ort, auf den Christen und Christinnen einen besonderen ‚Anspruch' hätten. Sie können aber bei der Frage nach der Herzensbildung etwas ‚einspielen', das ein ganz besonderes Licht auf das wirft, was alle zutiefst angeht."[19]

Es ist eine alte Weisheit, dass nur derjenige, der sich selbst liebt, auch andere lieben kann. Wenn Menschen engagiert tätig sind, ist es wichtig, dass sie sich selbst von Zeit zu Zeit Aufmerksamkeit schenken. Diese Seminareinheit ist ein Beitrag zum Innehalten und zu einem Lebensrhythmus, der aktives und kontemplatives Leben in sich vereint. Es ist spürbar wahrzunehmen, dass die Sehnsucht nach Herzensbildung zunimmt, in der wir die Tiefendimension des Lebens ergründen können.

## *5. Übungswege zu einem gelassenen Herzen*

Die Auswirkungen des besinnlichen Denkens durch Meditation und Gebet beschreibt eine hauptamtliche Hospizmitarbeiterin eines stationären Hospizes:

> „Ich könnte das nicht tun, diese Arbeit, wenn ich mir nicht Zeit für Gebet und Meditation nehmen würde, täglich. Da bin ich mir sicher, dann ginge das hier nicht. Auch weil, nach einer Weile, ja, da gibt es auch immer wieder viel Erinnerung, Erinnerung an Weite zum Beispiel oder an Stille zum Beispiel in der Betriebsamkeit. Weißt Du, manchmal ist es ja nur so ein Kick und Du erinnerst Dich an das Gefühl, was Du da hattest – am Morgen und dann trägt es wieder, so."[20]

Gebet und Meditation verleihen einen Geschmack von Weite und innerer Freiheit. Das besinnliche Denken, das Menschen in die „verweilende Weite"[21] führt und auch im stressreichen und hektischen Alltag eine Vergegenwärtigung von Stille und Ruhe möglich macht, ist Inbegriff eines gelassenen Seins. Die

19 *Eckholt*, Herzensbildung, 4.
20 *Begemann*, Hospiz, 167.
21 *Heidegger*, Gelassenheit, 40.

Weite zeigt keine Begrenzungen. Sie geht über Enge von Vorstellungskraft und Willen hinaus. Sie ist offen für das, was hinter dem Horizont liegt. Die verweilende Weite ist ein Ort der Ruhe, aus dem sich Lebendigkeit entwickeln kann. Besinnliches Denken betont die Besonnenheit und Kraft der Ruhe, aus der alles wachsen und entstehen kann und die zugleich alles in sich sammelt und vereint. Damit ist verweilende Weite sowohl Ruhepol als auch energiereiche Kraftquelle. Hier kommen Gedanken und Empfindungen zur Ruhe und hier entstehen sie aus derselbigen.

Durch die Regelmäßigkeit der morgendlichen Meditation entsteht ein vertrautes Bewusstsein von Weite und Stille. In angespannten und hektischen Situationen ist es möglich, einen kurzen Augenblick lang inne zu halten und einen Schritt zurückzutreten. Erst wenn man von sich selbst wegsieht, eine gewisse Distanz zu sich einnimmt und damit an innerer Freiheit gewinnt, kann sich der Sinn des Lebens offenbaren. Die Beschreibung von Dasein ist auf Symbolsprache angewiesen und dennoch bleibt es letztlich unbeschreiblich, weil es sich um eine einzigartige und individuelle Erfahrung handelt. Die Erfahrung, in weites, offenes Dasein einzutreten ist eine transzendente Erfahrung, die zum Menschsein gehört. Das Menschsein wäre unvollkommen, wenn es sich nicht um seine Tiefendimension sorgen würde.

In der christlichen Mystik Meister Eckharts, die auch als „Spiritualität des Denkens“[22] bezeichnet wird, zeigt die Haltung der Gelassenheit einen transzendentalen Gottesbezug. Vernunft, Verstehen und Wirken aus Verstehen stehen bei Meister Eckhart im Einklang. Mystik ist für ihn nicht auf innere Versenkung konzentriert, sondern aus dieser wirkt der Mensch in die Welt hinein. Erkenntnis aus kontemplativem Gebet hervorgehend, und Lebenspraxis bilden eine Einheit. Darum kann Eckhart voller Überzeugung in den „Reden der Unterweisung“ predigen: „Die Leute brauchten nicht soviel nachzudenken, was

22 *Dietmar Mieth*, Meister Eckhart, hg., eingel. und z.T. übers. von *Ders.*, Olten / Freiburg im Breisgau 1979, 39.

sie *tun* sollen; sie sollten vielmehr bedenken, was sie *wären.*"[23] Auch hier geht es wieder um ein charakterliches Können, das für Meister Eckhart kein Loslassen von der natürlichen, wesensgemäßen Selbstliebe bedeutet. Vielmehr hat er das Loslassen einer inneren Unfreiheit im Blick, die den Menschen in die innere Abhängigkeit führt. Das menschliche Sein, wie es von Gott gedacht, gewollt und geliebt ist, kann seiner Ansicht nach erst durch die freie Bindung an die Liebe Gottes Wirklichkeit werden. Menschliches Loslassen vom Selbst bedeutet gleichzeitig und konsequent die Hinwendung zu Gott, Aufgehobensein in seinem Geist und Fallenlassen in seine Gegenwart.

Loslassen des Selbst führt den Menschen in die höchste Tugend des menschlichen Seins, die Meister Eckhart als „Abgeschiedenheit" definiert. Sich selbst loszulassen und leer zu werden vor und für Gott, damit Gott im Menschen wirken kann und der Mensch aus der Fülle Gottes in die Welt hinein wirkt, prägt das Denken der Gelassenheit bei Eckhart. In der Abgeschiedenheit überlässt der Mensch sich vollkommen Gott. Ein abgeschiedenes Herz ist nötig, das leer und ruhig ist, damit Gottes Geist sich hier – wie auf einer leeren „Wachstafel"[24] – einschreiben kann. Die Einheit mit Gott – das Einssein – ist Ziel und höchste Vollkommenheit der Gelassenheit. In der Abgeschiedenheit findet keine Begegnung zwischen Mensch und Gott statt. Sondern hier tritt der Mensch in die Transzendenz ein, von der Eckhart sagt, dass die „höchste Abgeschiedenheit Gott selber ist"[25]. Ich stelle mir dieses Einssein, das immer zugleich ein Einswerden ist (unio mystica) am ehesten als Durchbruch des ewigen Augenblicks vor. Nur ein leeres und ruhiges Herz kann Gott „in sich (ziehen), so dass (es) an sich selbst zu-

23 *Meister Eckehart*, Deutsche Predigten und Traktate, hrsg. u. übers. von Josef Quint, München 1985, 57.

24 *Mieth*, Meister Eckhart, 94.

25 *Meister Eckhart* zit. n. *Adeltrud Bundschuh*, Die Bedeutung von gelassen und die Bedeutung der Gelassenheit in den deutschen Werken Meister Eckharts unter Berücksichtigung seiner lateinischen Schriften, Frankfurt a.M. 1990, 114; Abgeschiedenheit bedeutet ein Dreifaches: „Abgeschiedenheit ist: 1. eine Tugend, 2. ein Zustand, 3. Gottes höchstes Wesen.", *Bundschuh*, Bedeutung von gelassen, 113.

nichte wird, so wie die Sonne das Morgenrot an sich zieht, so dass es zunichte wird."[26] So wie die Sonne das Morgenrot in sich hineinzieht und Morgenrot in die Sonne eintritt und hierin nur eine einzige Bewegung liegt, die nur einen Augenschein oder Augenblick lang dauert, leuchtet in der unio mystica für den Menschen der kairos als ewiger Augenblick auf, der Hereinbrechen der Ewigkeit in menschliches Leben ist und gleichzeitig Durchbrechen des menschlichen Seins in die Transzendenz Gottes. Mystische Erfahrung ist sowohl vom souveränen Handeln Gottes abhängig als auch von einer empfangenden und offenen Haltung des Individuums. In dieser Haltung kann der Mensch auf die Selbstmitteilung Gottes, des Göttlichen, auf die Quelle der Liebe, Ursprung des Lebens antworten und sich auf die Offenbarung des Sinns einlassen.

Mit Gebet und Meditation kann sich der Mensch einüben in das gelassene Sein. Diese geistlichen Übungen wirken ganz konkret in den Alltag von Begleitern hinein. Hospizmitarbeiter haben die Erfahrung gemacht, dass besinnliches Denken Auswirkungen auf die konkrete Begleitungssituation hat. Sie erleben eine innere Ausgeglichenheit und Seelenruhe, die ihnen Sicherheit und Orientierung für sinnvolles Tun *und* Lassen schenkt. Willenlosigkeit und Wartenkönnen sind die Meilensteine auf einem klugen Weg zur Gelassenheit. Die Haltung einer gelösten Sammlung, wie sie am Sterbebett, ebenso wie in der Meditation, zu erfahren ist, birgt die Chance in sich, dass sich der Sinn des Lebens offenbart. Zeiten der Meditation und des Gebetes sowie die Stunden am Sterbebett bieten einen Raum der Abgeschiedenheit. In beidem wendet sich der Mensch von weltlichen Strukturen ab, die ihn oft genug von sich selbst ablenken. In der Sterbebegleitung kann die Einheit von Kontemplation und Lebenspraxis Wahrhaftigkeit erlangen.

> „Wenn ich aus einem Sterbezimmer raus gehe an einem Morgen und atme die Morgenluft, dann geht alles Tod und Leben in einander. Das kann ich für mich dann gar nicht so trennen."[27]

26 *Mieth*, Meister Eckhart, 95.
27 *Begemann*, Hospiz, 92.

Zeit und Person, Tod und Leben, Morgen und Nacht gehen in diesem Augenblick der Zeitenfülle ineinander über. Einatmen von frischer Morgenluft als Inbegriff des Lebens steht nicht im Widerspruch zum letzten Atemzug eines Sterbenden, sondern wird als Einheit erlebt. Es ist eine universelle Verbundenheit mit aller Lebendigkeit und zugleich aller Sterblichkeit, die jede Kreatur in sich vereint zu erleben. Der Mensch, der diesen Augenblick gekostet hat, spürt und weiß um die unaussprechliche Fülle, die das Leben bereithält. Darin liegt das Vermögen, die Fülle des Selbst und das Potenzial eigener Entwicklung wahrzunehmen. Es ist wohl gerade für den modernen Menschen eine lebenslange Arbeit am Selbst, sich wider den Zeitgeist in eine Haltung der Abschiedlichkeit und Gelassenheit einzuüben. Das Ethos der sensiblen Kompetenz ist ein charakterliches Können, das in den Haltungen von Abschiedlichkeit und Gelassenheit lebendig wird.

# „... um die Glückseligkeit in beiden Wohnstätten zu erreichen“

## Das islamische Menschenbild und das Verhältnis der Muslime zum Sterben

*Ulrike Elsdörfer*

*Zusammenfassung:* Das Sterben betrifft im islamischen Glauben sowohl die Leiblichkeit als auch die Geistigkeit des Menschen. Der Tod nicht ist das Ende der gesamten Existenz, sondern stellt ein Tor vom Diesseits zum Jenseits dar. Er ist als Heimkehr zum Schöpfer zu verstehen. Anthropologie und Theologie sind eng verbunden, wenn es um das Verhältnis der Muslime zum Sterben geht.

Eine positive Haltung zu verschiedenen Optionen der modernen Medizin ist gleichwohl möglich. Organtransplantation kann aufgrund der damit verbundenen sozialen Komponente durchaus verantwortbar sein; die Unversehrtheit des toten Körpers gilt ansonsten als hohes Gut. Einäscherung, Öffnung des Körpers aus wissenschaftlichen Gründen sind wenig akzeptiert.

*Abstract:* In islamic faith „Dying“ concerns body and mind / spirit of a person' existence. Death is not yet the final destiny of somebody's existence, it's merely a gate from life on earth towards an eternal dimension. In the muslim's view anthropology and theology are closely connected. Besides this there is a possibility for accepting modern medicine in Islam. For social reasons donations of organs may be possible. In general the dead body has it's own dignity, and it should not be burnt or opened for scientific reasons.

Eine deutsche Seelsorgerin betritt das Krankenzimmer. Ihr bietet sich folgende Situation: Um die apathisch im Bett liegende Mutter versammelt sich die ganze Familie – betroffen, hilflos; zunächst empfindet die Seelsorgerin eher Ablehnung bis Fremdheit in den Blicken, die sie treffen. Am liebsten würde sie die Tür wieder schließen. Die türkisch-stämmige Familie, die das Öffnen der Tür und die Person der Seelsorgerin wahrgenommen hat, weiß auch zunächst nicht, was sie damit anfangen soll.

Aber ein Zurück – einfach wieder die Tür zu machen – das geht auch nicht. So geht die Seelsorgerin hinein, stellt sich vor, bietet Zeit und Gespräch an – wie bei jeder Sterbebegleitung.

Die Familie braucht einige Zeit, um zu verstehen, wer hier vor ihnen steht, was die Frau von ihnen will, besser: ihnen geben kann; zögernd gehen sie darauf ein. Sie signalisieren: Ja, es sei wohl zu erwarten, dass die Mutter bald sterbe. Einer der Söhne sei noch nicht da. Man warte auf ihn.

Der Seelsorgerin geht Vieles durch den Kopf. Wie ist das mit der Familie in dieser Situation? Was tun diese Menschen zusammen, wenn sie Abschied nehmen? Sind sie gläubige Muslime und wie äußert sich das? Welche religiösen und kulturellen Rituale kennen sie? Worauf könnte ich sie angemessen ansprechen?

Die Besucherin beschränkt sich auf Angebote, zu helfen. „Soll ich Ihren Sohn und Bruder anrufen? Ihn an der Pforte abholen, zum Zimmer begleiten , wenn er da ist?“

Gerne wird dies angenommen. Dann endet der Besuch für diesen Tag.

Am nächsten Tag, als die Seelsorgerin wieder ins Zimmer geht, fehlt das Bett. Die Frau ist in der Nacht gestorben. Ihr Mann und zwei Töchter sind im Raum, es herrscht Betroffenheit, Stille. Aus dieser Stille heraus spürt die Seelsorgerin ihren Mut wachsen, auf die Menschen zuzugehen. Betroffen sein nach dem unmittelbar erlebten Tod – ist das nicht wirklich „interkulturell“? „Sind wir da einander nicht einfach „als Menschen“ nahe?“ – so fragt sie sich.

Ihr Impuls stößt auf Annahme. Vieles erfährt sie über die Mutter der Familie. Für den langsam und mühsam sich artikulierenden Ehemann war seine Frau das Zentrum der Familie, sie hat alle zusammen gehalten. Wie soll es jetzt werden?

Für die Töchter stellt sich die Frage nach den „religiösen Pflichten“ schon hier – im Krankenhaus, in dem die Tote noch aufgebahrt ist. Waschungen, islamische Gebete – und wieder alle Familienangehörigen zusammen zu bringen: das sind nun ihre Aufgaben.

Ein intensives Gespräch endet, die Seelsorgerin verabschiedet sich. Auf dem Flur des Krankenhauses bleibt ihr die Frage: Was war nun das „Fremde“, das Andere“ in diesem Gespräch? Was muss ich noch mehr mit dem „Kopf“ verstehen lernen, was noch mehr mit dem „Herzen“, um islamischen Menschen da zu begegnen, wo ihre kulturelle Tradition mit ihren tiefsten Betroffenheiten ineinander verschmilzt?

*Dr. Ilhan Ilkilic*, islamischer Religionswissenschaftler, praktisch und wissenschaftlich tätiger Arzt, hat sich ausführlich mit den Ge wohnheiten, Traditionen und Bedürfnissen muslimischer Menschen in Krankenhäusern und Pflegeeinrichtungen beschäftigt:

> „Der Tod als existentielle allgemeinmenschliche Erfahrung betrifft im islamischen Glauben sowohl die Leiblichkeit als auch die Geistigkeit des Menschen. Der Koran versteht den Tod nicht als das Ende des Menschen, sondern als Tor vom Diesseits zum Jenseits. Der Tod ist als Heimkehr zum Schöpfer zu verstehen. Die Seele verlässt im Sterbeprozess den Körper bis zum Tag der Auferstehung, an dem sich beide wieder vereinen werden. Nachdem der Todesengel die Seele des Verstorbenen vom Körper getrennt hat, findet im Grab eine Befragung statt. (Dies ist Tradition des Volksislam, UE). Danach harrt die Seele des Verstorbenen bis zum Jüngsten Gericht entweder in gelassener oder angstvoller Erwartung aus“.[1]

Der letzte Besuch bei einem Sterbenden hat für den muslimischen Glauben große Bedeutung. Hier kann in der Begegnung und im Gespräch noch eine Versöhnung stattfinden, ein Streit geklärt werden, Vergebung gewährt werden. Der letzte Besuch ist auch ein Zeichen der Freundschaft und Solidarität. Koranrezitation am Sterbebett gehört zu den Selbstverständlichkeiten, zahlreiche Besucher sind erwünscht. Pflegepersonal und Mitpatienten mögen im Besuch der ganzen Familie bei einem Schwerkranken eine Belastung und Befremdung erleben; gelegentlich möchten sie den Patienten gerne vor den Anstrengungen bewahren. Aber diese „Anstrengungen“ gehören genuin zu seinem Leben. Die in islamischen Quellen beschriebene Sinndeutung des Todes wird von Muslimen im Alltag durch Redewendungen folgendermaßen wiedergegeben:

> „‚So wie wir auf die Welt gekommen sind, so mögen wir auch von ihr scheiden. Möge Gott ein schönes Ende ermöglichen.‘ Und: ‚Gott möge uns am Ende Koran (Koranrezitation) und Iman (Glaube, d.h. Aussprache des Glaubensbekenntnisses) ermöglichen‘.“[2]

1 *Ilhan Ilkilic,* Begegnung und Umgang mit muslimischen Patienten, Bochum 2005, 48.
2 S.o., 49.

So übernehmen vorzugsweise die Angehörigen oder ein Imam die Rezitation des Korans mit einem sterbenden Muslim. Die Sterbebegleitung innerhalb der eigenen Religion ist wichtig und sollte nicht von anderen – etwa christlichen Seelsorgern – übernommen werden. Nach dem Tod werden dem Verstorbenen die Hände gekreuzt oder beiseite gelegt, die Augenlider werden geschlossen und das Kinn mit einem Stück Stoff festgebunden. Dann wird die Kleidung ausgezogen und der Körper in ein Stück Stoff gehüllt."

Haben diese Informationen alles erfasst, was der christlichen Seelsorgerin durch den Kopf ging, als sie die Türklinke in der Hand hatte? Sicher haben sie nicht alles erklärt, aber doch manches. Informationen sind wichtig, um sich angemessen zu begegnen. Für die Seelsorge mit Muslimen und die Begleitung des sterbenden Menschen und seiner Angehörigen heißt das von *Ilkilic* Genannte zunächst: Wahrzunehmen, welche kulturellen Formen zum Ausdruck von Gefühlen vorhanden sind und welche Rituale von den Muslimen begangen werden. Es heißt, ihnen Raum und Zeit zu lassen, dezent begleitend und möglichst abstinent mit eigenen Deutungs- und Begleitungsangeboten umzugehen; so können im kulturell divergenten Umfeld von Krankenhaus oder Pflegeeinrichtung den Muslimen angemessene Formen des Abschieds eröffnet werden. So können die Gefühle Ausdruck finden, auch im Gegenüber zur christlichen Gesprächspartnerin. So können sich beide würdigen in ihrem Zugang zum gleichen Übergangs-Raum: Der Grenze vom Leben zum Tod.

Wahrnehmen, welche Rituale vorkommen, heißt zugleich, nach dem Sinn der entsprechenden Handlungen zu fragen. Es heißt, sich mit dem Gottes- und Menschenbild der Muslime zu befassen, das in der Praxis sichtbar wird. Im Folgenden soll dies geschehen.

## *1. Das Menschenbild im Islam*

Allen Religionen liegen bestimmte, oft nicht leicht zu definierende Menschenbilder zugrunde. Diese sind aus Erfahrung und Praxis entstanden, manchmal sind sie bewusst angenommen, manchmal müssen sie erst eruiert werden und bleiben in vielen Fällen schillernd und vieldeutig – je nachdem, wie alt die Traditionen und Überlieferungen sind. Der Islam gehört sicher zu den Religionen, die in dieser Hinsicht nicht so schwer zu betrachten sind.

In der Antike waren Vorstellungen über die existentielle Beschaffenheit des Menschen unter anderem durch frühe Ärzte und Philosophen formuliert worden. Bekannt ist die Vorstellung von den vier Kardinalsäften Blut, Schleim, gelbe und schwarze Galle im Körper. Am sinnvollsten ist es, wenn diese Säfte ausgewogen miteinander vorhanden sind und im Körper des Menschen miteinander ohne gegenseitige Störung fließen – denn dann ist der Mensch an Leib und Seele gesund und ausgewogen. Wenn sie aber ungleich verteilt sind, wird der Mensch einseitig: Eine jeweilige Gefühlslage tritt dann besonders hervor, und der Einzelne wird gemäß seiner speziellen Prägung als sanguinisch, cholerisch, phlegmatisch oder melancholisch bezeichnet.

Die Ausgewogenheit von Seele und Körper kann ein grundlegendes Ziel für ein formuliertes oder zu formulierendes Menschenbild sein, sei es nun aus religiöser, medizinischer, philosophischer oder psychologischer Sicht gedacht.

Ausgewogenheit ist in der Regel nahe an Gesundheit angesiedelt, und diese ist seit jeher für die Menschen ein großes Gut. In einem Menschenbild, in dem Ausgewogenheit zwischen leiblichen und seelischen Strebungen zu finden ist, herrscht auch eine gewisse Geschlossenheit. Leib und Seele sind die beiden Antagonisten, die miteinander in Ausgleich kommen müssen. Ein solches humanistisches Menschenbild kann sich im Gegenüber selbst zur Welt der Götter verstehen. Egal, ob diese vorkommen , ob sie einwirken oder nicht, es gibt eine ausreichende und ausgleichende immanente Struktur, innerhalb deren der Mensch sich orientieren kann.

Ein solches humanistisches Menschenbild findet man in der hellenistischen Antike, von der der Islam Anleihen genommen hat. Anders als die griechische Philosophie und frühe antike Ärzte erklärt der Islam aber das Bild vom Menschen so: Nur in einem ausgewogenen Dreier-Schritt, einer Triade von Gott – Seele – Körper existiert der Mensch wirklich. Zwei Komponenten – etwa nur Seele und Körper – wären zu wenig. So ist zum Beispiel für alle islamische Medizin zu sagen: Gott ist der Heilende von Körper und Seele, er gehört als Erster oder Dritter dazu, Gesundheit und Krankheit werden von ihm geschickt, der Arzt ist das Instrument des Heilungswillens Gottes. Das Menschenbild des Islam leitet sich theologisch von den Quellen im Koran her, die sich – auch nach Auffassung islamischer Wissenschaftler –, an die Vorgaben des Alten und Neuen Testamentes anlehnen. *Abdoldjavad Falaturi* formuliert in seinem Vortrag „Über das Wesen des Menschen" so:

> „Im Grunde schließt sich der Koran ausdrücklich an das Alte und Neue Testament an. Wenn Sie so wollen, hat Muhammad für die Araber von Beginn an Altes und Neues Testament gepredigt. Er beginnt in seinen ersten Auftritten mit der Argumentation: ‚Was ich sage, ist das, was Abraham gesagt hat, was Moses gesagt hat und was Jesus gesagt hat.'
>
> Zunächst die Frage nach der Schaffung des Menschen, die ich Ihnen sinngemäß, nicht zitierend, weitergeben möchte. Bei der Erschaffung des Menschen sieht die Vorbereitung zur Schaffung so aus, dass Gott mit den Engeln spricht, denen er berichtet, dass er einen ‚chalifa', was soviel wie ‚Stellvertreter' oder ‚Nachfolger' bedeutet, … auf der Erde schaffen möchte. Die Engel protestieren zunächst: ‚Willst du auf der Erde einen schaffen, der Blut vergießt, Unruhe stiftet …?' fragen sie. Gott sagt zu ihnen. ‚Ihr wisst nicht, was ich weiß', und er schafft den Menschen."[3]

So wird der Mensch nach dem Koran aus Lehm geschaffen, Gott bläst ihm den Atem des Lebens ein – so entstehen Körper und Seele. Die Seele, „nafs", „Hauch" hat die wesentliche Aufgabe, den Menschen durch das Leben zu geleiten und ihn Gott gegenüber zu öffnen. Die Seele handelt in drei Schritten: Einmal hat sie die Kraft, zu allen Begierden, Leidenschaften, zu

3 *Abdoldjavad Falaturi*, Über das Wesen des Menschen.

Materiellem anzutreiben, andererseits hat sie eine tadelnde und wertende Funktion, die warnt und abwägen lässt; wenn diese beiden Funktionen richtig miteinander arbeiten, dann kommt es zu der ausgeglichenen Seele, die das eigentliche Ziel der islamischen Anthropologie ist.

## 2. *Gesundheit und Krankheit im islamischen Verständnis*

Der Islam trägt in seinem Namen den Begriff der Gesundheit und Ausgewogenheit in sich, „Salam“ bedeutet „Gesundheit“ und „Frieden“, und so ist auch ein wesentliches Gebot der Religion an den Menschen, dass er von Gott Leib und Seele geschenkt bekommen hat und deshalb verpflichtet ist, sie als eine gute Gabe der Schöpfung zu erhalten. Leib und Seele müssen in einem ausgeglichenen Verhältnis zueinander stehen – hier scheinen die Gedanken der klassischen Antike durch – dann ist das Verhältnis zu Gott ebenfalls ausgeglichen. Ein ausgewogenes Maß der Lebenshaltung ist die wesentliche ethische Forderung des Islam. Bescheidenheit und Augenmaß für angemessene menschliche Beziehungen und Verpflichtungen gehört zu den ethischen Idealen. So sind aber auch die Diät-Vorschriften wie das Verbot von Schweinefleisch und Alkohol nicht als isolierte, eventuell archaische Kultreste anzusehen, sondern sie wurzeln zuletzt im in ihnen implizierten Ausdruck der Beziehung zwischen Schöpfer und Geschöpf. Sie richten sich darauf hin aus, die Schöpfung in Gesundheit zu erhalten, um den Schöpfer zu ehren. Sie sind ein Ausfluss eines gelebten religiösen Dialogs. Waschungen des Körpers, Hygiene, Speisevorschriften, das Fasten für eine ausgewogene Lebenshaltung, die das Maßlose in jeder Hinsicht ablehnt – und damit z.B. auch die übermäßige Askese – gehören zur Pflicht, die der Moslem nicht als religiöses Gesetz, sondern in allererster Linie als eine Antwort auf Gottes Schöpfergabe ausführt. Deshalb ist das Verhältnis des Menschen zu seinem Körper, der Umgang mit dem Körper bis in den Tod und danach eine Sache der Korrespondenz mit Allah und niemals nur in die freie Verfügung des Menschen gestellt.

Der Mensch ist im Islam das Gegenüber Allahs, der selbst einzig ist. Die Vorstellung von der Gottebenbildlichkeit des Menschen, wie sie im Judentum und Christentum existiert, gilt in dieser Weise nicht für den Islam. „Wir haben doch den Menschen erschaffen und wissen, was seine Seele ihm einflüstert, und wir sind ihm näher als seine Halsschlagader." (Sure 50/16) Der Mensch ist und bleibt „Stellvertreter Gottes auf der Erde", die Ebenbildlichkeit gehört, wie alle bildliche Darstellung nicht in den Umkreis islamischer Vorstellungen, weil sie die Souveränität des einen Gottes in Frage stellt.

Man kann ein solches Menschenbild als einen Ausdruck extremer Abhängigkeit des Menschen von Gott verstehen. Was auch immer der Mensch tut, es ist eine Antwort auf den fordernden Gott und resultiert nicht aus eigener Entscheidung. So ist es aus europäischer Sicht oft gedeutet worden, wenn der Moslem sagt: „'Inch Allah" – wenn Gott will – als habe er keinen eigenen Willen und keine eigene Verfügungsrechte über sich und die Gestaltung seines Lebens.

*Annemarie Schimmel* hat in einem ihrer Aufsätze: „Der Mensch und sein Weg zur Vollkommenheit" festgestellt: „ Die Stellung des Menschen im Islam, … ist ein Kontroversthema für westliche Gelehrte. Einige waren der Überzeugung, dass der Mensch als Gottes „Diener" oder „Sklave" vor dem Allmächtigen keinerlei Wert habe, er verschwindet fast, er verliert seine Persönlichkeit und ist nichts als das Instrument eines unwandelbaren Geschicks. Der Begriff des Humanismus, auf den die europäische Kultur so stolz ist, wäre diesen Gelehrten zufolge dem islamischen Denken grundsätzlich fremd."[4] Dies ist aber ein Trugschluss. Auch in der islamischen Theologie gibt es die alten christlichen Antagonisten „Vorherbestimmung" und „freie Wahl" der eigenen, selbst verantworteten Handlungen, die sich eben in der Vorstellung vom endzeitlichen Gericht Gottes ausprägt. „Der Mensch genießt die Wahl zwischen Gehorsam und Rebellion" – so formuliert es Annemarie Schimmel – „ er leidet auch darunter, denn dieses Paar ist durch die Vorstellung von der Vorher-

4 *Annemarie Schimmel*, Mystische Dimensionen des Islam. Die Geschichte des Sufismus, 268ff.

bestimmung begrenzt. Auch christliche Theologie kennt den Gedanken von der Prädestination, sogar von der „doppelten Prädestination", von der Calvin komplizierend spricht.

Während christliche Theologie oft theoretisiert, spricht der Islam in Bildern. Und da geht es um eine „amana" (Sure 33/37), um die Entscheidungs- und Handlungsfreiheit der Seele – sie ist ein dem Menschen anvertrautes Schöpfungsgut, das so kostbar und schwierig ist, dass Himmel und Erde es nicht tragen wollten. So musste der Mensch sich mit dieser Gabe Gottes befassen, die Verantwortlichkeit, Willensfreiheit, Liebe und eine Kraft zur persönlichen Entscheidung in ethischen Fragen beinhaltet. Diese Kraft zu suchen, ihr einen „Pfad" in die Seele zu bahnen, ist und war im Islam besonders den Sufis vorbehalten, den Mystikern. In der eigenen Seele, „ruach", im eigenen Herzen, ist der Schöpfer auch im Geschöpf vorhanden und zu suchen.

Damit stehen die Sufis sicher in einer Spannung zum gelehrten Islam (Mu'taliziten und Aschariten), in dem Allah das streng monotheistische Gegenüber des Menschen ist, der nie und in keiner Form (etwa durch einen Sohn oder durch die Seele des Menschen) in die Welt des Menschen eindringen muss – Gott kann die Welt auch so leiten; aber dennoch haben die Sufis wohl eine unbewusste Seite ihrer Religion erkannt und bearbeitet und etwas hinzugefügt, was unterrepräsentiert war – wie etwa im Christentum der Marienkult das trinitarische Gottesbild ergänzt hat.

So ist das Herz der Spiegel Gottes im Menschen, dieser Spiegel muss gepflegt und poliert werden, damit er strahlt. Eine Geschichte mag das illustrieren:

> „Gott schuf die Herzen siebentausend Jahre vor den Leibern und bewahrte sie in der Station der Nähe zu Sich; und Er schuf die Geister siebentausend Jahre vor den Herzen und bewahrte sie im Garten der Vertrautheit mit Sich; und Er schuf die innersten Bewusstseinsteile siebentausend Jahre vor den Geistern und bewahrte sie im Grade der Vereinigung mit Sich. Dann setzte er das innerste Bewusstsein im Geist gefangen, den Geist im Herzen und das Herz wiederum im Leibe. Dann prüfte Er sie und sandte Propheten, und so begann jedes von ihnen wieder seine eigene Station zu suchen. Der Leib beschäftigte sich mit dem Gebet, das Herz erlangte Liebe,

der Geist gelangte zur Nähe des Herrn, und das innerste Bewusstsein fand Ruhe in der Vereinigung mit Ihm".[5]

Ein wesentlicher Zug des islamischen Menschenbildes wird durch den Gedanken charakterisiert, dass Gott den Menschen umsorgt, und dass dieser sich dann ganz auf Gott verlassen kann. „Abd" bezeichnet den Menschen, der sich völlig Gott überlässt, und deshalb kann er sein Dasein, sein Seelenleben so integrieren, wie Gott es will – so formuliert es *Falaturi*. Die Freiheit des Menschen besteht in diesem Bild darin, einen Einklang seines Willens mit dem Gottes zu suchen und zu finden, was ihn nicht per definitionem willenlos und unfrei macht. Hier gibt es feine Differenzierungen, die Aussagen treffen über die Korrelation zwischen Gott und Mensch, die auch vorhanden ist. Gott ist nicht nur souverän, sondern beschreibbar in Seelen- und Handlungsqualitäten, wie etwa den ihm zugelegten 99 schönen Namen Gottes, die alle von guten und wünschenswerten menschlichen Eigenschaften sprechen.

So ist der Islam sicherlich eine Religion, die von der Wahrung der Vorschriften lebt, weil er die Menschen an die Erfüllung der Gesetze Allahs bindet – etwa an die fünf Grundpflichten; nur wenn sie in Antwort auf Allahs Gebot leben, haben sie die Zuwendung Allahs, die ihnen Gesundheit, Ausgewogenheit und ein glückliches Leben bietet. Religiöse Gebote einzuhalten heißt: mitzuwirken an der Schöpfung und Erhaltung der Welt, zu antworten auf den Schöpferwillen Allahs.

Erhaltung des Körpers, der familiären und sozialen Bindungen, wie sie die Religion in ihren Texten vorschreibt, sind unaufgebbare Pflichten des Gläubigen und unterliegen nicht seiner freien Gestaltung. Die Familie und im weiteren Sinne die gesamte Gemeinschaft der Gläubigen, die „Umma", gehören direkt in die Definition des islamischen Menschenbildes hinein. Es gibt nie nur die Relation Gott – Mensch, sondern immer die Relation Gott – Gemeinschaft – Einzelner, innerhalb deren die anderen Bestimmungen von Seele und Körper zu sehen sind. Das gemeinschaftliche Fasten im Ramadan ergibt sich als Auswirkung dieses Verständnisses, wie auch das soziale Gebot (Zakat,

5 S.o., 274.

Armenabgabe), dass besonders während der Fastenzeit, aber auch sonst, alle, die hungern und Not leiden, in die „Umma" und deren Verantwortung eingeschlossen sind.

Und es stellt sich die Frage: „Was ist praktisch von dieser Religion sichtbar?", „Was verstehen Christen von den „living human documents"[6] des Islam, den Menschen, die diese Religion praktizieren oder sich zumindest in ihren Traditionen bewegen?"

## *3. Der Mensch im Islam und seine Gesundheit – ein ganzheitliches praktisches Konzept für Leben und Sterben*

Eine Mitarbeiterin eines Gesundheitsamtes wurde von folgender Frage überrascht:

> „Frau G., wissen Sie, was Gesundheit für uns Muslime ist?"
>
> Etwas irritiert antwortete ich: „Nein"
>
> „Ich werde Ihnen sagen, was unsere Gesundheit ausmacht:
>
> Zur Gesundheit gehört,
>
> dass wir das Gebet – vorschriftsmäßig – durchführen,
>
> dass wir unsere Familie gut versorgen können,
>
> dass wir eine Begegnungsmöglichkeit für die Gemeinde haben, und dass wir einen wohnortnahen Platz zum Sterben wissen."
>
> *(Aus einem Gespräch mit Herrn C. im Gesundheitsamt, 1996)*[7]

Nun werden „Familie" und „wohnortnaher Platz zum Sterben" die beiden Begriffe sein, die weiterhin beschäftigen. Sterbe- und Trauerrituale der Muslime, eingebunden in ihr Menschenbild, gehören dazu.

6 Dieser Begriff wurde von einem grundlegenden Vertreter der christlichen Seelsorgebewegung, dem Amerikaner *Arnold Boysen*, geprägt.

7 Zitiert bei *Ingrid Geiger,* Altern in der Fremde – zukunftsweisende Herausforderungen für Forschung und Versorgung, in: Migration und Gesundheit, *Matthis David / Theda Borde / Heribert Kentenich* (Hg.), Frankfurt a. M. 1998, 167.

Das Altern ist nach islamischem Menschenbild als ein Teil des menschlichen Lebens zu verstehen, der zur Natur des Menschen dazu gehört. Es ist die „Zeit der Reife und Rückschau“, nicht nur ein biologisch definiertes Lebensalter. Es ist gut, stark, mobil und gesund zu sein, aber wenn man alt und pflegebedürftig ist, hegt man vorrangig den traditionellen Wunsch, von den eigenen Kindern gepflegt zu werden, dies auch im örtlichen Rahmen der Familie.

Die Versorgung und Pflege der alten Menschen ist eine wesentliche Aufgabe der Kinder, die durch den Koran vorgeschrieben ist. Arbeitsbedingungen und beengte Lebensräume verändern aber für die muslimischen Familien die Lebenssituation genauso wie für Europäer und christlich geprägte Menschen. Noch wird es von den meisten Muslimen verurteilt, die Eltern in ein Altersheim zu bringen. Dennoch gibt es bereits Altersheime, die sich auf Muslime, ihre eher vereinzelten Bewohner, hin ausrichten.

Wichtiger noch als für Altersheime ist es für Krankenhäuser und deren MitarbeiterInnen, Gewohnheiten und Rituale der Muslime am Ende des Lebens zu kennen und ihnen angemessen Raum zu geben. Wenn der „rechtgeleitete Moslem“, der nach seinen Gesetzen lebt und damit in der ständigen Beziehung zu Allah steht, im Sterben liegt, wird er, nach dem Grundsatz der „Glückseligkeit in beiden Wohnstätten“, der hiesigen Welt und der kommenden, den Tod als einen Übergang ansehen. Vor dem Tod müssen er und die Gemeinschaft, in die er eingebunden ist, alle Rituale und vor allem alle geistigen Inhalte der Religion nachvollziehen, soweit die Gesundheit es zulässt.

Da der Islam eine soziale Religion ist, gehört es dazu, dass Familienmitglieder, Freunde, Nachbarn einen Menschen besuchen, der krank oder schwer krank ist, und dass sie mit ihm Versöhnung und Frieden suchen, sofern noch etwas zwischen ihnen steht. Die Aussöhnung der Menschen untereinander und vor Allah ist Sache und Aufgabe der Menschen, ihres freien Willens, der „amana“, und es gibt keine religiöse, priesterliche Mittlerfunktion, die das außer Kraft setzt und individualisiert – wie etwa die Möglichkeit der Krankensalbung durch einen geweihten, ordinierten, beauftragten Stellvertreter im Christentum. Traditionell stören sich Europäer an den vollen Krankenzimmern, sie verstehen vielleicht nicht, dass hier mehr als folkloristische Sitte vollzogen wird.

Für die Sterbebegleitung eines Moslems spielt es eine große Rolle, dass an seinem Bett der Koran rezitiert wird; wenn er kann, spricht er selbst das muslimische Glaubensbekenntnis, dessen Rezitation zu seinen Grundpflichten gehört. Der Koran und auch der Glaubenssatz können aber auch von einem Imam oder einem anderen Muslim in arabischer Sprache gesprochen werden. Es wird hier besonders die 36. Sure des Korans rezitiert, die das wahre Wesen des menschlichen Lebens für Sterbende und Trauernde beschreibt. Dadurch soll der Sterbende Ruhe finden, um seine Seele an Gott zurück zu geben. Selbst wenn MitarbeiterInnen des Krankenhauses den Eindruck haben, dass das Hören der Suren eine Belastung für den Sterbenden ist, stellt es doch eher für ihn einen beruhigenden Akt dar, der seine lange Verbundenheit mit seiner islamischen Tradition ausdrückt.

Sterbebegleitung ist in der islamischen Welt nicht ritualisiert. Sie gehört zu den Pflichten der Angehörigen; hier setzt allerdings in unserer Gesellschaft eine Veränderung ein, die diese Aufgabe gelegentlich und zunehmend an Imame delegiert – vor allem, wenn die Menschen in Institutionen sterben. Imame suchen deshalb auch nach professioneller Seelsorgeausbildung. Krankenhäuser sollten Adressenlisten von Imamen genauso parat haben wie die von PfarrerInnen.

Der Übergang in eine andere Welt gebietet die Reinigung des Körpers, wenn der Mensch gestorben ist; vielfach wird diese Handlung nach bestimmten Vorschriften – mit fließendem warmem Wasser, wie für einen lebendigen Menschen – von einem Imam vorgenommen. Es können aber auch gleichgeschlechtliche Personen diese Tätigkeit ausführen, während dann anschließend der Imam das Totengebet vornimmt. Sich um diese Waschungen zu bemühen, ist Pflicht der Hinterbliebenen. Schön wäre es, Krankenhäuser und Pflegeeinrichtungen würden die Chance eröffnen, dass Muslime ihre Gewohnheiten und Pflichten praktizieren können. Sie müssten dazu einen entsprechenden Raum zu Verfügung stellen, der den Anforderungen für dieses Ritual entspricht.

Die Beisetzung soll möglichst am gleichen Tag stattfinden. Nach der Waschung wird der Verstorbene in weiße Tücher gehüllt – einfache Tücher wie das weiße Tuch der Pilger in Mekka. Der Verstorbene wird nur für das Totengebet und die Überführung zum Grab in einen Sarg gelegt. Im Grab selbst wird er – nur mit dem Totentuch bekleidet – auf die rechte Seite gelegt, sein Gesicht weist in Richtung Mekka. Die Verbrennung von Toten wird von den Muslimen abgelehnt. Der Körper als Symbol des Schöpfungswillens Gottes ist unantastbarer Bestandteil des Menschen über den Tod hinaus, eine Einäscherung wird abgelehnt. Der Körper gehört nach dem Tod der Erde, einem anderen Teil der Schöpfung Gottes. Beerdigungen müssen am selben oder dem nächsten Tag vorgenommen werden. Eine Obduktion ist unter bestimmten Notwendigkeiten aus religiöser Sicht möglich. In jedem Falle ist die Öffnung eines toten Menschen als eine Verletzung seiner Integrität zu betrachten, die der eines Lebenden gleich kommt. Sie ist aber aus forensischen Gründen heute erlaubt, etwa, um einen Mord nachzuweisen, obwohl es dafür in der islamischen Tradition keine Handlungsanweisungen gibt. Eine Obduktion aus klinischen Gründen wird nur dann gestattet, wenn es dafür einen gesellschaftlich nachweisbaren Nutzen gibt, wie etwa die Abwehr von Epidemien; alleine wegen sicherer Statistiken einen Toten zu öffnen, damit man die Todesursache genauestens feststellen kann, erscheint den Muslimen nicht angemessen. Insgesamt wird von Angehörigen her selten einer Obduktion zugestimmt, weil dies dem islamischen Kulturkreis zu fremd ist.

Die Mitentscheidung der Familie an der Grenze von Leben und Tod spielt eine große Rolle, weil die Familie ja auch im Leben sehr wichtig ist. So werden immer wichtige Entscheidungen im Kreise der Familie getroffen, und dies sollten alle beteiligten Personen berücksichtigen, die im Umkreis von Patientenentscheidungen mit Muslimen zu tun haben. Selbst bevorstehende medizinische Operationen eines einzelnen Mitgliedes werden im Familienrat besprochen, individuelle Prioritäten stehen nicht an erster Stelle. So ist es wichtig, allgemein ein Vertrauensverhältnis zwischen PatientIn, Familie, Arzt / Ärztin, BeraterIn herzustellen, damit Entscheidungen in Einsicht und gegenseitiger Offenheit gefällt werden können – zum Wohle des Patienten.

Zu vielen Fragen der modernen Medizinethik gibt es Stellungnahmen aus theologisch orientierten Quellen, an denen Muslime sich ausrichten können – so etwa an einer „Fatwa“ – dem Gutachten eines Islam-Gelehrten, dem die Quellen von Koran, Sunna und Hadithen (Aussprüchen des Propheten) zugrunde liegt.

Traditionell hat die Medizin im Islam eine hohe Stellung, weil sie mitarbeitet am Schöpfungs- und Erhaltungsauftrag Gottes. Das menschliche Leben gehört zu den fünf Gütern, die geschützt werden müssen. Neben dem Leben rangieren die Religion, der Verstand, die Nachkommenschaft und der Besitz. Die Medizin hat eine hervorragende Stellung in der Geschichte des Islam gehabt und war im Mittelalter der Medizin in Europa weit überlegen. In der klassischen islamischen Geistesgeschichte werden die Wissenschaften in zwei Gruppen gegliedert: In die Wissenschaft des Körpers – die Medizin – und in die Wissenschaft der Religion.

## *4. Glaube contra Wissenschaft in islamischer Medizin und Anthropologie*

Alle wissenschaftliche Arbeit wird mit Gottes Erlaubnis und Kenntnis vorgenommen und kann nicht gegen dessen erklärten Schöpferwillen durchgeführt werden – zumindest gilt dies als ein theologisches Postulat. Gott gibt Stoffen krankmachende und heilende Eigenschaften. Im Koran sagt der Prophet Abraham: „Wenn ich krank bin, so heilt er mich!“ ( Sure 26,80). Mohammed schreibt Gott in jedem Fall die Ursache wie auch die Heilung der Krankheit zu: „Gott hat keine Krankheit auf die Erde herab gesandt, ohne zugleich für das entsprechende Heilmittel zu sorgen.“ Dies schließt alle Formen der Medizin ein – auch die modernen Möglichkeiten der technischen und chemisch – basierten Medizin; allerdings wird hier Sinn und Nutzen wieder am islamischen Menschenbild und an den Prioritäten, die es setzt, gemessen werden.

Der Glaube an das Jenseits, an die Auferstehung nach dem Tod sowie an das Jüngste Gericht gehört zu den wesentlichen

Prinzipien des Islam. In diesen Glaubensinhalten können bei einem Muslim Begründungen oder Ablehnungen für die Durchführung einer medizinischen Handlung am Lebensende wurzeln. Das Bewusstsein von der Zugehörigkeit zu zwei Welten kann die Einstellung zu medizinischen Maßnahmen am Lebensende beeinflussen. So besteht die Auffassung, dass die Todeszeit eines Menschen durch Allah gesetzt wird, und deshalb werden lebensverlängernde Maßnahmen in der Regel abgelehnt. Wenn der Übergang in eine bessere Welt erfolgt, so ist die Verlängerung des Lebens um jeden Preis nicht sinnvoll – eine Ausnahme bietet die Frage, ob der Patient eventuell noch bei Bewusstsein Koranrezitation, Abschied von Angehörigen und rituelle Gebete erleben kann.

Die Ablehnung einer lebensverlängernden Maßnahme ist nicht in jedem Fall nur als fatalistisch zu deuten, im passiven Sinne des Glaubenssatzes: „Mein Leben liegt doch in Gottes Hand." Wenn medizinisch mögliche Maßnahmen zur Verbesserung des Zustandes oder hin zu einem Weiterleben aussichtsreich sind, so wird von islamischen Theologen empfohlen, ihnen zuzustimmen. Nicht immer ist voraussehbar, wie eine medizinische Maßnahme wirkt, aber auch hier ist eine vorschnelle Resignation ihr gegenüber nicht durch die Religion intendiert.

Aktive Sterbehilfe und Suizid sind in jedem Fall nicht religiös legitimiert, passive Sterbhilfe im Sinne von: „Erlauben zu sterben" kann durchaus religiös legitimiert sein – weil Allah nicht die Qual des Menschen will. Wenn eine Patientenverfügung vorliegt, wird im islamischen Verständnis danach gehandelt. Wenn auch die Entscheidung der Familie eine große Rolle spielt, wird sie doch in diesem Fall außer Kraft gesetzt. Wenn allerdings keine eindeutige Willenserklärung eines schwerkranken islamischen Patienten vorliegt, werden die Familienangehörigen konsultiert. Hier wird von den Familien oft im Sinne des „Was wünschen Sie für Ihren Vater, Ihre Mutter?" entschieden – eine Fragestellung, die etwa in der Türkei akzeptabel, aber in Deutschland eher sekundär ist. Hier geht es von der Rechtslage her um die Ermittlung des mutmaßlichen Patientenwillens. Daher gibt es gelegentlich kulturspezifische Konflikte. Da Hierarchie- und Autoritätsstrukturen in muslimischen Familien oft anders aussehen als in deutschen Familien, gibt es inzwischen spezielle Patientenverfügungen, die sich an Muslime richten und deren gesamtes soziales Umfeld berücksichtigen.

Die Anwendung einer Patientenverfügung ist mit dem islamischen Menschbild vereinbar. Eigenverantwortlichkeit des Betroffenen spielt eine große Rolle. Der Mensch ist Gott für sein Leben in allen seinen Entscheidungen verantwortlich.

Die Hirntoddefinition und die daraus folgende ethische Berechtigung zur Organtransplantation schließlich gehören zu den besonders sensiblen Bereichen der religiösen und ethischen Diskussion in der islamischen Welt. Das Hirntod-Kriterium wird in der islamischen Welt seit den 80er Jahren kontrovers diskutiert. In Jordanien wurde 1986 bei einer Konferenz beschlossen: „Der menschliche Tod und alle daraus entstehenden islamisch-juristischen Konsequenzen gelten bei Vorlage einer der beiden folgenden Zustände:

1. Bei vollständig irreversiblem Herz- und Atemstillstand
2. Bei ärztlich festgestelltem Ausfall der Hirnfunktion, auch wenn die Herz- und Atemfunktion noch aufrechterhalten wird."

Die Hirntod – Debatte wird auch auf dem Hintergrund der Frage gesehen, ob nicht ein Mensch eventuell lebendig begraben werden könnte, und dieses Risiko überhaupt ins Kalkül zu ziehen, widerspricht der islamischen Eschatologie, ganz abgesehen von humanen Vorstellungen. Bei der Organtransplantation gibt es graduell mehr Zustimmung, weil sie einen sozialen Aspekt der Hilfe für andere hat.

## *5. Konfliktfelder in der Begegnung mit Muslimen in Pflegeeinrichtungen*

„Das Erleben von Schamgefühl und Intimitätsverständnis beeinflusst bei einem Muslim die Wahrnehmung seines Körpers als Leib und impliziert zugleich im gesellschaftlichen Leben einige Handlungsformen … Die Bedeckung des Körpers und das Vermeiden von Körperkontakt mit Fremden gewinnen durch die islamischen Wertvorstellungen einen normativen Charakter … Bei einem Arzt-

> besuch oder Klinikaufenthalt bleibt jedoch ein körperlicher Kontakt während einer Untersuchung oder Therapie unumgänglich. Ein Krankheitsfall wird in der islamischen Rechtslehre als Ausnahmezustand verstanden, in dem manche islamische Handlungsformen, die im Alltagsleben Gültigkeit besitzen, diese verlieren oder durch eine Lockerung teilweise und vorübergehend außer Kraft gesetzt werden können.
>
> So wird eine medizinische Untersuchung durch einen Arzt oder eine Ärztin gleichen Geschlechts bevorzugt, ist aber nicht unabdingbar, wenn dies nicht möglich ist. Ein Händedruck, der für den Arzt und das Pflegepersonal Ehrlichkeit, Vertrauenswürdigkeit und Hilfsbereitschaft verkörpert, kann für eine muslimische Patientin peinlich und unangenehm sein oder sogar aufdringlich wirken.
>
> Um dieses Konfliktfeld zu konkretisieren, einige Beispiele: Ein muslimischer Patient von 60 Jahren war eine Zeitlang gelähmt und musste im Krankenhaus vom Pflegepersonal gepflegt und gewaschen werden. Später erzählte er von seinem Krankenhausaufenthalt: ‚Nicht die Krankheit war mir das Schlimmste, sondern von einer fremden Frau gepflegt und gewaschen zu werden.'"[8]

Speisevorschriften beziehen sich auch auf die angewendete Medizin. Sie sollte keinen Alkohol enthalten und nicht auf der Anwendung von Gelatinepräparaten o.ä. basieren, die aus Schweinen gewonnen worden sind. Eine Überlieferung sagt: „Gott hat gegen jede Krankheit ein Heilmittel herab gesandt. Also behandelt diese, aber nicht mit etwas Verbotenem. Es gibt allerdings auch den Grundsatz: Notlagen heben Verbote auf."[9]

Wenn es im Falle einer Behandlung zu einer Entscheidungsfindung unter Einbeziehung der Familie kommen soll, werden die Verhandlungen oft durch die unzureichende sprachliche Kommunikation erschwert. Wenn Angehörige zugezogen werden, um eventuell zu dolmetschen, muss das Beziehungsverhältnis innerhalb der Familie bei den Antworten mit berücksichtigt werden. Traditioneller Weise verschweigt die Familie in islamischen Ländern eine schwere Diagnose, um den Patienten nicht zu belasten. Wenn ein Fremder aus dem Umkreis des Klinikpersonals hinzu gezogen wird, kann wiederum die Scham-

8 *Ilhan Ilkilic*, Gesundheits- und Krankheitsverständnis der Muslime als Herausforderung für das deutsche Rechtswesen, 6.

9 S.o., 8.

grenze des Patienten verletzt werden, da er oder sie sich nicht in seiner oder ihrer Gegenwart über intime körperliche Vorgänge unterhalten will.

## *6. Muslime und Altenheim*

In Deutschland existieren einige wenige Altenheime, die sich bewusst auf multikulturelle Betreuung ihrer Bewohner einstellen. Ein kurzes Beispiel dieser Problematik wurde bereits weiter oben gegeben.[10]

Moscheegemeinden sorgen sich um die Beschäftigung und Unterrichtung der Kinder, geben Frauen Möglichkeiten, sich in der Moschee zu treffen. Sie sind auch, wie in ihren Heimatländern, dafür offen, alte Menschen tagsüber in der Moschee und den dazugehörigen Einrichtungen zu begrüßen. Wo aber eine solche Versorgung für einen alten Menschen nicht ausreicht, weil er oder sie eine Behinderung hat oder sonst nicht mehr zum Verlassen des Hauses in der Lage ist, verlassen sich Muslime bisher auf den Zusammenhalt der Familien.

„‚Nach dem Thema professioneller Altenbetreuung für Muslime in Deutschland gefragt, äußerten sich fast sämtliche Befragten ablehnend'.[11] Man erinnerte immer wieder daran, dass im Islam laut Koran die Versorgung alter Menschen Aufgabe der jüngeren Familienmitglieder sei. Allerdings ist man sich z.T. der wachsenden Notwendigkeit für Seniorenheime angesichts sich vor allem in Städten wandelnder Familienstrukturen durchaus bewusst, so führt z.B. die türkische, an die Religionsorganisation Diyanet angeschlossene Vaqif-Stiftung in Istanbul ein Altersheim.

10 S. *Elsdörfer*, Medizin, Psychologie und Beratung im Islam, 68ff.

11 *Beinhauer-Köhler* berichtet von einer von ihr durchgeführten Umfrage unter Muslimen.

Bisher ist jedoch keine Initiative von Muslimen erkennbar, auch in Deutschland ein solches zu errichten. Gleichzeitig werden in Notfällen, wenn eine Familie die Betreuung nicht leisten kann, jedoch durchaus deutsche Einrichtungen angenommen …".[12]

*Beinhauer – Köhler* stellt ein multikulturell ausgerichtetes Haus in Duisburg vor, in dem derzeit zehn TürkInnen leben:

> „Das Haus zeichnet sich durch zweisprachiges Pflegepersonal sowie durch zahlreiche Details der Einrichtung aus, die unterschiedlichen kulturellen Prägungen Rechnung tragen: Im Keller befindet sich ein kleiner Gebetsraum mit eigener Waschgelegenheit für die rituellen Waschungen. Dieser wird jedoch weniger von den stark pflegebedürftigen oder sich u.U. nicht an Religion orientierenden Bewohnern benutzt, umso mehr von den Besuchern, die zu den Gebetszeiten dann eine gute Möglichkeit zum Gebet finden. In der Küche wird selbstverständlich auf die islamischen Speisevorgaben geachtet, ebenso wie Kochnischen auf den Fluren und dortige Sitzgelegenheiten ermöglichen, dass größere Besuchergruppen sowie Besucher auf Anfrage oder mit Betreuung auch selbst dort kochen können, so dass auch umfangreichere Familien wie gewohnt und in angenehmem Umfeld zusammenkommen können".[13]

„Muslimische Gräberfelder sowie kultursensible Pflege in Altenheimen und Krankenhäusern sind vielerorts noch immer keine Selbstverständlichkeit."[14] – so wurde auf der dritten Fachtagung der Akademie der Diözese Rottenburg-Stuttgart im Mai 2006 formuliert.

Migranten der ersten Generation hatten es sich zum Ziel gesetzt, nach einigen Jahren Arbeit für den Lebensabend in ihre alte Heimat zurück zu gehen. Aber ihre Lebensentwürfe änderten sich, und es wurde daraus ein Daueraufenthalt in der neuen Umgebung. Ältere Mitbürger sind oft auf Hilfen angewiesen, andererseits engagieren sie sich oft noch im Gemeinwohl und

12 *Bärbel Beinhauer-Köhler*, Formen islamischer Wohlfahrt in Deutschland, in: THEION, 159, 2005.

13 S.o.

14 Arbeitsbericht der Tagung „Alt werden in der neuen Heimat" der Diözese Rottenburg, Stuttgart, Mai 2006.

in den Vereinen. Es stellt sich die Frage, ob die Institutionen, die Unterstützung anbieten, kulturell sensibel genug sind, um seit Jahrzehnten in Deutschland lebenden, jedoch von Geburt einer anderen Kultur angehörenden Menschen eine „Heimat" zu bieten? Es stellt sich die Frage, inwieweit Vereine und gemeinnützige Einrichtungen das Potential kulturfremder Helfer annehmen können und wollen?

„Wohnanlage für Ältere" ins Türkische übersetzt" – so lautete eine Überschrift in einer überregionalen deutschen Tageszeitung. Darunter standen Angebote, die das Amt für Soziale Angelegenheiten der Stadt Wiesbaden ihren über 60 Jahre alten Bürgern macht. Die Wohnanlagen der Stadt sollen künftig auch nichtdeutschen älteren Mitbürgern zur Verfügung stehen.[15]

Derzeit leben in Deutschland 800.000 MigrantInnen, die älter als 60 Jahre alt sind. Der größte Teil davon sind ehemalige männliche Gastarbeiter. Diese sind noch immer nicht gewohnt, mit deutschen Institutionen umzugehen oder scheuen davor aus verschiedenen Gründen zurück. Deshalb stellt sich die Frage, wie mit beidseitigen Verunsicherungen umgegangen werden kann und inwieweit es interkulturelle Initiativen für alt werdende MigrantInnen gibt, um ihre Isolation zu verhindern?

Kultursensible Altenpflege will pflegebedürftige Menschen entsprechend ihrer religiösen und kulturellen Identität wahrnehmen und ihnen eine gleichwertige Behandlung entgegen bringen. Das Adam Müller-Guttenbrunn Haus in Stuttgart-Rot hat für ein solches Programm erste Konzepte entwickelt und setzt sie bereits um. Es geht um die Kooperation mit anderen Migrationsdiensten und um die interkulturelle Schulung der Pflegedienste und der ehrenamtlichen MitarbeiterInnen. Mehrsprachiges Informationsmaterial erleichtert den Zugang.

Familien müssen stärker in den Rhythmus des Heimes einbezogen werden, Räume für familiäre Feiern zur Verfügung gestellt werden. Kulturübergreifende Veranstaltungen und Fernseh- und Radioangebote in verschiedenen Sprachen sind genauso

15 Frankfurter Rundschau vom 18.7.2006: Die Stadt Wiesbaden hat die Broschüre „Wohnanlage für ältere Menschen" ins Türkische übersetzen lassen. Damit sollen sich künftig auch türkisch sprechende Senioren in Wiesbaden über das Angebot der Altenwohnanlagen informieren können.

sinnvoll wie muttersprachliche Begleitung zu Ärzten und anderen Einrichtungen. Die verschiedenen Religionsgemeinschaften müssen Zugang zum Haus haben und ihre Angebote machen und die Menschen begleiten können; die Lehrpläne der Pflegedienstschulen müssen „multikultureller" werden. Besonders wichtig ist, dass jeder einzelne Bewohner des Heimes einen Biografiebogen ausfüllt, aus dem seine Interessen, sein Tagesrhythmus, seine Ernährungsgewohnheiten hervorgehen.

Drei Projekte in Frankfurt wurden gemeinsam mit muslimischen MitarbeiterInnen innerhalb von Einrichtungen der Diakonie entwickelt. So wurde die Eröffnungsfeier des multikulturellen Altenpflegezentrums in Frankfurt-Höchst als ein großes Fastenbrechen zusammen mit dem türkischen Koch veranstaltet. Im gegenseitigen Begegnen entwickelte sich Vertrauen auf beiden Seiten.

Neben den stationären Einrichtungen sind aber auch informelle Treffen von älteren MigrantInnen zu fördern. Die Menschen können ihre Potentiale entdecken, sie können Übersetzungshilfen leisten und ihre Lebenserfahrung für die nächste Generation zur Verfügung stellen. Sie sind wichtige Kulturvermittler für die jüngere Generation. Frauen müssen ermutigt werden, sich stärker und auch außerhalb der Moscheevereine öffentlich zu engagieren, deshalb ist alle interkulturelle ehrenamtliche Arbeit zu fördern. Wichtig ist vor allem die Vernetzung von Verbänden, Kommunen und Einzelpersonen und deren entsprechende Einwirkungen auf die Politik.

Ende 2006 ist in Deutschland das erste türkische Altersheim entstanden – ein gemeinsames Projekt der Türkischen Gemeinde Berlin und eines deutschen Pflegeheimbetreibers. Damit wurde eine Lücke geschlossen unter den konfessionellen Anbietern. Evangelische, katholische und jüdische Altenheime gibt es bereits, hier wurde nun ein islamisches Haus errichtet. Es ist vor allem für die türkischen Rentner gedacht, die auch im Alter noch nicht gut deutsch sprechen und die sich noch sehr stark den Wertvorstellungen ihres Heimatlandes verbunden wissen. Es wird nach islamischen Speisevorschriften gekocht, es ist ein Gebetsraum vorhanden und ein Raum, in dem sich große Familien treffen können. Die Errichtung dieses Hauses ist ein Pilotprojekt in Deutschland. Wenn es dauernden Erfolg haben sollte, können weitere Heime folgen. Allerdings ist noch unklar, wie hoch die Nachfrage nach einer solchen Einrichtung ist. Derzeit leben in Berlin 40 TürkInnen in Altersheimen.

Wenn in seltenen Fällen muslimische Menschen sich den Gewohnheiten der Deutschen anschließen und in einem Seniorenwohnheim leben wollen, gehören sie meistens zu der Gruppe der Muslime, die sich in Deutschland stärker „akklimatisiert“ haben. Daher gilt es zu berücksichtigen, dass auch die Migranten und Migrantinnen, sofern sie lange in Deutschland gelebt haben und für ihren Lebensabend nicht in ihr Heimatland zurückkehren wollen oder können, sich deutsche Gewohnheiten zugelegt haben. Stereotypen in der Begegnung sind nicht angebracht. So wollte man in einem Seniorenheim einer türkischen Bewohnerin etwas Gutes tun und servierte ihr Schafskäse und Oliven zum Frühstück. Nach einiger Zeit bemerkte die Frau: „Nun lebe ich schon 35 Jahre in Deutschland und liebe Marmeladebrötchen, aber hier bekomme ich die nicht serviert.“

## *7. Muslime und Hospiz(bewegung) – Palliative Care*

Es gibt bisher keine gesicherten Daten darüber, ob und in welcher Anzahl muslimische Menschen Angebote der ambulanten Begleitung durch Hospizdienste in Anspruch nehmen. In Einzelfällen kann das sicher der Fall sein; das religiöse und kulturelle Gebot, alte und sterbende Menschen im Umkreis der Familie zu halten, erfordert gelegentlich deren Betreuung durch fremde Pflegende, wenn die Familie aufgrund von Berufstätigkeit verhindert ist. Die Bedürfnisse der muslimischen Menschen sind hier nicht anders gelagert als die der entsprechenden deutschen Familien.

Eine Inanspruchnahme von stationären Hospizeinrichtungen durch Muslime erfolgt selten bis nie. Hier liegen Grundsatzerwägungen vor, die der Skepsis gegenüber dem Altersheim verwandt sind. Zudem sind viele Einrichtungen im Bereich des stationären Hospizangebotes durch die christlichen Kirchen getragen und machen dementsprechende Angebote.

Palliative Einrichtungen, die direkt in großen Kliniken als eigene Stationen eingerichtet sind, werden selbstverständlich auch von muslimischen PatientInnen benutzt; hier gibt es allerdings in Bezug auf die Betreuung den genannten Kriterien für die Sterbebegleitung in der Klinik nichts hinzu zu fügen. In jedem Falle ist es ratsam, einen muslimischen Seelsorger hinzu zu ziehen. Gesprächsangebote im Sinne einer humanen Hilfestellung werden selbstverständlich gerne auch von muslimischen Menschen angenommen.

*Weiterführende Literatur:*

*Ulrike Elsdörfer*, Medizin, Psychologie und Beratung im Islam, Königstein 2007.

*Abdoljavad Falaturi*, Gott und Mensch aus islamischer Sicht, Aufsatz ( erhältlich durch die Verfasserin).

*Ilhan Ilkilic*, Begegnung und Umgang mit muslimischen Patienten, Bochum 2005.

ders.: Gesundheits- und Krankheitsverständnis der Muslime als Herausforderung für das deutsche Rechtswesen, Aufsatz (erhältlich durch die Verfasserin).

*Annemarie Schimmel*, Mystische Dimensionen des Islam, Frankfurt/Main 1985.

*Ulrich Schoen*, Gottes Allmacht und die Freiheit des Menschen, Berlin u.a., 2003.

# Seelsorge im multikulturellen und säkularen Kontext Québecs

## Beobachtungen zur spirituellen Begleitung auf der Palliativstation des Jewish General Hospital Montreal

*Traugott Roser*

*Zusammenfassung:* Christliche, evangelische Seelsorge und spirituelle Begleitung stehen vor vielfältigen Hindernissen, wenn sie in einem multikulturellen, multireligiösen und andererseits säkularen Kontext gestaltet werden soll. Die den Richtlinien der WHO verpflichteten Organisationen können hier nur dann erfolgreich werden, wenn sie die organisationale Seite ihres Anspruches ernst nehmen und entsprechende Strukturen implementieren.

*Abstract:* Christian, protestant pastoral care and spiritual care are facing diverse challenges, when they are to be arranged in a multicultural, multireligious and on the other hand secular context. Organisations which are following the Guidelines of WHO, can only be successful if they take their organizational part of their demand serious and implement the accordant structures.

Die folgenden Zeilen können kaum mehr als ein Blitzlicht sein, ein subjektiver Eindruck während eines einjährigen Forschungsaufenthalts in der kanadischen Metropole Montreal. Dank eines Stipendiums der Werner Jackstädt-Stiftung konnte ich einen einjährigen Forschungsaufenthalt an der medizinischen Fakultät der *McGill University* verbringen, der Forschungsgruppe *Palliative Care* unter Leitung von Dr. S. Robin Cohen im Fachbereich Onkologie zugeordnet. Montreal und die *McGill University* gelten dank der Arbeit des Mediziners Balfour Mount als Ursprungsort der nordamerikanischen Palliativ- und Hospizbewegung. Seit den Anfangszeiten gab es hier eine deutliche Schwerpunktsetzung in den Bereichen Pflege und Psychosoziale Arbeit in der Begleitung Schwerstkranker und ihrer Angehörigen. Das ganzheitliche Verständnis von Palliative Care, das neben der Behandlung somatischer Symptome und Probleme Menschen mit einer zum Tode führenden Erkrankung und ihren Zugehörigen Lebensqualität vermitteln will, ist Ziel der Bemühungen qualifizierter und erfahrener Praktiker und Wissenschaftler. Der Bereich Seelsorge und spirituelle Begleitung ist von Anfang in das Konzept integriert; entsprechend finden sich an der *McGill University* in Zusammenarbeit mit der *Université de Montreal* Programme zur Klinischen Ausbildung im Bereich Spiritual Care, die durch die *Canadian Association for Pastoral Practice and Education* im Rahmen der Klinischen Seelsorge Ausbildung (CPE), anerkannt sind.[1]

Meine Wahl Montreals für den Forschungsaufenthalt war mehrfach begründet: zum einen erhoffte ich mir, von der großen Kompetenz der *Palliative Care* Forschungsgruppe im Bereich qualitativer Forschungsmethoden im Feld der Gesundheitswissenschaften, insbesondere der psychosozialen und kulturspezifischen Bereiche profitieren zu können. Zum anderen war für mich spannend, wie in einem ausgesprochen multikulturell geprägten gesellschaftlichen Umfeld Spiritualität und Religiosität in Seelsorge und ein ganzheitliches Betreuungskonzept umgesetzt werden. Um es vorweg zu nehmen: Die Erwartungen im Bereich qualitativer Forschung und multiprofessioneller, interdisziplinärer Kooperation in Praxis, Forschung und Lehre wurden weit übertroffen.

Die Forschungsgruppe, zu der ich in diesem Jahr gehören durfte, unter Leitung der Psychologin Dr. Robin Cohen, führt zahlreiche Forschungsprojekte zur häuslichen und stationären Betreuung von Patienten, zur Unterstützung pflegender Angehöriger, im Bereich Pflegewissenschaften sowie zu psychotherapeutischen Ansätzen in der Sterbe- und Trauerbegleitung durch. Besonderer Schwerpunkt ist die Erfassung und Förderung der Lebensqualität durch Entwicklung des mittlerweile weltweit etablierten und in zahlreichen Sprachen validierten Fragebogens MQOL (*McGill Quality of Life Questionnaire*), der existenzielle und spirituelle Aspekte mit umfasst. Mein eigenes Forschungs-

1 Vgl. http://www.aiissq.org/francais/documents/Stages/advanced_sc_training _chum_muhc2009.doc (Zugriff 03.09.2009)

projekt zu Verständnis und Bedeutung von Sexualität und Intimität bei Krebspatienten und ihren Partnern fügte sich in das Gesamtkonzept gut ein.

Ernüchternd waren dagegen die Eindrücke im Bereich der Integration von Seelsorge und spiritueller Begleitung in das Palliativmedizinische Gesamtkonzept. Meines Erachtens ist dies vor allem in der Besonderheit Montreals als kanadischer Metropole mit einem hohen Anteil an Migranten als auch als Hauptstadt der frankophonen Provinz Québec begründet. Um dies noch einmal explizit zu betonen, handelt es sich dabei um ausgesprochen subjektive Eindrücke in einem kleinen Praxiskontext.

In Montreal sind die Auswirkungen der sog. ‚Stillen Revolution' *(Révolution tranquille)* noch immer deutlich spürbar, einer Periode zu Beginn der 1960er Jahre, die einen tiefgreifenden sozialen und wirtschaftlichen Wandel und eine umfassende Säkularisierung der Gesellschaft beschreibt. Insbesondere im Bildungs- und Gesundheitswesen hatte dies weitreichende Folgen.[2] Diese Bereiche waren bis dahin beinahe ausschließlich durch die römisch-katholische Kirche dominiert und wurden von 1960 bis 1966 dank der Maßnahmen der Provinzregierung unter staatliche Kontrolle gebracht. Für die mehrheitlich französischsprachige Bevölkerung bedeutete dies eine Befreiung und die Übernahme der Kontrolle über Wirtschaft, Bildung und Gesundheitswesen in ihrer eigenen Provinz, einhergehend freilich mit einem erstarkten Nationalismus als *Québécois*, der das Zusammenleben der anglophonen und frankophonen Bevölkerung belastete. Bei einer Gesamtbevölkerung im Großraum von Montreal von 3,7 Millionen Einwohnern gehören etwa 20 % zur englischsprachigen Minderheit. Zugleich haben sich in den letzten Jahrzehnten Montreal und die Konkurrentin

2 Vgl. *Cosette Odier,* Die französischsprachige Welt. Der Begriff der Spiritualität in Medizin und Pflege, in: *Eckhard Frick/Traugott Roser* (Hg.), Spiritualität und Medizin. Gemeinsame Sorge für den kranken Menschen, Stuttgart 2009, 184–194, hier 190.

Toronto durch einen steten Zustrom an Einwanderern zu *‚global cities‘* entwickelt, Städten mit einer hohen ethnischen Vielfalt.[3]

An kaum einem anderen Ort wird die Komplexität der Bevölkerungsstruktur spürbarer als an dem Ort, an dem die Forschungsgruppe um Dr. Cohen untergebracht ist, dem Jüdischen Allgemeinen Krankenhaus Montreal (*Jewish General Hospital*, im Folgenden JGH), einem Lehrkrankenhaus der (englischsprachigen) *McGill University*. Die Räume der palliativmedizinischen Forschungsgruppe befinden sich in einem neogotischen Gebäude, das erst vor wenigen Jahren von einer katholischen Ordensgemeinschaft übernommen wurde und durch Schleusen und Gänge (der schneereichen Winter wegen) mit dem funktionalen Hauptgebäude der Klinik verbunden ist. Das JGH war seit seiner Gründung 1934 in den Zeiten der katholischen Dominanz eine Einrichtung, die überwiegend von Minderheiten in Anspruch genommen wurde, vor allem von der großen jüdischen Bevölkerung (heute ca. 100.000 Menschen). Hier wurden viele jüdische Flüchtlinge aus Europa behandelt, bis heute nicht wenige Überlebende der Konzentrationslager der Nazis. Die Vielgestaltigkeit jüdischen Lebens von streng orthodoxen Juden bis hin zu völlig säkularisierten Juden spiegelt sich sowohl auf Patienten als auch auf Betreuerseite wieder. Gerade wegen der Unabhängigkeit von der dominierenden katholisch und frankophon geprägten Kultur, die sich in Mehrsprachigkeit und der Offenheit für religiös und kulturell sensible Speisevorschriften äußert, wird das JGH auch von Angehörigen anderer religiöser und ethnischer Minderheiten bevorzugt, beispielsweise der muslimischen Bevölkerung afrikanischer Herkunft.

Medizinisch setzt das JGH als ein Haus der Maximalversorgung mit ca. 640 Betten und insgesamt über 4.400 Mitarbeitenden vor allem in den Bereichen *Family Medicine*, Onkologie, Kardiologie, Notfallmedizin und Gynäkologie Schwerpunkte. Einem umfassenden Betreuungskonzept entsprechend gehört

3 Vgl. *Verena Berger / Fritz Peter Kirsch / Daniel Winkler* (Hg.), Montréal – Toronto. Stadtkultur und Migration in Literatur, Film und Musik, Berlin 2007.

dazu auch das Programm „*Hope and Cope*" (in etwa: Hoffnung und Krankheitsverarbeitung) für Patienten mit Krebserkrankung und ihre Familien, ein maßgeblich von ausgebildeten Ehrenamtlichen getragenes Betreuungskonzept vom Zeitpunkt der Diagnose an bis zur Nachbetreuung trauernder Angehöriger.

Zum Gesamtbild gehört seit einigen Jahren auch die Palliativstation unter ärztlicher Leitung von Prof. Bernard Lapointe und pflegerischer Leitung von Betty Bitzas, die neben der Station ein umfangreiches pflegewissenschaftliches Forschungsprojekt verantwortet. Patientenversorgung und Forschung zu Palliative Care sind auf allen Ebenen eng verbunden: einige der Mitglieder des Forschungsteams sind zugleich im Forschungsteam aktiv.

Obwohl für meine Tätigkeit keine Einbindung in die praktische Palliativbetreuung vorgesehen war, konnte ich dennoch wöchentlich an den *rounds*, den multiprofessionellen Patientenbesprechungen teilnehmen. Jeweils Donnerstags Mittag finden sich alle in der Patientenversorgung Tätigen im Sitzungszimmer ein und besprechen die aktuell betreuten Patientinnen und Patienten. Die Leitung bei diesem Treffen obliegt dem leitenden Oberarzt, die Patienten werden in streng eingehaltener Reihenfolge vorgestellt, zunächst von der zuständigen Pflege, anschließend aus ärztlicher Sicht, dann aus Sicht der Psychologen (davon sind meist zwei anwesend), der Kunsttherapie und der Sozialarbeit. Ein Vertreter des Programms *Hope and Cope* meldete sich, wenn er bereits mit Angehörigen Kontakt hatte oder die Patienten aus der Onkologie bekannt waren. Die Seelsorge war in den *rounds* durch einen katholischen Priester vertreten, der sich jedoch ausschließlich dann einbrachte, wenn er mit römisch-katholischen Patienten in Kontakt stand und sie rituell versorgt hatte.

Spirituelle Probleme anderer Patientinnen wurden sonst kaum thematisiert, auch nicht als Frage durch den Seelsorgekollegen oder die Psychologen. Es kam vor, dass aus der Krankenpflege gemeldet wurde, wenn es einen erheblichen Bedarf gab. Einmal wurde ich als evangelischer Pfarrer während der Besprechung gebeten, mit einem anglikanischen Patienten und seiner Ehefrau Kontakt aufzunehmen. In Rücksprache mit der Leitung meiner Forschungsgruppe wurde mir allerdings deutlich, dass dies organisationsrechtlich problematisch war, da ich nicht zum *staff* der Klinik gehörte und auch nicht von der *chaplaincy* beauftragt war.

Größeres Augenmerk galt jedoch den kulturellen Aspekten: Da viele Patienten einen Migrationshintergrund hatten, bestand in zahlreichen Fällen ein Sprachproblem. Für die französischsprachigen Patienten – viele davon aus Haiti – gab es meist frankophone Pflege. Für Patientinnen aus Italien, China oder aus Lateinamerika war häufig das Problem, dass nach Gesprächspartnern gesucht werden musste, die sich verständigen konnten. Da aufgrund neurologischer Beeinträchtigungen durch Metastasenbildung im Gehirn oder nach einem Schlaganfall die Fähigkeit zur Kommunikation in einer erlernten Sprache erschwert ist, gab es hier erheblichen Bedarf. Neben dem Sprachproblem war jedoch häufig auch die Schwierigkeit, dass das Bedürfnis nach ‚Heimat' für manchen Patienten zu einem unlösbaren Problem wurde, insbesondere wenn niemand aus der Familie mit emigriert war. Dass gerade religiöse Sprache und Gebräuche Heimatverbundenheit vermitteln, war hier auffällig, wurde aber kaum thematisiert. Auch wenn die Heimatländer von ausländischen Patienten im deutschen Sprachraum ganz andere sind als in Kanada, scheinen mir die ungestillten Bedürfnisse nach Muttersprache und Heimatkultur auch hierzulande vertraut – und eines der wachsenden Probleme kultursensibler Seelsorge.

Der Mangel an einer pastoralpsychologisch ausgerichteten Seelsorge wurde besonders in diesen Situationen deutlich. Es fehlte an einer Stimme, die das Angebot von Seelsorge unabhängig von der Religionszugehörigkeit machte und gleichzeitig innerhalb des multiprofessionellen Teams die individuellen spirituellen, religiösen und kulturellen Bedürfnisse ansprach. Auf Anfrage erzählte mir Dr. *LaPointe*, der Leiter der Station, dass bis vor wenigen Jahren eine pastoralpsychologisch geschulte Mitarbeiterin für eine offene spirituelle Begleitung zuständig war. Nachdem jedoch die nicht-medizinischen und nicht-pflegerischen Kräfte des Krankenhauses meist mit Zeitverträgen aus Spendengeldern finanziert würden, habe man diese Mitarbeiterin nicht halten können. Das JGH wirbt wie die meisten Kliniken in Nordamerika mit hohem Aufwand und durch eigene Beauftragte Spendengelder in Millionenhöhe ein – zum Teil mit medienwirksamen Aktionen. Diese Gelder sind jedoch von Jahr zu Jahr ein Unsicherheitsfaktor, der die Bereitstellung fester Stellen unmöglich macht. Die globale Finanzkrise tat ein Übriges und führte zu einem Einbruch des Spendenaufkommens. Eine Fachkraft für spirituelle Begleitung war deshalb von Klinikseite aus nicht finanzierbar.

Die katholische Kirche kann offensichtlich ein Grundmaß an seelsorglicher Versorgung aufrechterhalten, die kleineren protestantischen Kirchen und anderen Religionsgemeinschaften haben aber kaum Mittel, um Seelsorgerinnen in die Kliniken zu entsenden. Selbst wenn dies der Fall wäre, wäre diese primär für die Mitglieder der eigenen Gemeinschaft zuständig; da wiederum die Patientenzahlen dann nicht groß genug sind, kann eine konstante Begleitung kaum gewährleistet sein und findet konfessionelle Seelsorge weitgehend durch die Parochie oder Religionsgemeinschaft statt, dann jedoch ohne Bezugnahme zum betreuenden Team. Von den lutherischen Gemeinden in Montreal konnte ich erfahren, dass die radikale Säkularisierung im Gefolge der stillen Revolution nicht nur zu einer Abkehr von der römisch-katholischen Kirche geführt hatte, sondern auch dem Respekt gegenüber anderen Kirchen und Religionsgemeinschaften geschadet hatte. Ein Übriges trägt die aufgeladene religiöse Stimmung südlich der kanadisch-US-amerikanischen Grenze bei, insbesondere in den letzten Jahren der Bush-Ära und im Wahlkampf 2008, um die Skepsis gegenüber verfasster Religion zu steigern und die Integration religiöser Aspekte in Einrichtungen des Gesundheitswesens zu erschweren. Der katholische Priester hatte unter diesen Umständen also das Maximum des ihm Möglichen verwirklicht. Denn auch in anderen Kliniken als dem jüdischen Krankenhaus scheint gegenwärtig eine Neuausrichtung und konzeptionelle Entwicklung der Rolle von Priestern und pastoralen Mitarbeitenden im klinischen Kontext anzustehen.[4]

Einem Rabbiner begegnete ich bei der einmal im Jahr stattfindenden religiösen Gedenkfeier für die im JGH verstorbenen Patienten der vergangenen Monate. Diese Feier in Gegenwart

4 Vgl. *Odier*, a.a.O.

einiger Angehöriger war auf beeindruckende Weise interreligiös gestaltet: Vertreter der drei monotheistischen Religionen lasen Textpassagen, Mitarbeitende des Hauses zündeten für die Verstorbenen beim Verlesen der Namen Kerzen an. Gleichwohl machte diese Gedenkfeier aber deutlich, dass Geistliche sehr schnell auf ihre rituelle Funktion reduziert werden, wenn ihnen nicht weiterer Raum und andere Kompetenzen zugeschrieben werden. Laut Darstellung der Klinik war ein Rabbiner im Haus jederzeit bei spirituellen Nöten erreichbar; ein multireligiöser Gebetsraum *(chapel)* war 24 Stunden geöffnet, einmal täglich fand dort ein jüdisches Gebet statt. Mein Interesse galt aber vor allem der Umsetzung eines Palliativkonzepts entsprechend der Definition der Weltgesundheitsorganisation WHO, der zufolge den spirituellen Problemen von Patienten mit einer zum Tode führenden Erkrankung und ihren Angehörigen die gleiche Aufmerksamkeit zukommen soll wie den psychischen, sozialen und somatischen Aspekten.

Dies scheint mir jedoch kaum gewährleistet – und dies ist meines Erachtens nicht im Wollen der Einrichtung oder der Leitung des Hauses begründet, sondern im geschilderten komplexen gesellschaftlichen Umfeld Montreals. Der ganzheitliche Ansatz von *Palliative Care* ermöglicht es meines Erachtens jedoch, einen Neuansatz zu finden, gerade angesichts der doppelten Herausforderung, den Bereich der Spiritualität in seiner Bedeutung für die Sterbe- und Trauerbegleitung für eine säkulare und multireligiöse Gesellschaft neu plausibel zu machen. Dies erfordert von allen Beteiligten die Bereitschaft, offen und voraussetzungslos das Gespräch miteinander zu suchen. Ein solches Gespräch muss notgedrungen zwischen den unterschiedlichen religiösen Gemeinschaften und Institutionen geführt werden, aber auch zwischen den Berufsgruppen, die am Krankenbett kooperieren. Erfahrungen, wie mühsam dies ist, konnte ich in meiner Forschungsgruppe machen.

Allein schon weil ich der einzige Theologe (und Seelsorger) war, musste ich bei den Sitzungen des Teams *(Strategic Lab Meetings)* die Besonderheiten, Herausforderungen und Arbeitsweisen einer spirituellen und seelsorglichen Betreuung von Sterbenden und ihren Familien so darstellen, dass es auch ohne Vorwissen verständlich war. Obwohl das *McGill Quality of Life*

*Questionnaire* explizit nach existenziellen und spirituellen Aspekten fragt, ist der Bereich Spiritualität in den letzten Jahren kaum expliziter Gegenstand intensiver Forschungsvorhaben gewesen. Auch ein Projekt zur Bedeutung von Hoffnung und Zukunft bei Palliativpatienten und ihren Angehörigen bezog sich ausschließlich auf diesseitige Aspekte und ließ Jenseitsvorstellungen und religiöse Aspekte außer Acht. Dies mag viele Gründe haben, darunter den, dass die Forschungsgruppe in ihrer Zusammensetzung die multikulturelle und -ethnische Bevölkerungsstruktur widerspiegelte. Einige der Mitglieder hatten jüdischen Hintergrund, von völlig säkularisierten über zum Judentum konvertierte bis zu eher konservativen (aber nicht orthodoxen) Juden. Neben mir – als evangelischem Theologen – gab es einen Doktoranden mit christlichem (presbyterianischen) Hintergrund. Außerdem einen säkularisierten Muslim aus dem Iran, eine praktizierende Hindu, eine (nach eigener Auskunft) „in zweiter Generation geprägte Agnostikerin", sowie – vor allem im frankophonen Umfeld und an anderen Kliniken tätig – einige Katholiken. Einige der Mitarbeitenden waren aus Forschungsgründen aus anderen Ländern gekommen oder vor wenigen Jahren nach Kanada emigriert. In dieser Zusammensetzung war es alles andere als einfach zu vermitteln, was *pastoral care,* Seelsorge oder *spiritual care (soins spirituels et religieux)* sein könnte. Grundlegende Begrifflichkeiten, zentrale Erzählungen und Lehrinhalte christlich-jüdischer Tradition konnten schlichtweg nicht voraus gesetzt werden, sondern bedurften einer mühsamen Plausibilisierung, bei der mir von neuem bewusst wurde, wie schwierig Elementarisierung in der Praxis ist.

Bei allen Gesprächen und Diskussionen – auch in Lehrveranstaltungen – war spürbar, dass der Spiritualitätsbegriff große Chancen birgt, einerseits als professionelles Angebot *spiritual care*, andererseits als – bisweilen unbewusstes – Element der Betreuung anderer Berufsgruppen, insbesondere der Pflege. Unbedingte Voraussetzung ist jedoch, dass die Seelsorgerinnen und Seelsorger bereit sind, den eigenen Ansatz und die eigene Arbeitsweise transparent zu machen und zur Diskussion zu stellen. Insbesondere ist es wichtig, von sich aus deutlich zu machen, dass Seelsorgende den gleichen Qualitätsstandards und klinisch-ethischen Normen unterstehen wie die anderen

Berufsgruppen. Dass die vier Prinzipien der klinischen Ethik der Benefizenz, Nonmalefizenz, Autonomie und Gerechtigkeit (‚Georgetown Mantra')[5] auch für die spirituelle Begleitung gelten, ist angesichts der Diskriminierungserfahrungen zahlreicher religiöser Minderheiten – ob in *Québec* selbst oder in den Herkunftsländern – keineswegs selbstverständlich oder bewusst. Zu stark sind noch die Erinnerungen an übergriffiges Handeln und religiöse Versorgungspraxis, die ohne innere Zustimmung von Patienten oder ohne Abstimmung mit anderen Berufen erfolgten.

Ein Fallbeispiel kann dies vielleicht erläutern:

> Während einer der rounds wurde ein Patient, ca. 70 Jahre alt vorgestellt, der an einem metastasierenden Prostata-Carcinom im fortgeschrittenen Stadium erkrankt war. Der Patient selbst und seine Ehefrau schienen in ihren Reaktionen sehr adäquat und gut betreut. Sorgen machte sich das Team um den eineiigen Zwillingsbruder des Patienten, der außerordentlich belastet und in seinen massiven Trennungsängsten kaum zugänglich schien. Der Patient und sein Bruder hatten über Jahre hinweg eine beinahe symbiotische Beziehung, bis der Patient seine Ehefrau kennen gelernt hatte. Die Frage, wie der Bruder auf den bald zu erwartenden Tod des Patienten reagieren würde, bereitete insbesondere den Psychologen große Sorgen, denn ein Leben ohne den Bruder schien für den Angehörigen im wörtlichen Sinn nicht vorstellbar. Die Nachfrage nach der Religionszugehörigkeit zeigte, dass die ganze Familie einen stark katholischen Hintergrund hatte und der Bruder viel in die nahe gelegene Wallfahrtskirche zum Beten ging. Von Seiten der Seelsorge kam nun der Hinweis auf die rituellen Formen der katholischen Tradition im Umgang mit dem Todesfall und der Trauer, von der Bestattung über die Seelenmesse bis hin zu fortgesetzten Fürbitten ‚für die armen Seelen'. Diese Gestaltungsformen stellten nach Ansicht des Priesters auch eine Möglichkeit dar, dem überlebenden Bruder kreative und aktivierende Verhaltensweisen zu eröffnen, mit denen er den Weg des Bruders in ein neues Leben begleiten und etwas für ihn tun könnte. Während die Pflegekräfte diese Gedanken gut akzeptieren und den Priester baten, diese Überlegungen mit dem Zwillingsbruder des Patienten zu besprechen, warnte der Psychologe vor der Gefahr, dass auf diese Weise eine pathologische Trauer gefördert werden könne.

5 Vgl. *Tom L. Beauchamp/LeRoy Walter* (Hg.), Contemporary Issues in Bioethics, Belmont, CA et al. [5]1999.

Diese Auseinandersetzung, die die seelsorgliche Intervention unter dem Prinzip des Nicht-Schadens (*primum non nocere*) diskutierte, offenbarte mir das Potential eines offenen und interdisziplinären Gesprächs unter Integration spiritueller Begleitung. Dem Psychologen erschien die Beziehungsdynamik der Zwillingsbrüder problematisch; sein Ansatz für ein Betreuungskonzept wäre es gewesen, die symbiotische Struktur angesichts des nahenden Todes des einen Zwillings zu bearbeiten. Er warnte vor einer drohenden Suizidalität des überlebenden Bruders im Falle einer pathologischen Trauer. Dem Ansatz des Priesters begegnete er mit Skepsis, weil er über den Umweg religiöser Vorstellungen und Praktiken dem Überlebenden eine Fortführung der Beziehung ermöglichte statt diese aufzuarbeiten. Das Anliegen des Priesters wiederum war es, die spirituelle Heimat des Zwillingsbruders als Ressource zu begreifen: das Gebet für die armen Seelen kann als eine liturgisch gestaltete Form fortgeführter Beziehungspflege verstanden werden, die in der Lage ist, die geliebte Person in Gottes besondere Obhut zu empfehlen. Die Diskussion zeigte schnell, worin der gegenseitige Bedarf an multiprofessionellem Austausch besteht. Der Psychologe des Teams deutete das Verhalten des Patienten und seines Angehörigen in psychologischen Kategorien, die dazu verhelfen, pathologische Symptome zu erkennen und zu behandeln. Dies den übrigen Mitgliedern deutlich zu machen und Diskussion über seine Diagnose zuzulassen, war seine Leistung. Der Priester stellte den Reichtum religiöser Vorstellungen und Praktiken der individuellen Spiritualität des Patienten vor, die im Behandlungsansatz auch nach den Prinzipien therapeutischen Handelns beraten wurden. Der Meinungsaustausch erwies sich als hilfreich.

Die große Chance einer solchen multikulturellen und (post-)säkularen Situation für christliche Seelsorge liegt meines Erachtens darin, dass sie dazu zwingt, das eigene Tun stets im Blick auf den Beitrag zum Gesamtkonzept ganzheitlicher Betreuung zum Wohl des Patienten/Angehörigen/Teammitglieds zu begründen und dabei die eigene Tradition anschlussfähig und verständlich zu machen. Auf der Palliativstation des Klinikums der LMU München Großhadern haben ähnliche Erfahrungen dazu geführt, in bestimmten Situationen am Krankenbett oder bei

Angehörigen gemeinsam zu handeln. Im Fallbeispiel hätte dies bedeutet, dass Psychologe und Priester gemeinsam das Gespräch mit dem Zwillingsbruder gesucht hätten. In dieser Situation hätte der Priester seine Deutung und seinen Handlungsvorschlag im Gespräch formulieren können, wobei der Psychologe kritisch wahrnehmend und gegeben Falls korrigierend hätte eingreifen können. In der konkreteren Situation hätten beide Deutungsansätze überprüft und korrigierte werden können. Ein solches Vorgehen verlangt jedoch von den Beteiligten gewachsenes Vertrauen, geklärte Zuständigkeits- und Kompetenzbereiche und die Bereitschaft, sich in Frage stellen zu lassen. Zudem setzt sie voraus, dass spirituelle Begleiter sich als integraler Bestandteil des Gesamtkonzepts verstehen, der jedoch durch den rollenbedingten Transzendenzbezug bereits über das Gesamtkonzept der Gesundheitsversorgung hinausweist. Die Einblicke in ein jüdisches Krankenhaus in einer multikulturellen und postsäkularen Gesellschaft bringen mich zu dem Schluss, dass der Bedarf an spiritueller – und dabei explizit seelsorglicher – Begleitung auch in nicht-christlichen Häusern nicht weniger wird, sondern patienten-, situations- und systembedingt ist. Die Begleitung bedarf allerdings klarer Strukturen und verbindlicher Absprachen, organisationalen Denkens und Bereitschaft zur multiprofessionellen Kooperation. Und – nicht zuletzt – klarer und verlässlicher Finanzierungskonzepte, die spirituelle Begleitung nicht zu einem schönen, aber verzichtbaren Zusatzangebot geraten lassen.

# Interviews mit Gemeindepastoren zur Versorgung von Patienten am Lebensende

## Eine explorative Studie

*Kurt Buser / Volker E. Amelung / Nils Schneider*

*Zusammenfassung:* Wissenschaftler aus der Gesundheitssystemforschung haben Gemeindepastoren im Bundesland Brandenburg zur Versorgung von Menschen am Lebensende befragt. Dieser Beitrag stellt die Ergebnisse vor und diskutiert sie aus Sicht der Autoren. Eine Kernaussage ist, dass die Palliativversorgung einen hohen Stellenwert im Rollenverständnis der Pastoren hat, aber quantitativ gesehen eher wenig Raum im Arbeitsalltag einnimmt.

*Abstract:* Health system researchers questioned community pastors in the German federal state of Brandenburg about the care of terminally ill patients. In this article the results are presented and discussed from the authors' point of view. A key message is that palliative care is of high significance to the pastors' role perception, yet it only takes up a quantitatively small amount of time in their daily work.

### 1. *Einleitung und Hintergrund*

Die Versorgung von Menschen mit unheilbaren und fortgeschrittenen Erkrankungen in den letzten Lebensphasen weist in Deutschland, wie auch in vielen anderen Ländern mit ansonsten vergleichbar hohen gesundheitlichen Versorgungsstandards, erhebliche Defizite auf[1]. Die Kritik bezieht sich nicht allein auf

1 Enquete-Kommission Ethik und Recht der modernen Medizin 2005, *Verbesserung der Versorgung Schwerstkranker und Sterbender in Deutschland durch Palliativmedizin und Hospizarbeit – Zwischenbericht*, Deutscher Bundestag, Berlin;

Europarat 2003, *Recommendation Rec (2003) 24 of the Committee of Ministers to member states on the organisation of palliative care, adopted by the Committee of Ministers on 12 November 2003 at the 860th meeting of the Ministers' Deputies* Straßburg;

die medizinischen Versorgungsaspekte im engeren Sinne (z.B. die Schmerztherapie), sondern auch auf unzureichende Koordination und Kommunikation sowie medizinkulturelle Aspekte (Dominanz akutmedizinischer und kurativer Versorgung) in diesem heterogenen Versorgungsbereich.

Vor diesem Hintergrund hat das Ministerium für Arbeit, Gesundheit und Soziales für das Bundesland Brandenburg im Jahr 2004 ein Gutachten der Versorgungsforschung zur Palliativversorgung (synonym: Palliative Care) erstellen lassen, in dem die bestehende Versorgung empirisch untersucht und Empfehlungen zur Verbesserung gegeben wurden[2]. Zum empirischen Teil der Untersuchungen gehörten Interviews mit Krankenhausärzten, niedergelassenen Ärzten, Mitarbeitern ambulanter Pflegedienste, Mitarbeitern von Einrichtungen der spezialisierten Hospiz- und Palliativversorgung sowie mit Gemeindepastoren.

Das Ziel dieses Beitrages ist, die Ergebnisse der Interviews mit den Gemeindepastoren in Hinblick auf die Palliativversorgung vorzustellen und aus Sicht der Versorgungsforschung zu diskutieren. Die Versorgungsforschung ist eine in Deutschland vergleichsweise junge Disziplin, die sich vor allem mit den Strukturen, Prozessen und Rahmenbedingungen gesundheitlicher Versorgung beschäftigt.

*Irene Higginson*, Needs Assessment and Audit in Palliative Care, Handbook of Palliative Care, *Christina Faull / Yvonne Carter / Richard Woof* (Hg.), Blackwell Science, Oxford, 1998, 44–54;

*Eberhard Klaschik*, Palliative Medicine. Holistic medicine in urgent need of development. (Schmerz, 5[15], 2001, 311);

*Lisa Luddington / Sarah Cox / Irene Higginson / Brian Livesley*, The need for palliative care for patients with non-cancer disease: a review of the evidence (Int J Palliat Nurs, 7[5], 2001, 221–226);

*Lukas Radbruch / Friedemann Nauck / Martin Fuchs Karl Neuwohner / Dieter Schulenberg / Gabriele Lindena*, What is palliative care in Germany? Results from a representive survey (J Pain Symptom Manage, 23[6], 2002, 471–483).

2 *Nils Schneider / Kurt Buser / Volker Amelung*, Improving palliative care in Germany. Summative evaluation from experts' reports in Lower Saxony and Brandenburg (J Public Health, 14, 2006, 148–154).

## 2. Methoden

### 2.1 Interviewteilnehmer

Von den in Brandenburg tätigen evangelischen und katholischen Gemeindepastoren (N = 447) wurde eine 25 %-iger Zufallsstichprobe (n = 114) gezogen (jeder vierte Pastor in der alphabetischen Reihenfolge der Familiennamen). Fast alle Interviewpartner (94,7 %) sind evangelischer Konfession, nur vier von ihnen gehören der katholischen Kirche an.

Ein wesentlicher Grund bei der Entscheidung für eine 25 %-Stichprobe war die Machbarkeit im Kontext des Versorgungsforschungs-Gutachtens mit einem Zeitrahmen von etwa einem Monat für die Pastoren-Befragung.

Die zuständige Evangelische Kirche Berlin-Brandenburg-schlesische Oberlausitz, das Erzbistum Berlin sowie die Bistümer Görlitz und Magdeburg haben die entsprechenden Kontaktadressen zur Verfügung gestellt.

### 2.2 Datengewinnung

Die Datenerhebung erfolgte über Telefoninterviews von Dezember 2004 bis Januar 2005. Als Erhebungsinstrument diente ein eigens entwickelter, teilstandardisierter Interviewleitfaden, der im Rahmen eines Pre-Tests mit zehn Pastoren aus einem anderen Bundesland auf Verständlichkeit der Formulierungen und Fragen überprüft und daraufhin überarbeitet wurde. Eine formale Validierung erfolgte nicht. Der Gesprächsleitfaden umfasste Einschätzungen zu folgende Themen:

1. Versorgung von Palliativpatienten durch die Gruppe der Gemeindepastoren, differenziert nach Anzahl von betreuten Palliativpatienten und Zeitaufwand;
2. Einschätzung der persönlichen Qualifikation für die Versorgung von Palliativpatienten (Verwendung einer 5-poligen Likertskala: sehr gut – gut – befriedigend – ausreichend – mangelhaft) sowie notwendiger Verbesserungen (4-polige Likertskala: sehr wichtig – eher wichtig – eher unwichtig – sehr unwichtig);

3. Beurteilung der Zusammenarbeit mit anderen Professionen und Institutionen in Bezug auf die Versorgung von Palliativpatienten (Verwendung einer 5-poligen Likertskala wie oben);
4. Strukturdaten.

In Hinblick auf das definitorische Verständnis ist zu berücksichtigen, dass der Begriff Palliativpatient unterschiedlich gebraucht wird. Gemeint sein können Patienten, die sich in der Sterbephase im engeren Sinne (z.B. in den letzten Lebenstagen und -wochen) befinden, aber auch Patienten in weniger fortgeschrittenen Krankheitsphasen mit einer Lebenserwartung von Monaten bis Jahren[3]. In der vorliegenden Untersuchung wurde eine eher engere Definition zu Grunde gelegt und auf Palliativpatienten mit einer geschätzten Lebenserwartung von ungefähr sechs Monaten oder weniger fokussiert, um die Zielgruppe zu spezifizieren.

Bei den Strukturdaten wurde u. a. nach dem Geschlecht, der geographischen Lage, der Größe ihres Pfarrsprengels sowie der Länge ihrer Berufserfahrung gefragt, da angenommen wurde, dass diese Faktoren auf die Stellungnahmen Einfluss nehmen können.

Die Daten wurden quantitativ ausgewertet, Freitextantworten wurden zur Interpretation hinzugezogen.[4]

3 World Health Organization (WHO), Palliative Care, http://www.who.int/cancer/palliative/en/,2005.

4 Wegen überwiegend fehlender Normalverteilung wurden Mittelwertvergleiche vorrangig Medianvergleiche durchgeführt und Vergleiche des arithmetischen Mittels nur zur ergänzenden Interpretation herangezogen. Zur Überprüfung von statistisch gesicherten Unterschieden wurden aus diesem Grund auch mit nichtparametrischen Verfahren (Mann-Whitney-U-Test) gearbeitet. Das Signifikanzniveau wurde bei $p<0{,}05$ gesetzt. Zu allen Einstellungs- und Bewertungsfragen konnten Anmerkungen in Freitextform gemacht werden, die – ohne spezifische inhaltsanalytische Aufbereitung – für die Interpretation der quantitativen Auswertung berücksichtigt wurden. In der Ergebnisdarstellung werden charakteristische Originalbemerkungen zur Illustration bestimmter Aussagen ohne Anspruch auf Repräsentativität präsentiert.

## 3. *Ergebnisse*

Die Rücklaufquote betrug 66,7 % (n = 76 durchgeführte Interviews). 38 der in die Stichprobe eingeschlossenen Gemeindepastoren konnten nicht erreicht werden (bis zu fünf Versuche zur Kontaktaufnahme wurden durchgeführt) oder lehnten die Teilnahme ab.

Die *Größe der Pfarrsprengel*[5], denen die Gemeindepastoren zum Zeitpunkt der Interviews zugeordnet waren, liegt zwischen 300 und 6.800 Gemeindemitgliedern (gleichmäßig verteilt innerhalb der Stichprobe). Die *Anzahl der Dienstjahre* variiert bei den Teilnehmern zwischen einem und 50 Jahren. Ungefähr je ein Drittel der Befragten sind bis zu elf Jahren, zwischen 12 und 20 Jahren bzw. zwischen 22 und 50 Jahren im Dienst der Kirchengemeinde. 18,4 % der Befragten sind Frauen.

### 3.1 *Kontakte zu Palliativpatienten*

41,2 % (n = 31) der Interviewpartner waren zum Befragungszeitpunkt nicht in die Betreuung eines Palliativpatienten, 30,9 % in die Betreuung von einem oder zwei Palliativpatienten und 27,9 % in die Betreuung von drei oder mehr Palliativpatienten involviert. Ursachen für eher geringen direkten Kontakt zu Menschen am Lebensende sahen die Pastoren vor allem in familiären Strukturen („familiäre Bindungen noch sehr stark auf dem Lande, weniger Hilfe nachgefragt") und fehlenden Kenntnissen der Betroffenen hinsichtlich Betreuungsangeboten und krankheitsspezifischen Fragen („keine Info vorhanden", „wenig Kenntnisse zu Krankheitsbildern").

Betrachtet man den Anteil der allgemeinen Arbeitszeit (nicht nur zum Befragungszeitpunkt), den die Pastoren – nach eigenem Bekunden – für die Bereuung von Palliativpatienten aufwenden, so ergibt sich ein Durchschnittswert von 5 % (Median) ihres geschätzten Gesamtarbeitsaufkommens. Mehr als 70 % der Befragten gaben an, bis zu 5 % ihrer Arbeitszeit für Palliativpatienten einzusetzen, 21,2 % der Befragten schätzten die Zeit für Palliativpatienten auf

5 Auf dem Land umfasst ein Pfarrsprengel in der Regel mehrere Dörfer, in deren Kirchen die Gottesdienste z.B. im zwei- oder dreiwöchigen Rhythmus gehalten werden.

10 % und mehr. In den Anmerkungen zu dieser Frage wurden beispielsweise folgende Kommentare gegeben: Der zeitliche Einsatz sei „im Einzelfall sehr intensiv", „ manchmal an mehreren Tagen hintereinander"; „weite Anfahrten zu den Menschen kosten viel Zeit, da Gemeinde sehr groß ist"; „pauschale Einschätzungen sind nicht möglich, es kommt auf die aktuelle Auslastung mit anderen Aufgaben an".

Die Daten zur Kontakthäufigkeit und zum Zeitaufwand in der Betreuung von Palliativpatienten zeigen keine statistisch signifikanten Zusammenhänge zu den Parametern Dienstjahre, Gemeindegröße, Geschlecht und Konfession der Befragten.

### *3.2 Zusammenarbeit mit Professionen und Institutionen*

Die Zusammenarbeit mit Hausärzten wurde von 53,7 % (n = 41) der Pastoren als „mangelhaft" bezeichnet. Nach Aussage einiger Pastoren bestehen dann gute Kontakte zu Hausärzten, wenn diese Personen oder Einrichtungen der Kirche nahe stehen oder anderweitig persönlich bekannt sind. Fehlende Kontakte zu Hausärzten erklären sich einzelne Pastoren mit Vorbehalten gegenüber der Kirche aufgrund der gesellschaftlichen Prägung zu DDR-Zeiten. („Kirche wird mit dem Westen identifiziert, je schlechter die soziale Situation, desto stärker die Abneigung"). Auch die Einstellung der Ärzte zur Kirche spielt eine Rolle („hängt von der Nähe der Hausärzte zur Kirche ab"; „mangelhaft ohne Kirchenbezug"), fehlende Kommunikationsbereitschaft der Ärzte („kein Austausch zum Thema, sind mit eigenen Problemen beschäftigt"; „keine Kommunikation, jeder ist überlastet auf dem Land"; „wegen Schweigepflicht"); strukturelle Besonderheiten („zu großes Einzugsgebiet: 16 Dörfer, 18 Ärzte"; „insgesamt gibt es zu wenig Hausärzte").

Die Zusammenarbeit mit den Krankenhäusern schätzten die Pastoren vergleichsweise besser ein (Median: „befriedigend"). Jeder fünfte Seelsorger gab jedoch an, keinen besonderen professionellen Kontakt zu den Krankenhäusern im Einzugsgebiet zu haben. Die Zusammenarbeit mit den Krankenhäusern wurde von den Pastorinnen statistisch signifikant schlechter eingestuft als von ihren männlichen Kollegen und von Pastoren kleiner Gemeinden schlechter als von Pastoren größerer Gemeinden.

Einzelne Pastoren vermuteten, dass sie aus Datenschutzgründen nicht über Patienten aus der Gemeinde informiert werden, die im Krankenhaus behandelt werden. Andere bemängelten eine grundsätzlich fehlende Kommunikationsbereitschaft („es gibt keine Zusammenarbeit"; „keine Anforderungen"; „noch nie informiert worden, liegt auch an den Angehörigen"). Auch strukturelle Gründe wurden angeführt: „kein Krankenhaus in der Nähe"; „kommt auf die Leitung des Krankenhauses an"; „die Datenschutzfragen verhindern oft normale Krankenbesuche").

Knapp ein Fünftel der Befragten berichtete, dass keine Zusammenarbeit mit im Krankenhaus tätigen Seelsorgern bei der Betreuung von Palliativpatienten stattfinde, ein Drittel sprach von regelmäßig stattfindender gemeinsamer Betreuung.

Die Zusammenarbeit mit den Pflegeheimen wurde im Median als „gut" beurteilt, wobei jedoch immerhin fast ein Viertel der Pastoren die Zusammenarbeit mit Pflegeheimen als „mangelhaft" einschätzten. Auffällig ist, dass Pastorinnen die Zusammenarbeit mit Pflegeheimen signifikant schlechter beurteilten als ihre männlichen Kollegen. Vor allem strukturelle Gründe wurden angegeben, zum Beispiel dass das „nächstes Pflegeheim zu weit entfernt ist". Weitere Kommentare waren: „kirchliche Bindung nicht so ausgeprägt"; „Gemeindepfarrer wird nicht gerufen, stößt eher zufällig hinzu"; „Arbeitsfeld muss selbst erschlossen werden."

Wie bei den Pflegeheimen, wird auch die Zusammenarbeit mit den ambulanten Hospizdiensten und stationären Hospizen im Median als „gut" bewertet. Die Zusammenarbeit mit ambulanten Hospizdiensten und stationären Hospizen konnte nur ein gutes Drittel bzw. ein gutes Fünftel der Pastoren einschätzen. Kommentare zu den ambulanten Hospizdiensten waren mehrfach „nicht vorhanden" oder „im Aufbau". Dort, wo es ambulante Hospizdienste gibt, halten die Gemeindepastoren die Zusammenarbeit mit diesen für „gut" (Median). In den wenigen Fällen, wo eine Zusammenarbeit mit Hospizen existiert, beurteilen gut zwei Drittel der befragten Pastoren diese als „sehr gut" oder „gut". Zu den fehlenden Hospizkontakten wurde kommentiert: „anthroposophische Ausrichtung"; „eher marktwirtschaftliche Ausrichtung"; „60 km entfernt"; „mit kirchlichem Hospiz gut, mit nicht-kirchlich getragenem Hospiz mangelhaft".

### *3.3 Persönliche Qualifikation*

Ihre eigene professionelle Qualifikation in Hinblick auf die Betreuung von Patienten am Lebensende bewerteten 3% der Befragten als „sehr gut", 33% als „gut", 42% als „befriedigend", 13% als „ausreichend" und 9% als „mangelhaft". Sechs Prozent der Befragten gaben an, eine spezielle Fortbildungsmaßnahme (z.B. Palliative Care-Kurs) absolviert zu haben.

Eine Verbesserung der seelsorgerischen Ausbildung in Hinblick auf die Palliativversorgung hielten 95% der Befragten für wichtig (54%„sehr wichtig" und 41% „eher wichtig"). Fast alle sprachen sich für eine Ausweitung von berufsbegleitenden Fortbildungsangeboten zum Thema aus (66% „sehr wichtig" und 32% „eher wichtig").

## *4. Diskussion*

### *4.1 Stärken und Schwächen der Untersuchung*

Zu den Stärken der Untersuchung gehört, dass eine derartige Untersuchung erstmals flächendeckend für ein sehr ländlich geprägtes Bundesland Deutschlands durchgeführt wurde. In Anbetracht des nationalen und internationalen Nachholbedarfs an wissenschaftlich fundierter Auseinandersetzung mit der Palliativversorgung insgesamt und mit den Sichtweisen unterschiedlicher Akteure zum Themengebiet im Speziellen[6], leistet die Studie im Rahmen ihrer Möglichkeiten einen innovativen Beitrag zur Verbreiterung der empirischen Datenbasis. Innovativ ist auch, dass die Befragung von einer Arbeitsgruppe aus dem Bereich der Gesundheitswissenschaften und Versorgungsforschung durchgeführt wurde, welche üblicherweise kaum Berührungspunkte zum Tätigkeitsfeld von Gemeindepastoren haben. Schließlich besteht eine weitere Stärke der Studie in der guten Teilnahmequote von 67%.

6 *Nils Schneider* et al., palliative care in Germany, J Public Health, 2006.

Für die Interpretation der Daten ist es bedeutsam zu berücksichtigen, dass es sich um subjektive (Selbst-)Einschätzungen handelt. Trotz des methodischen Versuchs definitorischer Abgrenzungen („Palliativpatienten") ist davon auszugehen, dass das Begriffsverständnis von Palliativversorgung und Palliativpatient innerhalb des befragten Kollektivs inhomogen ist. Schließlich kann ein Bias dahingehend nicht ausgeschlossen werden, dass vor allem die Pastoren an der Befragung teilnahmen, die sich mehr als andere für das Thema interessieren.

## *4.2 Spiritualität in der Palliativversorgung*

Studien zeigen, dass die Gesundheitsprofessionen den spirituellen Bedürfnissen von Palliativpatienten insgesamt hohe Bedeutung beimessen, wobei der Umgang mit spirituellen Fragestellungen inter- und intraprofessionell stark variiert und erheblich von persönlichen Einstellungen und den Rahmenbedingungen abhängt[7]. Dies bestätigen auch Ergebnisse einer Befragung von Krankenhausärzten in Brandenburg, die die größten Defizite auf dem Gebiet der Palliativversorgung im psychosozialen und spirituellen Bereich sahen und keineswegs auf dem Gebiet der Schmerztherapie[8], die in der medizinischen Fachliteratur häufig besonders im Mittelpunkt der Kritik steht.

Zu der Frage, wie Patienten selbst am Lebensende Spiritualität definieren, existieren kaum empirische Daten[9]. In einer Studie wurden 19 Hospizpatienten zu unterschiedlichen Zeitpunkten interviewt, wobei sich zeigte, dass sie zunächst Spiritualität auf

7 *Mark R. Ellis / James D. Campbell / Ann Detwilder-Breidenbach / Dena K. Hubbard*, What do family physicians think about spirituality in clinical practice? (J Fam Pract, 51[3], 2002, 249–254);

*Monika Renz / Miriam Schütt Mao / Thomas Cerny*,. Spirituality, psychotherapy and music in palliative cancer care: reserach projects in psychooncology at an oncology center in Switzerland. (Support Care Cancer 13, 2005, 961–966).

8 *Nils Schneider / Heike Ebeling / Volker Amelung / Kurt Buser*, Hospital doctors' attitude towards palliative care in Germany (Palliat Med, 20, 2006, 499–506).

9 *Harvey Max Chochinov / Beverley Cann*, Interventions to enhance the spiritual aspects of dying (J Palliat Med, 8, 2005, 103–115).

Gott und Religion bezogen, im Verlauf jedoch eher als Teil ihrer Existenz insgesamt werteten[10]. In einer anderen Untersuchung konnten vier patientenseitige Dimensionen von Spiritualität identifiziert werden: *communion with self (self-identity, inner peace); communion with others (love, reconciliation); communion with nature (creativity, inspiration); communion with a higher being (faithfulness, hope)*[11].

Deutlich wird, dass Religiosität nicht mit Spiritualität gleichzusetzen ist, sondern eher als ein Teilaspekt von Spiritualität verstanden werden kann. Die Befriedigung der spirituellen Bedürfnisse der Patienten erfordert unterschiedliche inhaltliche und professionsbezogene Ansätze, wobei (Gemeinde-)Pastoren einen wichtigen Beitrag im Versorgungsalltag leisten können.

### *4.3 Wenig Einbindung in die Palliativversorgung*

Aus der Tatsache, dass nahezu drei Viertel der Pastoren zum Befragungszeitpunkt nicht oder in die Versorgung von höchstens ein bis zwei Palliativpatienten involviert waren, kann man schließen, dass dieses Tätigkeitsfeld kein Schwerpunktarbeitsbereich der Gemeindepastoren ist. Der mögliche Einwand, dass hier lediglich nach der gegenwärtigen Situation gefragt wurde („zum Befragungszeitpunkt"), relativiert sich durch die weiteren Ergebnisse, nach denen die allgemeine (nicht nur auf den aktuellen Zeitpunkt bezogene) Beschäftigung mit Palliativpatienten nur 5 % der Gesamtarbeitsaufkommens beansprucht. In dieses Bild passen Ergebnisse aus dem ehemaligen Modellprojekt SUPPORT in Süd-Niedersachsen, nach denen 45 % der Pastoren im vergangenen Jahr keinen, 15 % einen und 37 % mehr als einen Tumorpatienten betreut haben[12].

Als Begründung für den geringen Kontakt wurden strukturelle regionale Gründe ebenso aufgeführt wie berufsfeldspezifische Gründe. Auch wiesen einige Befragte auf gut ausgeprägte familiäre Bindungen in den ländlichen Gebieten hin, die eine spezielle Be-

10 *Carla Penrod Hermann*, Spiritual needs of dying patients: A qualitative study (Oncol Nurs Forum, 28, 2001, 67–72).

11 *Co-Shi Chantal Chao / Ching-Huey Chen / Miaofen Yen*, The essence of spirituality of terminally ill patients (J Nurs Research, 10, 2002. 237–244).

12 *Hanna Kreisel-Liebermann / Michael T. Bautz/Gerd-Gunnar Hanekop / Udo Schlaudraff / Franz Bernhard M. Ensink*, „Lasst mich …, aber lasst mich nicht allein!", Hannover 2003.

treuung nicht vordringlich erscheinen lasse. Ferner scheint die gesellschaftliche Prägung zu DDR-Zeiten, als die Kirchen offiziell marginalisiert wurden, nachzuwirken.

## *4.4 Barrieren bei Kooperation und Zusammenarbeit*

Die Zusammenarbeit mit Hausärzten wird im Vergleich zu anderen Einrichtungen der Gesundheitsversorgung wie Krankenhäuser, ambulante Pflegedienste, Pflegeheime, ambulante Hospizdienste und Hospize am schlechtesten beurteilt. Ein professioneller Kontakt zwischen Gemeindepastoren und Hausärzten bei der Palliativversorgung scheint quasi nicht zu existieren. Möglicherweise erschwert die relativ geringe Versorgungsdichte und Verfügbarkeit von Krankenhäusern und Arztpraxen gerade im ländlich geprägten Brandenburg die Zusammenarbeit mit Gesundheitsprofessionen und -institutionen, aber auch den Zugang zu Palliativpatienten für die Gemeindepastoren. Bemerkenswert ist, dass die Zusammenarbeit mit Krankenhäusern von Gemeindepastoren aus größeren Gemeinden besser eingestuft wird als von ihren Kollegen in kleineren Gemeinden. Da in größeren Gemeinden die Wahrscheinlichkeit für die Pastoren höher ist, überhaupt Kontakte zu einem Krankenhaus zu haben, spricht dies für die Bedeutung praktischer Erfahrungen und „gelebter" Zusammenarbeit.

Die Beurteilung der Zusammenarbeit mit Pflegeheimen erwies sich als sehr heterogen. Mangelhafte Zusammenarbeit wird vor allem dann beklagt, wenn die Heime aus Sicht der Pastoren keine kirchenorientierte Einstellung vertreten. Die Beurteilung der Zusammenarbeit mit ambulanten Hospizdiensten und stationären Hospizen fiel zwar gut bis sehr gut aus, allerdings basiert diese Bewertung nur auf der Meinung von recht wenigen Befragten: Etwa die Hälfte der Teilnehmer enthielt sich hier der Beurteilung, da ihnen in ihrem Einzugsgebiet keine dieser Einrichtungen bekannt waren.

## *4.5 Qualifizierungsmaßnahmen*

Es ist anzunehmen, dass im Rahmen einer solchen telefonischen – und damit nicht primär anonymen – Befragung tendenziell positivere Angaben zur Selbsteinschätzung eigener Kompetenzen gemacht werden. Umso bemerkenswerter ist es deshalb, dass fast jeder Vierte seine Kompetenzen in der Palliativversorgung als lediglich „ausreichend“ oder „mangelhaft“ auf der Schulnotenskala einordnete.

Da zudem nahezu alle Pastoren weitere Ausbildung- und Fortbildungsmaßnahmen zum Themengebiet befürworteten, ergeben sich zwei Schlussfolgerungen: Es besteht ein deutlicher Bedarf an Qualifizierungsangeboten, und die Palliativversorgung nimmt einen hohen Stellenwert im Rollenverständnis der Gemeindepastoren ein, auch wenn sie kein Arbeitsschwerpunkt ist.

### *4.6 Schlussfolgerungen*

Gemeindepastoren sind aus Sicht der Gesundheitssystem- und Versorgungsforschung gegenwärtig eher randständig an der Palliativversorgung beteiligt. Dabei können sie prinzipiell eine bedeutende Rolle im multidisziplinären und vielschichtigen Versorgungskontext dieser Patientengruppe einnehmen, vor allem in Hinblick auf die spirituelle Begleitung von Patienten und Angehörigen.

Förderliche Maßnahmen für die stärkere Einbindung von Gemeindepastoren in die Versorgung von Palliativpatienten könnten beispielsweise folgende Komponenten beinhalten:

- Ausbau von Aus-, Fort- und Weiterbildung für Seelsorger auf dem Gebiet der Palliativversorgung;
- Beteiligung am Ausbau spezialisierter palliativer Versorgungsstrukturen (Hospize, ambulante Palliativdienste) mit regelhafter Einbindung seelsorgerischer Angebote;
- Sensibilisierung anderer Professionen (z.B. Ärzte, Pflegekräfte) für spirituelle Versorgungsaspekte und seelsorgerische Angebote.

Ein wichtiger hemmender Faktor für eine stärkere regelhafte Einbeziehung von Gemeindepastoren in die Palliativversorgung ist aus unserer Sicht die fehlende Einbindung in das System der sozialen Sicherung. Insofern ist die pastorale Arbeit ein wichtiger flankierender und ausbaufähiger Bestandteil der Palliativversorgung.

# Seelsorge in der Palliativversorgung

## Konzeptionelle, kommunikative und organisatorische Aspekte einer berufsübergreifenden Zusammenarbeit

*Ralph Charbonnier*

*Zusammenfassung:* Es findet ein Entwicklungsschritt von Modellprojekten der Hospizarbeit und Palliativmedizin zur Palliativ-Regelversorgung statt, zu der auch die spirituelle Begleitung der Patienten und ihrer Angehörigen gehört. Es stellt sich die Frage, welche konzeptionellen, kommunikativen und organisatorischen Bedingungen gegeben sein müssen, damit Seelsorge diese spirituelle Begleitung in der Palliativversorgung leisten kann.

*Abstract:* Evidently, there is a new stage of development from pilot projects of hospice work and palliative medicine to general palliative care including spiritual care of the patients and their relatives. The question is which conceptional, communicative and organisational preconditions are required for pastoral care to enable spiritual care in palliative care.

## *1. Seelsorge im Entwicklungsprozess von Modellprojekten der Hospizarbeit und Palliativmedizin zur Palliativ-Regelversorgung*

### *1.1 Entwicklung von Modellprojekten der Hospizarbeit und Palliativmedizin*

Die gegenwärtige Hospizarbeit steht in der Tradition frühchristlicher Hospize, die entlang der Pilgerstrecken gegründet wurden und dort Pilgern wie auch Hilfe suchenden Obdach und medizinische Pflege anboten.[1] Als Beginn der neuen Hospizbewegung lässt sich die Gründung des St. Christopher's

1 *Rien Janssens / Thomas Quartier*, Ethische und konzeptionelle Aspekte der Palliativmedizin, ZmedE 46 (2000), 273–286.

Hospice in London im Jahre 1967 und eines ambulanten Hospizdienstes im Jahre 1969 durch *Dame Cicely Saunders* ansehen.[2] Schwerkranken Menschen sollten hier Schmerzen und schwer belastende Symptome wie Übelkeit, Atemnot oder Depressionen weitgehend genommen werden. Sterbende wurden in ihrer letzten Lebensphase begleitet. Kennzeichnend für die Hospizarbeit ist bis heute, dass Kompetenzen aus Medizin, Pflege, Psychologie, Sozialarbeit und Seelsorge patientenorientiert zusammengeführt werden.

Die Anfänge der Hospizarbeit im Sinne der ambulanten und stationären Sterbebegleitung in Deutschland liegen in den 80'er Jahren.[3] Aus diesen Anfängen hat sich eine Bürgerbewegung entwickelt, die zur Gründung von über 1.000 ambulanten Hospizdiensten und über 100 stationären Hospizen in Deutschland führte, so dass ca. 4 % aller Sterbenden in ihrer letzten Lebensphase durch ambulante Hospizdienste und ca. 1,3 % aller Sterbenden in stationären Hospizen begleitet werden.[4]

Mit einer zeitlichen Verzögerung von einigen Jahren entwickelten Ärztinnen und Ärzte in Deutschland die Palliativmedizin:[5] Ab den 90'er Jahren kam es vermehrt zu Gründungen von Palliativeinheiten und -stationen in Krankenhäusern (2006: ca. 100) wie auch zu palliativmedizinischen Konsiliardiensten und Ambulanten Palliativdiensten. Die Finanzierung dieser Einrichtungen und Projekte erfolgte in aller Regel durch

2 Vgl. *Sabine Pleschberger*, Die historische Entwicklung von Hospizarbeit und Palliative Care, in: *Cornelia Knipping* (Hg.), Lehrbuch Palliative Care, Bern 2006, 24–29.

3 Vgl. *Johann-Christoph Student / Albert Mühlum / Ute Student*, Soziale Arbeit in Hospiz und Palliative Care, München u.a. 2004, 133 –148; *Stein B. Husebö / Eberhard Klaschik*, Palliativmedizin, Berlin u.a. $^{3}$2003, 5–8.

4 Vgl. *Rainer Sabatowski / Lukas Radbruch / Friedemann Nauck / Josef Roß / Boris Zernikow* (Hg.), Wegweiser Hospiz und Palliativmedizin Deutschland 2006/2007, Wuppertal 2006, 48.

5 *Birgit Jaspers / Thomas Schindler*, Gutachten. Stand der Palliativmedizin und Hospizarbeit in Deutschland und im Vergleich zu ausgewählten Staaten, Berlin 2004, 136–194; Enquete-Kommission Ethik und Recht der modernen Medizin, Zwischenbericht: Verbesserung der Versorgung Schwerstkranker und Sterbender in Deutschland durch Palliativmedizin und Hospizarbeit, 36–41.

Fördervereine, Stiftungen, Diakonie und Caritas, Sondervereinbarungen mit Krankenkassen oder durch Fördergelder der öffentlichen Hand. Im Wintersemester 1999/2000 wurde erstmals eine Stiftungsprofessur für Palliativmedizin eingerichtet (2007: 5 Stiftungsprofessuren).

### *1.2 Entwicklung zu einer Palliativ-Regelversorgung*

Seit Mitte der 90'er Jahre – zunächst in der Hospizarbeit, später auch in der Palliativmedizin – kann von einem Übergang von der Arbeit in Modellprojekten in die Palliativ-Regelversorgung gesprochen werden. Folgende Kennzeichen für diesen Prozess der öffentlichen Anerkennung, Professionalisierung sowie der organisatorischen und finanziellen Etablierung im Gesundheitssystem können genannt werden:

*Konsens über Definitionen*: Wesentlich für die Hospizarbeit ist, dass sterbende Menschen und deren Angehörige mit ihren Bedürfnissen und Rechten im Mittelpunkt der Hospizarbeit stehen.[6] Hospizarbeit zeichnet sich durch vier Schwerpunkte aus: Die psycho-soziale Begleitung (1) – sie umfasst die emotionale Unterstützung. Sie hilft bei der Verarbeitung der Gefühle, die bei der Auseinandersetzung mit dem bevorstehenden Tod auftreten. Durch spirituelle Begleitung (2) soll Sterbenden Raum gegeben werden, sie selbst zu sein, Sinnfragen zu stellen und ihr Leben bis zuletzt zu leben. Zur Sterbebegleitung gehört im notwendigen Umfang auch die Trauerbegleitung. Die Aufgabe der palliativen Medizin (3) und der palliativen Pflege (4) ist es, Schmerzen und andere Beschwerden zu behandeln und zu lindern und dadurch die Lebensqualität sterbender Menschen zu verbessern. Vorrangiges Ziel der Hospizbewegung ist es, Menschen zu ermöglichen, zu Hause zu sterben, wenn sie es wünschen. Ambulante Hospizarbeit wird durch geschulte Ehrenamtliche geleistet, meist von hauptamtlichen Koordinatorinnen unterstützt.

6 *Josef Roß / Monika Müller*, Was ist Hospizarbeit? In: *Rainer Sabatowski* u.a., Wegweiser, 18.

Maßgeblich für die Palliativmedizin wird die Definition durch die Weltgesundheitsorganisation (WHO, 2002): „Palliativmedizin dient der Verbesserung der Lebensqualität von Patienten und ihren Angehörigen, die mit einer lebensbedrohlichen Erkrankung konfrontiert sind. Dies geschieht durch Vorbeugung und Linderung von Leiden mittels frühzeitiger Erkennung, hochqualifizierter Beurteilung und Behandlung von Schmerzen und anderen Problemen physischer, psychosozialer und spiritueller Natur." Als wesentliche Ziele der Palliativmedizin ergeben sich hiernach: „Optimale Schmerztherapie und Symptomkontrolle, Integration der psychischen, sozialen und spirituellen Bedürfnisse der Patienten, der Angehörigen und des Behandlungsteams sowohl in der Phase der Erkrankung als auch beim Sterben des Patienten und in der Zeit danach. Kompetenz in wichtigen Fragen der Kommunikation und Ethik, Akzeptanz des Todes als Teil des Lebens."[7]

Wegen weitgehender Überschneidungen der Arbeitsformen und -inhalte der Hospizarbeit und der Palliativmedizin, die sich in Deutschland zunächst eigenständig, nur in lockerer Kooperation entwickelt haben, hat es sich weitgehend durchgesetzt, entweder von „Palliative Care" oder von „Palliativversorgung" zu sprechen, die sowohl Hospizarbeit als auch Palliativmedizin umfassen.

*Organisationsentwicklung einschlägiger Verbände*: Nachdem in den Bundesländern Landesarbeitsgemeinschaften Hospiz (LAG-Hospiz) gegründet wurden (gegenwärtig: 16), bilden diese ab dem Jahr 1992 die Bundesarbeitsgemeinschaft Hospiz (BAG), die im Jahr 2007 in Deutscher Hospiz- und PalliativVerband e.V. (DHPV) umbenannt wurde. Als Vereinsorgane dienen die Zeitschriften „Hospiz-Zeitschrift" und „Bundes-Hospiz-Anzeiger". Im Jahr 1994 wurde die Deutsche Gesellschaft für Palliativmedizin e.V. (DGP) gegründet, in der u.a. auch Mitarbeitende aus der Pflege, Sozialarbeit, Psychologie, Physiotherapie und Seelsorge ordentliche Mitglieder sein können. Innerhalb der DGP hat sich 2004 ein Arbeitskreis „Spirituelle Begleitung" ge-

7 *Lukas Radbruch / Friedemann Nauck / Rainer Sabatowski*, Was ist Palliativmedizin? In: *Rainer Sabatowski* u.a., Wegweiser, 17.

gründet. Vereinsorgan der DGP ist die seit dem Jahr 2000 erscheinende „Zeitschrift für Palliativmedizin“. Auf Länderebene wurden verschiedene Arbeitsgemeinschaften Palliativversorgung gegründet.

*Versorgungsstrukturen*: Vielfach – z.B. im Gutachten zur Palliativversorgung in Niedersachsen wie auch im Richtlinienentwurf zur Spezialisierten ambulanten Palliativversorgung (s.u.) – wird zwischen einer Basis – und einer Spezialversorgung unterschieden.[8] Die Palliativ-*Basis*versorgung ist elementarer Bestandteil der allgemeinen Gesundheitsversorgung, die u.a. durch Ärzte, Pflegende, Sozialarbeiter, Psychologen und Seelsorger sichergestellt wird. Träger der Palliativ-*Spezial*versorgung sind Mitarbeitende der eben genannten Professionen, die einen ausgewiesenen Tätigkeitsschwerpunkt in der Palliativversorgung haben. Alle folgenden Leistungserbringer der Palliativversorgung sind demnach Mitarbeitende der Spezialversorgung. In der ambulanten Hospizarbeit wird von dem DHPV im Blick auf unterschiedliche Leistungsangebote folgende Abstufung definiert:[9] Stufe 1: Ambulante Hospizinitiative und Hospizgruppe, Stufe 2: Ambulanter Hospizdienst, Stufe 3: Ambulanter Hospiz- und Palliativ-Beratungsdienst, Stufe 4: Ambulanter Hospiz- und Palliativ-Pflegedienst. Die stationäre Hospizarbeit kann in Tageshospizen und stationären Hospizen erfolgen. In zunehmendem Maße wird es Anliegen von Alten- und Pflegeheimen, die Hospizkultur und Palliativkompetenz in den entsprechenden Einrichtungen aufzubauen und zu stärken.[10] Palliativmedizin kann auf Palliativstationen (bei geringer Bettenzahl: Palliativein-

8 Vgl. *Kurt Buser* u.a., Palliativversorgung in Niedersachsen. Bestandsaufnahme und Empfehlungen zur Weiterentwicklung, Hannover 2004, 195f (Download: http://cdl.niedersachsen.de/blob/images/C8578778_L20.pdf).

9 *Josef Roß / Monika Müller*, Was ist Hospizarbeit? In: *Rainer Sabatowski* u.a., Wegweiser, 19.

10 Vgl. Bundesarbeitsgemeinschaft Hospiz e.V. (Hg.), Hospizkultur im Alten- und Pflegeheim – Indikatoren und Empfehlungen zur Palliativkompetenz, Niederzier 2006 (www.hospiz.net); *Karin Wilkening / Roland Kurz*, Sterben im Pflegeheim. Perspektiven und Praxis einer neuen Abschiedskultur, Göttingen [2]2005.

heiten), im Rahmen von palliativmedizinischen Konsiliardiensten (Beratungsdienste; stationär, ambulant wie ambulant-stationär) und von Ambulanten Palliativdiensten erbracht werden. Darüber hinaus gibt es länderspezifische Kooperationsnetzwerke wie Palliativstützpunkte[11] und Runde Tische der Palliativ- und Hospizarbeit zur Verbesserung der Kommunikation, Koordination und Kooperation der verschiedenen Akteure der Palliativversorgung.

*Finanzierung*: Seit 1998 können Versicherte der Gesetzlichen Krankenversicherung (GKV) unter bestimmten Bedingungen einen Zuschuss zur Versorgung in stationären Hospizen beanspruchen (§ 39a (1) SGB V). Seit dem Jahr 2002 werden auch die Ambulanten Hospizdienste durch einen Zuschuss der GKV zu den Personalkosten (insbes. Koordinatoren/innen) gefördert (§ 39a (2) SGB V). Palliativstationen können „Palliativmedizinische Komplexbehandlungen" abrechnen (Operationen- und Prozedurenschlüssel (OPS) – Ziffer 8 –982). Im Jahr 2007 beschloss der Deutsche Bundestag, dass Leistungen der Spezialisierten ambulanten Palliativversorgung (SAPV) in den Leistungskatalog der GKV aufgenommen werden (§ 37b SGB V). Ärztliche Leistungen können nach einer Neuregelung der Finanzierung der ambulanten und stationären Hospizarbeit gem. § 39a SGB V (ab 2009) auch gegenüber Patientinnen und Patienten im stationären Hospiz abgerechnet werden. Eine Finanzierung palliativmedizinischer Leistungen ist auch über Verträge der so genannten Integrierten Versorgung nach § 140a SBG V möglich.[12] Bislang wurden jedoch nur wenige solcher Verträge abgeschlossen, in einem Fall allerdings unter Einschluss der Seelsorge. All diese gesetzlichen Regelungen zur Finanzierung der Palliativversorgung stellen zweifellos einen bedeutenden Fortschritt dar. Allerdings gibt es noch Finanzierungslücken, die in Zukunft geschlossen und konzeptionelle Schwächen, die aufgehoben werden sollten: Die Finanzierung der stationären

11 Vgl. *Cornelia Wichmann*, Palliativversorgung in Niedersachsen. Ein Beitrag zur Evaluation, in: Hospiz Landesarbeitsgemeinschaft Niedersachsen e.V. (Hg.), Dokumentation Nr. 6, Hildesheim 2007.

12 Vgl. *Buser* u.a., Palliativversorgung, 246 –258.

Palliativversorgung nach den Regeln der Palliativmedizinischen Komplexbehandlung ist nicht kostendeckend. Im Bereich der Spezialisierten ambulanten Palliativversorgung konnten zwei Jahre nach der gesetzlichen Regelung zur Finanzierung dieser Versorgung bundesweit erst 17 Verträge zwischen Krankenkassen und Leistungserbringern abgeschlossen werden (August 2009), so dass man noch nicht von einer ausreichenden Finanzierung der Leistungen spezialisierter ambulanter Palliativdienste sprechen kann. Hinzu kommt, dass nach einem Beschluss des Gemeinsamen Bundesausschusses (G-BA) zur SAPV (Dez. 2007) allein Ärzte und Pflegende als Leistungserbringer nach § 132d SGB V ein Palliative-Care-Team bilden (§ 5 (2) SAPV-Richtlinie).[13] Ein solches Team soll u.a. die „Koordination der spezialisierten palliativmedizinischen und palliativpflegerischen Versorgung unter Einbeziehung weiterer Berufsgruppen und von Hospizdiensten im Rahmen einer multiprofessionellen Zusammenarbeit" und eine „Psychosoziale Unterstützung im Umgang mit schweren Erkrankungen in enger Zusammenarbeit z.B. mit Seelsorge, Sozialarbeit und ambulanten Hospizdiensten" leisten (§ 5 (3) SAPV-Richtlinie). Eine solche Finanzierung, die die Leistungen der Seelsorge und Sozialarbeit ausspart, orientiert sich letztlich nicht an den Standards einer interprofessionellen Palliativversorgung wie sie von den Fachgesellschaften vertreten und international praktiziert werden.

*Aus-, Fort- und Weiterbildung*: Ehrenamtlich Mitarbeitende der Hospizarbeit werden seit dem Beginn der 90'er Jahre durch Kurse auf ihre Arbeit der Sterbebegleitung vorbereitet. Schwerpunkte sind hierbei die Reflexion des eigenen Handelns und der Kommunikation bei der Sterbebegleitung sowie die Auseinandersetzung mit der eigenen Haltung gegenüber der Grenze des Lebens und den hier begegnenden Phänomenen.[14] Im Jahr 1997 wurde ein Curriculum für einen fächerübergreifenden Grundkurs Palliative-Care erarbeitet, der sich zum Standard

13 Download dieser Richtlinie: http://www.dgpalliativmedizin.de/pdf/downloads/G –BA%2007 1220%20SAPV-Richtlinie.pdf.

14 Vgl. *Elke Schölper* (Hg.), Sterbende begleiten lernen. Das Celler Modell zur Vorbereitung Ehrenamtlicher in der Sterbebegleitung, Gütersloh 2004.

solcher Kurse entwickelte.[15] Auf diesem Curriculum basierend wurden berufsspezifische Aufbaukurse, u.a. auch für die Seelsorge entwickelt.[16] Von der DGP wurde im Jahr 2004 ein „Kursbuch Palliativmedizin" vorgelegt, das von der Bundesärztekammer als Curriculum für den Erwerb der Zusatz-Bezeichnung „Palliativmedizin" in Ergänzung zu einer Facharzt-Ausbildung anerkannt wurde.[17] Im Basiskurs (40 Std.) sind 16 Stunden für psychosoziale, spirituelle, kommunikative und ethische Themen vorgesehen. Auch in den darauf aufbauenden Fallseminaren (Modul I und II, jeweils 40 Std.) sind erhebliche Anteile Themen wie Wahrnehmung und Kommunikation, Spiritualität, Sterben und Tod, Trauer, Ethik und interprofessionelle Zusammenarbeit gewidmet. Im abschließenden Modul III werden komplexe Fragestellungen in Form von Fallbesprechungen thematisiert (40 Std.). Ein wichtiger Schritt zur Verbesserung der palliativmedizinischen Ausbildung von Ärztinnen und Ärzten wurde im Jahr 2009 durch die Aufnahme der Palliativmedizin als Pflichtlehr- und Prüfungsfach in die Approbationsordnung getan.[18] Für Seelsorgende wird u.a. ein Qualifizierungskurs Palliative Care angeboten (120 Std.).[19] Zum Zweck solcher professionsspezifischer oder professionsübergreifender Kurse der Aus-, Fort- und Weiterbildung wurden verschiedentlich Palliativ-Akademien gegründet. Solche Fortbildungen können durch die Teilnahme an Qualitätszirkeln ergänzt werden, in denen auf regionaler Ebene Fallbesprechungen durchgeführt werden, zu denen i.R. alle an der Palliativversorgung beteiligten Professionen eingeladen sind.

15 Vgl. *Wolfgang Heinemann*, Qualifikation hauptamtlicher Mitarbeiterinnen und Mitarbeiter in der Sterbebegleitung. Fächerübergreifender Grundkurs, Bonn 1997.

16 *Monika Müller / Martina Kern / Friedemann Nauck / Eberhard Klaschik*, Qualifikation hauptamtlicher Mitarbeiter. Curricula für Ärzte, Pflegende, Sozialarbeiter, Seelsorger in der Palliativmedizin, Bonn $^{2}$1997.

17 Download: www.bundesaerztekammer.de/downloads/KursPalliativ.pdf.

18 Vgl. Gesetz zur Regelung des Assistenzpflegebedarfs im Krankenhaus, Art. 7 (Drucksache 16/12855 des 16. Deutschen Bundestages).

19 Anbieter ist die Christopherus Akademie für Palliativmedizin, Palliativpflege und Hospizarbeit am Interdisziplinären Zentrum für Palliativmedizin (IZP) am Klinikum der Universität München, vgl. www.izp-muenchen.de.

*Förderung und Planung der Palliativversorgung durch Politik und Verwaltung*: In den vergangenen Jahren wurde auch von der Politik auf der Ebene des Bundes wie der Länder erkannt, dass der Ist-Stand der Palliativversorgung erhoben, der Bedarf für eine flächendeckende und qualitativ hochwertige Palliativversorgung erforscht und Vorschläge für deren Umsetzung erarbeitet werden müssen. Gründe hierfür liegen sicherlich im Erfolg der Modellprojekte, daneben aber auch in der politischen Einsicht, Forderungen nach einer Legalisierung der Tötung auf Verlangen (sog. Aktive Sterbehilfe) wie auch nach einer geschäftsmäßigen ärztlichen Beihilfe zum Suizid nur durch eine Verbesserung der Palliativversorgung begegnen zu können. In den Jahren 2004 bis 2006 wurden darum umfangreiche Gutachten zum Stand wie auch zum Bedarf und zur Verbesserung der Palliativversorgung erarbeitet.[20] Die Bedeutung der spirituellen Begleitung bzw. der Seelsorge wurde nur in der Studie über die Palliativversorgung in Brandenburg explizit erhoben und ausgewertet (s.a. der Beitrag von N. Schneider u.a. in diesem Band). Ergebnisse dieser Studien flossen in die Überlegungen zum Aufbau und zur Finanzierung einer Spezialisierten ambulanten Palliativversorgung (SAPV) wie auch in Rahmenkonzepte zur Palliativversorgung einzelner Länder und deren Förderprogramme ein.[21]

20 Vgl. *Buser* u.a., Palliativversorgung; *Jaspers / Schindler*, Gutachten; Enquete-Kommission Ethik und Recht der modernen Medizin, Zwischenbericht: Verbesserung der Versorgung Schwerstkranker und Sterbender in Deutschland durch Palliativmedizin und Hospizarbeit, Drucksache 15/5858, 2005; *Nils Schneider / Volker Amelung / Kurt Buser*, Neue Wege in der Palliativversorgung. Analyse der gegenwärtigen Situation und Optimierungskonzepte am Beispiel des Landes Brandenburg, Berlin 2005.

21 Vgl. Niedersächsisches Ministerium für Soziales, Frauen, Familie und Gesundheit, Rahmenkonzept zur Weiterentwicklung der Palliativversorgung in Niedersachsen, Hannover 2006 (Fortschreibung 2007).

### *1.3 Die Position der Seelsorge innerhalb der Entwicklung der Palliativversorgung*

Die Entwicklung der Palliativversorgung kann als Glücksfall für die Seelsorge bezeichnet werden: Konzeptionell ist die Hospizarbeit und Palliativmedizin einem Menschenbild verpflichtet, nach dem physische, psychische, soziale und spirituelle Bedürfnisse schwer kranker und sterbender Menschen in ihrem sozialen Umfeld immer zugleich und in ihren Wechselbeziehungen gesehen werden müssen. Die inter- oder transprofessionelle Sterbebegleitung[22] ist schlüssige Konsequenz dieser anthropologischen Annahme. Das Sterben und der Tod werden als bewusst zu gestaltende Phasen bzw. Momente des Menschseins angesehen. Die spirituelle und seelsorgliche Begleitung wird aus dem Gesundheitssystem heraus gefordert. Der Patienten- und Angehörigenorientierung gehört der Vorrang gegenüber der Organisationsorientierung. Diese anthropologischen sowie individual- und organisationsethischen Grundlagen der Palliativversorgung sind gegenüber biblischer und protestantischer Anthropologie und Ethik ohne Abstriche anschlussfähig. Diese konzeptionelle Nähe zwischen der Palliativversorgung, die zwar auf christlichen Traditionen fußt, in den letzten Jahrzehnten jedoch für die Sterbe- und Trauerbegleitung unter pluralistischen Bedingungen entwickelt wurde, ist es, die die christlichen Kirchen vielfach veranlasst hat, die Förderung der Palliativversorgung zu fordern bzw. selbst zu betreiben.[23]

Vor dem Hintergrund dieser konzeptionellen Nähe zwischen Seelsorge und Palliativversorgung ist es umso wichtiger zu erheben, welche Position die Seelsorge innerhalb dieser Entwicklung von Modellprojekten der Hospizarbeit und Palliativmedizin hin zur Palliativ-Regelversorgung einnimmt.

Innerhalb der *Definitionen*, die dem Ausbau der Palliativversorgung zu Grunde gelegt werden (s.o.), ist i.R. von „spiritueller

22 Zur Unterscheidung von interprofessioneller und transprofessioneller Sterbebegleitung siehe Abschnitt 2.3.

23 Vgl. Kirchenamt der Evangelischen Kirche in Deutschland / Sekretariat der Deutschen Bischofskonferenz (Hg.), Sterbebegleitung statt aktiver Sterbehilfe. Eine Textsammlung kirchlicher Erklärungen, Hannover/Bonn 2003.

Begleitung" die Rede. Dies leitet sich zum einen aus dem im angloamerikanischen Sprachraum üblichen Begriff „Spiritual Care" ab, ist darüber hinaus jedoch auch als Versuch anzusehen, die spirituell-seelsorgliche Dimension der Sterbe- und Trauerbegleitung unter Bedingungen eines kulturell-religiösen Pluralismus zu formulieren. Aus dieser Sprachregelung ergibt sich jedoch für die Seelsorge die Aufgabe, das Verhältnis zwischen „spiritueller Begleitung" und „Seelsorge" zu bestimmen. Erste Ansätze zur Klärung dieser Verhältnisbestimmung lassen sich dem Papier des Arbeitskreises „Spirituelle Begleitung" der DGP zu „Spirituelle Begleitung in der Palliativversorgung"[24], das von Seelsorgenden der evangelischen und katholischen Kirche entworfen wurde, wie auch einigen Beiträgen des Sammelbandes „Spiritualität und Medizin" entnehmen, der Ergebnisse eines interdisziplinären Arbeitskreises an der Ludwig-Maximilian-Universität München festhält.[25] Darüber hinaus ist auf elaborierte Ausführungen hierzu in der Habilitationsschrift von Traugott Roser „Spiritual Care"[26] und die jüngst erschienene Arbeit von Erhard Weiher zur „Spiritualität bei Krankheit, Sterben und Tod"[27] hinzuweisen.

Es lassen sich kaum Angaben darüber machen, in welchem Maße Seelsorgende in den einschlägigen *Verbänden der Palliativversorgung* vertreten sind und ggf. an leitender Stelle mitarbeiten. Die Mitarbeit in diesen Verbänden und ihren Gremien einschließlich der Veröffentlichung von Beiträgen in den Publikationsorganen dieser Verbände dienen in hohem Maße dem wechselseitigen Informations- und Erfahrungsaustausch und der Entwicklung inter- und transprofessioneller Konzepte der Palliativversorgung.

24 Download: www.dgpalliativmedizin.de (Sektion andere Berufsgruppen / AK Spirituelle Begleitung).

25 Vgl. *Eckhard Frick / Traugott Roser* (Hg.), Spiritualität und Medizin. Gemeinsame Sorge für den kranken Menschen, Stuttgart 2009.

26 Untertitel: Ethische, organisationale und spirituelle Aspekte der Krankenhausseelsorge. Ein praktisch-theologischer Zugang, Stuttgart 2007.

27 Vollständiger Titel: Das Geheimnis des Lebens berühren. Spiritualität bei Krankheit, Sterben, Tod. Eine Grammatik für Helfende, Stuttgart $^{2}$2009.

Auch über den Beitrag der Seelsorge in den vorhandenen oder in absehbarer Zukunft zu erwartenden *Strukturen der Palliativversorgung* ist wenig bekannt. Aus einer Studie über die Palliativversorgung im Land Brandenburg ist ersichtlich, dass Pastorinnen und Pastoren im Land Brandenburg nur geringen Kontakt zu Menschen am Lebensende haben, Kontakte zu Hausärzten mehrheitlich als mangelhaft einschätzen, die Zusammenarbeit mit Krankenhäusern im Durchschnitt als „befriedigend", die Zusammenarbeit mit Pflegeheimen und Hospizen im Mittel als „gut".[28] Die Gutachter kommen zu dem Ergebnis, dass „Pfarrer … kaum mit den zentralen Akteuren und Einrichtungen der Palliativversorgung vernetzt sind."[29] *Dirk Jonas* kommt in einer nicht repräsentativen empirischen Befragung von Pastorinnen und Pastoren zweier Kirchenkreise der Evangelisch-lutherischen Landeskirche Hannovers zum Ergebnis, dass Pastoren im Durchschnitt eine bis drei Sterbebegleitungen im Jahr leisten, dass fast kein Pastor, fast keine Pastorin einen „regelmäßigen Kontakt" mit Hausärzten und -ärztinnen hat, ca. 30 % aller Pastorinnen und Pastoren nur einen „seltenen", „eher zufälligen" oder „nur sporadischen" Kontakt zu Hausärzten und -ärztinnen haben und dass kein Pastor bzw. keine Pastorin einen regelmäßigen Kontakt mit Sozial- bzw. Diakoniestationen und/oder anderen Pflegediensten pflegt.[30] Bei Anfragen nach seelsorglicher Sterbebegleitung verweisen Pastoren und Pastorinnen immer wieder auf Hospizdienste. Hier wird erkennbar, dass oft unklar bleibt, worin der Unterschied zwischen einer Sterbebegleitung durch einen ehrenamtlich Mitarbeitenden eines Hospizdienstes und einem hauptamtlichen Seelsorgenden liegt. Innerhalb der wenigen palliativmedizinischen Modellprojekte, in denen ein Seelsorger oder eine Seelsorgerin Mitglied des Behandlungsteams ist, ergibt sich regelmäßig die unaufhebbare Spannung von Team-Integration und

28 Vgl. hierzu den Beitrag von *Kurt Buser* u.a. in diesem Band sowie: *Schneider* u.a., Palliativversorgung, 78 88.

29 *Schneider* u.a., Palliativversorgung, 88.

30 Vgl. *Dirk Jonas*, Seelsorge als integraler Bestandteil der Begleitung sterbender Menschen unter besonderer Berücksichtigung der Rolle des Pastors / der Pastorin, unveröffentlichtes Manuskript Hannover 2005, 6–18.

Unabhängigkeit der Seelsorge innerhalb des Behandlungsteams – konkret in der Frage der Schweigepflicht und der Dokumentation.[31]

Hinsichtlich der *Finanzierung* der Palliativversorgung wird die Seelsorge weder im Bereich der ambulanten oder stationären Hospizarbeit (§ 39a (1) und (2)) noch im Bereich der stationären Palliativmedizin (nach der OPS für eine Palliativmedizinische Komplexbehandlung wird neben anderen therapeutischen Maßnahmen nur die psychologische Begleitung berücksichtigt) oder der Spezialisierten ambulanten Palliativversorgung berücksichtigt. Obwohl die spirituelle Begleitung konstitutioneller Bestandteil der Palliativversorgung ist, wird die finanzielle Absicherung dieser „Gesundheitsleistung" den Kirchen überlassen.

Im Bereich der *Aus-, Fort- und Weiterbildung* werden inzwischen berufsspezifische Palliative-Care-Kurse für Seelsorgende angeboten – mit einer gewissen Verzögerung im Vergleich zu professionsübergreifenden und professionsspezifischen Kursen für Ärzte bzw. Ärztinnen und Pflegende und mit einer vergleichsweise geringen Teilnehmerzahl. Auffällig ist, dass Seelsorge im Kontext der Palliativversorgung bislang in Seelsorge-Handbüchern kaum thematisiert wird. In ggf. vorhandenen Kapiteln über Seelsorge in der Sterbebegleitung bleiben Aspekte einer interprofessionellen Zusammenarbeit weitgehend ausgeblendet. Auch in den Curricula der Weiterbildungskurse der verschiedenen Sektionen der Deutschen Gesellschaft für Pastoralpsychologie werden diese Lehrinhalte bzw. Praxisfelder bislang nicht eigens erwähnt. In zunehmendem Maß sind Seelsorgende an der Erstellung von Curricula, Seelsorge-Abschnitten in palliativmedizinischen Lehrbüchern und als Lehrende für Seelsorge an Kursen zur Palliativmedizin und -pflege für Ärzte und Pflegende beteiligt.[32]

31 Vgl. Ärztekammer Niedersachsen (Hg.), „Lasst mich …, aber lasst mich nicht allein!" Seelsorge in einem palliativmedizinischen Modellprojekt, Hannover 2003.

32 Vgl. *Sebastian Borck*, Seelsorge in der Palliativmedizin, in: Bundesgesundheitsblatt 49/2006, 1122–1131; *Ulrich Lilie*, Zur Seelsorge an Sterbenden, in: *Ders. / Eduard Zwierlein*, Handbuch Integrierte Sterbebegleitung, Gütersloh 2004, 82–87; *Erhard Weiher*, Spirituelle Begleitung in der palliativen Betreuung, in: *Knipping*, Lehrbuch, 438–453.

Seelsorge kann zur Förderung und Verbesserung der Palliativversorgung im Bereich von *Politik und Verwaltung* insbesondere dann einen Beitrag leisten, wenn eine Person durch die entsprechende Landeskirche bzw. Diözese beauftragt wird, im Rahmen von Expertengremien oder Anhörungen die Belange der Seelsorge im Kontext der Palliativversorgung zu vertreten. Bislang haben nur wenige Landeskirchen bzw. Diözesen eine solche Stelle eines oder einer Hospiz- und Palliativbeauftragten geschaffen. Auch auf bundespolitischer Ebene, besonders in der Frage der organisatorischen und finanziellen Etablierung von kirchlicher Seelsorge in die Palliativversorgung, wird es nicht ausreichen, Seelsorge allein durch das Diakonische Werk und Caritas oder indirekt über die einschlägigen Verbände der Hospizarbeit und Palliativmedizin vertreten zu lassen.

Überschaut man die Positionen der Seelsorge innerhalb der Entwicklung der Hospizarbeit und Palliativmedizin von der Phase der Modellprojekte hin zu einer Palliativ-Regelversorgung, so ist zu erkennen, dass Seelsorgende – vorwiegend innerhalb der einschlägigen Verbände der Hospizarbeit und Palliativmedizin – Anliegen der Seelsorge in die praktische Arbeit der Sterbebegleitung, in Curricula wie auch in Versorgungs- und Finanzierungsmodelle eingebracht haben. Wird die Palliativversorgung jedoch zu einer flächendeckenden und gesamtgesellschaftlich solidarisch getragenen Versorgungsleistung, sollte Seelsorge in der Palliativversorgung noch stärker als eine gesamtkirchliche Aufgabe angesehen werden. Dabei geht es einerseits um die innerkirchliche Klärung der Position der Seelsorge in der Palliativversorgung innerhalb der Priorisierungsentscheidungen kirchlicher Arbeit und andererseits um die konzeptionelle, organisatorische und finanzielle Verortung der Seelsorge in der Palliativversorgung.

Auf diesem Weg ergeben sich insbesondere folgende konzeptionelle Fragestellungen:

- Welche im Kontext der Palliativversorgung wichtigen Themen sind bislang in der Seelsorgetheorie vernachlässigt worden?

- In welchem Verhältnis zueinander stehen „spirituelle Begleitung“ und „ christliche Seelsorge“ in der Palliativversorgung in einem interkulturellen und interreligiösen Umfeld?
- Wie können Seelsorgende inter- und transprofessionell mit Mitarbeitenden anderer Professionen zusammenarbeiten und zugleich ihre Unabhängigkeit wahren?
- In welchen Strukturen muss Seelsorge arbeiten, damit sie an einer inter- und transprofessionellen und intersektoralen Palliativversorgung teilnehmen kann?
- Welche spezifischen Kenntnisse und Kompetenzen müssen in der Aus-, Fort- und Weiterbildung von Seelsorgenden in der Palliativversorgung erlernt und eingeübt werden?
- Welche Finanzierungsmodelle für Seelsorge in der Palliativversorgung sind anzustreben?

## *2. Konzeptionelle Herausforderungen der Seelsorge in der Palliativ-Regelversorgung*

### *2.1 Seelsorge in der Sterbe- und Trauerbegleitung*

Die Begleitung Sterbender und Trauernder gehört seit je her zur Seelsorge. Auf diese Arbeit in all ihrer Breite soll und kann an dieser Stelle nicht eingegangen werden.[33] Die Praxis der inter- und transprofessionellen Palliativversorgung jedoch wirft zusätzliche Fragen auf, denen sich Seelsorge zu stellen hat:

Mitarbeitende der Hospizarbeit und auch der Palliativmedizin sehen häufig das „natürliche Sterben“ und das „friedliche

33 Vgl. *Hans-Christoph Piper*, Gespräche mit Sterbenden, Göttingen [4]1990; *Martina Plieth*, Seelsorge im Kontext von Sterben, Tod und Trauer, in: *Wilfried Engemann* (Hg.), Handbuch der Seelsorge. Grundlagen und Profile, Leipzig 2007, 446–463; *Werner Schweidtmann*, Sterbebegleitung. Menschliche Nähe am Krankenbett, Stuttgart 1991; *Michael Schibilsky*, Trauerwege. Beratung für helfende Berufe, Düsseldorf [5]1996; *Erhard Weiher*, Die Religion, die Trauer und der Trost. Seelsorge an den Grenzen des Lebens, Mainz [2]2004; *Klaus Winkler*, Seelsorge, Berlin/New York [2]2000, 435 –472; *Jürgen Ziemer*, Seelsorgelehre. Eine Einführung für Studium und Praxis, Göttingen 2000, 267 –313.

Sterben" als Leitbilder des Sterbens an.[34] Ein solches Sterben soll durch entsprechende Behandlung, Pflege, persönliche Begleitung und vor allem durch eine entsprechende Haltung der Mitarbeitenden ermöglicht werden.[35] Selbst die innenarchitektonische Gestaltung von Hospizen und Palliativstationen ist mancherorts von diesen Leitbildern geprägt, so dass man von einer Harmonisierung und Ästhetisierung des Sterbens sprechen kann, die den Stachel des Todes (1 Kor 15,55) durch befriedende Raumgestaltung zu nehmen versucht. Seelsorge hat hier (auch sich selbst gegenüber!) ideologiekritisch zu wirken. Sie hat zum einen den Ambivalenzen eines Sterbeprozesses Raum zu geben, so dass Menschen, die ihrer Aggression Ausdruck verleihen möchten oder die sich nach Widerstand und nach Klage sehnen, Zeichen und Symbole zum Ausdruck dieser Gefühle finden können.[36] Zum anderen hat sich Seelsorge für die Offenheit gegenüber anderen Leitbildern des Sterbens einzusetzen, die in einer interkulturellen und interreligiösen Gesellschaft vertreten werden und denen Patienten auch in der Hospizarbeit und Palliativmedizin weiterhin folgen möchten. Seelsorge hat hier die doppelte Aufgabe, einerseits ein profiliertes Verständnis des Sterbens und des Todes zu vertreten, andererseits die Selbstbestimmung des Sterbenden und seiner Angehörigen hinsichtlich seines Wunsches, den *eigenen* Tod zu sterben bzw. die *eigene* Trauer zu erleben, zu wahren und zu stärken.

Im Rahmen einer inter- und transprofessionellen Zusammenarbeit gelten Seelsorgende oft als Fachleute für ethische Fragen oder als prädestinierte Moderatoren im Prozess einer

34 Vgl. *Manfred Josuttis*, Das selige und das sinnvolle Sterben. Über Leitbilder kirchlicher Sterbebegleitung, in: Wissenschaft und Praxis in Kirche und Gesellschaft 65/1976, 360–372; *Klaus Feldmann*, Tod und Gesellschaft. Sozialwissenschaftliche Thanatologie im Überblick, Wiesbaden 2004, 87–92.

35 Vgl. *Andreas Heller/Cornelia Knipping*, Palliative Care – Haltungen und Orientierungen, in: *Knipping*, Lehrbuch, 39–47.

36 Vgl. *Stefan Deßke*, Interaktionen zum Tode. Wie Sterben im Hospiz orchestriert wird, in: *Petra Gehring/Marc Rölli/Maxine Saborowski* (Hg.), Ambivalenzen des Todes. Wirklichkeit des Sterbens und Todestheorien heute, Darmstadt 2007, 77–101.

ethisch umstrittenen Entscheidungsfindung:[37] Auch im Kontext der Hospizarbeit und Palliativmedizin werden Wünsche nach einer aktiven Tötung (sog. Aktive Sterbehilfe) oder nach einer ärztlichen Beihilfe zum Suizid geäußert. Die Haltung der Mitarbeitenden der Palliativversorgung zu diesen Maßnahmen ist keineswegs einheitlich,[38] so dass es im Einzelfall zu Teamkonflikten oder auch zu Konflikten zwischen Mitarbeitenden der Palliativversorgung und Patienten oder ihren Angehörigen kommen kann. Daneben sehen sich Seelsorgende z.B. bei Fragen nach der Interpretation und Verbindlichkeit einer Patientenverfügung,[39] dem Umgang mit Patienten, die sich weigern, Nahrung aufzunehmen oder bei Widersprüchen zwischen medizinisch indizierten Maßnahmen und dem Patientenwillen als seelsorgliche Ethikberater oder -beraterinnen gefordert.[40] Spezifische ethische Konflikte können sich auch bei bestimmten Zielgruppen innerhalb der Palliativversorgung ergeben: bei HIV/AIDS-Erkrankten, bei neurologisch Erkrankten wie auch bei Patienten der Pädiatrie und der Gerontopsychiatrie.[41] Wenn Seelsorgende in solchen Konfliktlagen als seelsorgliche Ethik-

37 Vgl. *Ralph Charbonnier*, Behandlungsentscheidungen als Kasus der Krankenhausseelsorge, Überlegungen zur ethischen Dimension seelsorglichen Handelns und zu Konsequenzen für die Aus- und Weiterbildung, WzM 59 (2007), 520–532.

38 Vgl. *Hans-Christof Müller-Busch* u.a., Euthanasie bei unerträglichem Leid? In: Zeitschrift für Palliativmedizin 4/2003, 75–84.

39 Vgl. *Christoph Meier / Gian Domenico Borasio / Klaus Kutzer* (Hg.), Patientenverfügung. Ausdruck der Selbstbestimmung – Auftrag zur Fürsorge, Stuttgart 2005; *Ralph Charbonnier / Arnd T. May*, Patientenverfügungen. Unterschiedliche Regelungsmöglichkeiten zwischen Selbstbestimmung und Fürsorge, Münster 2005.

40 Vgl. *Ralph Charbonnier / Klaus Dörner / Steffen Simon* (Hg.), Medizinische Indikation und Patientenwille, Stuttgart 2008, darin insbes.: *Uta Schäfer-Breitschuh*, Spannungen zwischen Patientenselbstbestimmung und medizinischer Indikation. Aus seelsorglicher Sicht, 25–34.

41 Vgl. *Knipping*, Lehrbuch, 599 –628; *Heiner Aldebert* (Hg.), Demenz verändert. Hintergründe erfassen – Deutungen finden – Leben gestalten, Schenefeld 2006; *Claudia Sommerauer / Traugott Roser*, Spiritual Care. Bei sterbenden und verstorbenen Kindern, ihren Familien und den sie begleitenden Personen, in: Monatsschrift Kinderheilkunde 6/2005, 545–551.

berater und -beraterinnen tätig werden sollen, werden andere Mitarbeitende eine entsprechende Feldkompetenz und ethische Kompetenz erwarten.

### *2.2 Seelsorge als spirituelle Begleitung in der interkulturellen und interreligiösen Palliativversorgung*

*Traugott Roser* führt in seiner Untersuchung zu Spiritual Care detailliert aus, dass eine Integration von christlicher Seelsorge in das Gesundheitssystem über den Begriff „spiritual care" oder „spirituelle Begleitung" wegen erheblicher semantischer Unterschiede problematisch bleibt.[42] Da der Begriff „spiritual care" jedoch fest in der Palliative-Care-Praxis im englischen Sprachraum verankert ist und darüber hinaus die Palliativversorgung im deutschen Sprachraum konzeptionell interkulturell und interreligiös angelegt sein muss, erscheint es unvermeidlich, „Seelsorge" zu „spiritueller Begleitung" in ein Verhältnis zu setzen. Auch wenn das Forschungsfeld hierzu erst durch wenige Arbeiten abgesteckt wird,[43] hat sich in der Lehre und Praxis der Palliativversorgung die Unterscheidung einer „Alltagsspiritualität" und einer „Glaubensspiritualität" bewährt – so der Formulierungsvorschlag des katholischen Krankenhausseelsorgers *Erhard Weiher.*[44] Als „Alltagsspiritualität" bezeichnet *Weiher* die Beziehungsgeschichte eines Menschen mit Personen, Dingen und Ereignissen des Lebens. Jede Lebens- und damit Beziehungsgestaltung symbolisiert etwas von dem, was der Person heilig ist und was ihn zutiefst bewegt. In diesem Sinn der Alltagsspiritualität kann eine Person nicht nicht-spirituell sein. „Spirituelle Begleitung" oder „Spiritual Care" kann dann als „die Sorge um die individuelle Teilnahme und Teilhabe des Patienten an einem

42 Vgl. *Roser*, Spiritual Care, 266–280; *Uwe Gerstenkorn*, Religiöse Kompetenz im Alltag der Sterbebegleitung. Ein Wesensmerkmal diakonischer Praxis im Blickpunkt praktisch-theologischer Forschungsarbeit, in: WzM 58 (2006), 312–328.

43 Vgl. *Frick/Roser*, Spiritualität; *Roser*, Spiritual Care; *Weiher*, Geheimnis; dort jeweils umfangreiche Literaturangaben.

44 Vgl. *Weiher*, Begleitung, 438 – 453, insbes. 444.

als sinnvoll erfahrenen Leben im umfassenden Verständnis“[45] verstanden werden. Eine solche „Alltagsspiritualität“ wird nach *Weiher* zur „Glaubensspiritualität“, „wenn Menschen diese Verbundenheit ausdrücklich dem höchsten Geheimnis, dem alles umfassenden Sinngrund, Gott, dem Absoluten zuschreiben und sich damit in Verbindung wissen.“[46] Eine Glaubensspiritualität in diesem Sinne kann darüber hinaus zu einer christlichen und konfessionellen, evangelischen Spiritualität zugespitzt werden, die trinitarisch verortet sein wird.[47]

### *2.3 Seelsorge und inter- bzw. transprofessionelle Zusammenarbeit in der Palliativversorgung*

In der Theorie und Praxis der Palliativversorgung herrscht Einigkeit darüber, dass die spirituelle Begleitung und damit auch die Seelsorge konstitutioneller Part der Hospizarbeit und Palliativmedizin ist. Unscharf bleibt jedoch häufig, welcher Art die Zusammenarbeit verschiedener Professionen ist. Deutlich wird diese Unschärfe daran, dass die Begriffe Multi-, Inter- und Transdisziplinarität sowie Multi-, Inter- und Transprofessionalität oftmals synonym gebraucht werden. Eine Unterscheidung dieser Begriffe ermöglicht jedoch zugleich eine genauere Bestimmung des Verhältnisses zwischen Seelsorge und den anderen beteiligten Professionen:[48] Da sich „Disziplinarität“ auf Wissenschaften und „Professionalität“ auf Berufe beziehen, sollte im Praxisfeld der Palliativversorgung von „Professionen“ gesprochen werden. Unter „*Multi*professionalität“ kann man das bloße Nebeneinander der Arbeit verschiedener Professionen verstehen, deren Ergebnisse gegenseitig dargestellt werden, so

45 *Roser*, Spiritual Care, 278.

46 *Weiher*, Begleitung, 444.

47 Vgl. *Peter Zimmerling*, Auf dem Weg zu einer trinitarischen Grundlegung evangelischer Spiritualität, in: *Michael Welcker / Mirosloav Volf* (Hg.), Der lebendige Gott als Trinität. Jürgen Moltmann zum 80. Geburtstag, Gütersloh 2006, 360–376; Ders., Evangelische Spiritualität. Wurzeln und Zugänge, Göttingen 2003.

48 Folgende Unterscheidungen werden in Anlehnung an den Vortrag „Multi-, Inter- und Transdiszplinarität: Begriffliche Klärungen“ des Wissenschaftstheoretikers *Paul Hoyningen-Huene* am 17.7.2007 in Hannover getroffen.

dass man „voneinander weiß", ohne dass aber die Konsequenzen für das professionsspezifische Handeln gemeinsam besprochen werden. Bei „*inter*professioneller Zusammenarbeit" geht man einen Schritt weiter: Jede Profession bleibt bei ihrer professionellen Identität, richtet aber die eigene Arbeit auch an den Erfahrungen anderer Professionen aus. „*Trans*professionelle Zusammenarbeit" ist dann notwendig, wenn sich Problemstellungen nicht einer Profession zuordnen lassen, so dass mehrere Professionen die Problemlage aus ihrer professionsspezifischen Perspektive wahrnehmen müssen, um anschließend eine *gemeinsame* Problembeschreibung und Problemlösung entwerfen zu können. Palliativversorgung ist demnach i.R. transprofessionell. In der Praxis wird man jedoch nur in Hospizen, auf Palliativstationen und in Palliative-Care-Teams transprofessionell arbeiten können. Insbesondere bei arzt-zentrierten Versorgungsmodellen (wie es z.B. in der Spezialisierten ambulanten Palliativversorgung (SAPV) vorgesehen ist), wird es meist bei einer interprofessionellen Zusammenarbeit bleiben.

Die Einbindung der Seelsorge in eine transprofessionelle Zusammenarbeit birgt einerseits die Möglichkeit, schon bei der Problemabgrenzung und bei der vorsorgenden Behandlungs- bzw. Begleitungsplanung seelsorgliche Aspekte einfließen zu lassen. Andererseits ist eine solch starke Einbindung der Seelsorge, die immer auch eine Dokumentation voraussetzt, aus Gründen der Schweigepflicht und des Beichtgeheimnisses oft nicht möglich bzw. sie muss vom Patienten bzw. dessen Stellvertreter explizit gewünscht werden. Doch auch schon eine interprofessionelle Zusammenarbeit zwischen Seelsorge und den anderen beteiligten Professionen geht vielfach über die übliche Zusammenarbeit zwischen Gemeinde-, Krankenhaus- und Altenheimseelsorgenden auf der einen und Mitarbeitenden der Palliativversorgung auf der anderen Seite hinaus und ist somit als Gewinn anzusehen: Ärzte, Pflegende, Psychologen und Sozialarbeiter wie auch Hospizmitarbeitende haben durch ihre Palliativ-Weiterbildung meist konkrete Vorstellungen von Zielen und Arbeitsweisen der Seelsorge, so dass sich Seelsorgende und die Mitarbeitenden der anderen Professionen auf Augenhöhe begegnen. In dieser Form der Zusammenarbeit muss Seelsorge eine Balance zwischen Integration und Unabhängigkeit finden, um seelsorgliche Aspekte in eine patientenorientierte Behandlung und Begleitung einbringen zu können, um sich daneben aber einer medizinisch-therapeutischen Instrumentalisierung zu entziehen. Eine Positionierung der Seelsorge in einem vielfältigen „Zwischen"-Raum, u.a. zwischen Kirche und Palliative-Care-Team, zwischen Patient und Mitarbeitenden, wird in der interprofessionellen Palliativversorgung weder die Möglichkeiten der Seelsorge ausschöpfen können, noch von den Mitarbeitenden der anderen Professionen akzeptiert werden.[49] Fragen der Dokumentation der Seelsorge, wie sie für eine inter- und transprofessionelle Zusammenarbeit und vor allem bei einer Finanzierung aus dem Gesundheitssystem heraus notwendig wird, sind noch weitgehend ungeklärt.

Eine multiprofessionelle Zusammenarbeit der Seelsorge mit anderen Professionen ergibt sich vielerorts an Runden Tischen oder regionalen Hospiz- und Palliativnetzwerken, an denen das gegenseitige Kennenlernen und die Verbesserung der Zusammenarbeit im Vordergrund stehen.

### *2.4 Strukturelle Verortung der Seelsorge in der Palliativversorgung*

Entsprechend der in Abschnitt 1.2 genannten Versorgungsstrukturen sind Gemeinde-, Krankenhaus- und Altenheimseelsorgende in jedem Fall Mitarbeitende der Palliativ-*Basis*versorgung, da die Begleitung von Schwerstkranken und Sterbenden zu ihren Aufgaben gehören. Eine multi- oder interprofessionelle Zusammenarbeit mit Mitarbeitenden anderer Professionen gelingt schon auf dieser Ebene nur dann, wenn sich die Mitarbeitenden untereinander kennen und wechselseitig ihre Behandlungs- und Begleitungsmöglichkeiten und -grenzen einschätzen können. Hierzu können regelmäßige Treffen von Kirchenkreis- oder Regionalkonferenzen mit örtlichen Ärztevereinen, den Pflegediensten und des Hospizdienstes einer Re-

49 Vgl. *Michael Klessmann*, Einleitung: Seelsorge in der Institution „Krankenhaus", in: Ders. (Hg.), Handbuch der Krankenhausseelsorge, Göttingen ²2001, 13–27.

gion oder auch Runde Tische für Hospiz- und Palliativarbeit nützlich sein.

Die Palliativ-*Spezial*versorgung ist inter- oder transprofessionell und darüber hinaus oftmals intersektoral (ambulant-stationär, integriert) organisiert. Das bedeutet für die Seelsorgenden in der Spezialversorgung, dass sie durch eine Palliativ-Weiterbildung die Feldkompetenz wie auch die ethische Kompetenz erlangt haben sollten, die eine Kommunikation mit den anderen Mitarbeitenden der Palliativversorgung auf Augenhöhe ermöglicht, dass sie sich darüber hinaus in die Arbeitsstrukturen (Dienstbesprechungen, Erreichbarkeit, Qualitätszirkel etc.) der anderen Mitarbeitenden eines Palliativstützpunktes bzw. eines Palliative-Care-Teams integrieren können und dass sie als Mitglied eines solchen Stützpunktes oder Palliative-Care-Teams institutionen-übergreifend, integriert, also ambulant wie stationär arbeiten können. Diese intersektorale Versorgungsstruktur der Palliativ -Spezialversorgung verlangt darum eine Anstellungsform der Seelsorge auf Kirchenkreis- bzw. Dekanatsebene oder als Schwerpunktpfarramt.[50]

Von hoher Bedeutung für die Wahrnehmung und Verortung der Seelsorge in der Palliativversorgung wie auch für den Erfahrungs- und Wissenstransfer von der Hospizarbeit und Palliativmedizin in die Kirchen hinein ist die Teilnahme bzw. Mitgliedschaft der Seelsorgenden an den einschlägigen Verbänden und Gesellschaften der Hospizarbeit und Palliativmedizin (DHPV, DGP incl. ihrer Ländergruppen und ihres Arbeitskreises „Spirituelle Begleitung“) sowie die Teilnahme an Fachkongressen und Tagungen als Teilnehmende und Vortragende. Nur auf diese Weise können die Erfahrungen und Standards der etablierten Seelsorgearbeit in die Palliativversorgung eingebracht werden.

50 Vgl. zu den Erfahrungen einer Seelsorgerin, die im transprofessionellen Team des palliativmedizinischen Modellprojekts SUPPORT in Göttingen mitarbeitete, Ärztekammer Niedersachsen (Hg.), „Lasst mich …, aber lasst mich nicht allein!“ Seelsorge in einem palliativmedizinischen Modellprojekt, Hannover 2003.

## *2.5 Weiterbildung für Seelsorgende in der Palliativversorgung*

Die Sterbebegleitung von Palliativpatienten, die Trauerbegleitung der Angehörigen, die seelsorgliche Begleitung der Mitarbeitenden der Palliativversorgung sowie die inter- und transprofessionelle Zusammenarbeit mit Mitarbeitenden anderer Professionen der Palliativversorgung verlangt Kenntnisse und Kompetenzen über Sterbephänomene, Trauer und Tod, die eigene Spiritualität und fremde Formen der Spiritualität, Grundlagen und Arbeitsweisen der anderen Professionen, inter- und transprofessionelle Kommunikation, ambulante, stationäre und integrierte Versorgungsformen sowie über ethische Fragestellungen am Lebensende (z.B. Gabe von Flüssigkeit und Ernährung, Therapiebegrenzung am Lebensende, ärztlich assistierten Suizid und Tötung auf Verlangen, Patientenverfügungen).[51] Eine solche Weiterbildung empfiehlt sich zumindest für Seelsorgende der Spezialversorgung.

## *2.6 Finanzierung der Seelsorge in der Palliativversorgung*

Aus systemtheoretischer Perspektive geschieht Seelsorge in Organisationen des Gesundheitssystems, ohne dass sie in der Kommunikation des Gesundheitssystems aufgeht. Ergänzt man diese systemtheoretische Perspektive durch die anthropologische Perspektive, nach der Seelsorge oder spirituelle Begleitung die Seele eines Menschen berührt, die in der Leib-Seele-Einheit eines Menschen immer zugleich mit dem Leib in Wechselwirkung steht und damit auf Gesundheit und Krankheit eines Menschen einwirkt,[52] so wird deutlich, dass Seelsorge nicht *zwischen* dem Religions- und dem Gesundheitssystem zu

51 Vgl. Qualifizierungskurs Palliative Care für Seelsorgende der Christopherus –Akademie im Interdisziplinären Zentrum für Palliativmedizin, Klinikum der Universität München.

52 Vgl. *Weiher*, Geheimnis; *Frick / Roser*, Spiritualität; *Eckhard Frick*, Glauben ist keine Wunderdroge. Hilft Spiritualität bei der Bewältigung schwerer Krankheit? In: Herder Korrespondenz 56 (2002/1), 41–46; *Christian Zwingmann / Helfried Moosbrugger* (Hg.), Religiosität: Messverfahren und Studien zu Gesundheit und Lebensbewältigung. Neue Beiträge zur Religionspsychologie, Münster 2004.

stehen kommt und damit kommunikativ ortlos wäre, sondern *zugleich* dem Religions- wie dem Gesundheitssystem angehört. Seelsorge kann hiernach als kirchlicher Dienst *und* als Dienstleistung einer Organisation des Gesundheitssystems angesehen werden.[53] Zielsetzungen, Inhalte und Methoden sind aus dem kirchlichen Auftrag zur Seelsorge und – so weit sie dem kirchlichen Auftrag zur Seelsorge nicht widersprechen – aus den kontextuellen Bedingungen der Palliativversorgung zu entwickeln. In Analogie zum konfessionellen Religionsunterricht an öffentlichen Schulen wie auch zur Seelsorge in Justiz, Polizei und in der Bundeswehr, die ebenso in jeweils zwei sozialen Systemen verortet ist, kann auch die Seelsorge in der Palliativversorgung fachlich von der Kirche verantwortet und in finanzieller Hinsicht aus beiden Systemen heraus getragen werden.

## *3. Schlussbemerkungen*

Paulus zieht in seinem ersten Brief an die Gemeinde in Korinth allgemeine hermeneutische Überlegungen zum Gelingen von (Glaubens-)Kommunikation zwischen Menschen verschiedener Sprachen heran, um für wirksame und gelingende Kommunikation zu werben: „Es gibt so viele Arten von Sprache in der Welt, und nichts ist ohne Sprache. Wenn ich nun die Bedeutung der Sprache nicht kenne, werde ich den nicht verstehen, der redet, und der redet, wird mich nicht verstehen." (1 Kor 14,10f). Wer allein in der eigenen Sprache bleibt, „der redet nicht für Menschen, sondern für Gott; denn niemand versteht ihn, vielmehr redet er im Geist von Geheimnissen. Wer aber prophetisch redet, der redet den Menschen zur Erbauung und zur Ermahnung und zur Tröstung." (1 Kor 14,2f).

53 Vgl. *Christoph Schneider-Harpprecht*, Das Profil der Seelsorge im Unternehmen Krankenhaus, in: Ders./Sabine Allwinn (Hg.), Psychosoziale Dienste und Seelsorge im Krankenhaus, Göttingen 2005, 150–174.

Im Kommunikationszusammenhang der Palliativversorgung können diese Überlegungen des Apostels Paulus als Auftrag angesehen werden, Seelsorge in diesem Kommunikations- und Organisationszusammenhang zu praktizieren – in einer Sprache, die von den Patientinnen und Patienten, deren Angehörigen sowie den Mitarbeitenden der anderen Professionen nicht Geheimnis bleibt, sondern verstanden wird.

# Dem Affen Zucker geben?

## Supervision als pastoralpsychologische Aufgabe im Feld von Hospizarbeit und Palliative Care

*Frank Kittelberger*

*Zusammenfassung:* Supervision im Kontext von Hospiz- und Palliativversorgung ist Routine. Häufig sind TheologInnen mit dieser Arbeit beauftragt. Der Mangel an Diskussion und wissenschaftlicher Aufarbeitung dieser Praxis lässt Tabuisierungen vermuten. Die Themenkomplexe *Spiritualität* und *Ethik* und die Veränderungen in der „Szene" könnten ursächlich sein. Pastoralpsychologie hätte hier eine wichtige Aufgabe der Klärung und Stärkung.

*Abstract:* Supervisory work in hospice and palliative care settings is routine. Inspite the fact that this work is requested by the field (often contracted with theologians), there is a lack of discussion in literature. The taboo may be due to crucial topics like spirituality or ethics and to tremendous changes in those settings. Pastoral Psychology however could help through clarification and thus sustain the field.

## *1. Spurensuche*

### *1.1 Nur ein Missverständnis*

Im Herbst 2007 bat mich eine Kollegin aus der Sektion KSA um eine Kopie meines Vortrags „Dem Affen Zucker geben", den ich vor Jahren gehalten und von dem sie gehört hätte. Ich musste lauthals lachen, denn mein damaliger Vortrag war „Der Affe auf dem Baum" überschrieben und später so auch in der DGfP publiziert worden[1]. Nur ein Versehen, eine Hörfehler, ein Tradierungsmissgeschick oder eine Fehlleistung? Immerhin ist das geflügelte Wort „seinem Affen Zucker geben" ein Hinweis auf die Eitelkeit des Verfassers[2]. Somit wird in passiv-aggressiver

1 *Frank Kittelberger*, Der Affe auf dem Baum – was leistet Supervision in der Hospizarbeit, in: DGfP-info 2004, München 2004; auch als download unter www.pastoralpsychologie.de.

2 *Gerhard Hellwig*, Zitate und Sprichworte von A–Z, Gütersloh/Berlin 1976, 13.

Anmutung unterstellt, dass Supervision in diesen Arbeitsfeldern ein eitles Unterfangen darstellt. Ich hatte in meinem Vortrag die Beschreibung eines ehrenamtlichen Hospizhelfers aufgegriffen, der den Eindruck hatte, der Supervisor säße „wie ein Affe auf dem Baum und schaue zu, was in der Gruppe passiert". Dieses Bild nutze ich als humorvollen Einstieg in meinen Vortrages, um dann in ausführlicher und werbender Vorsicht zu beschreiben, was Supervision sei, wie sie arbeitet und nützt, und wie sie genutzt werden könnte.

Supervision im ambulanten und im stationären Hospiz oder auf der Palliativstation ist Routine und wird nicht selten von TheologInnen und PastoralpsychologInnen durchgeführt, auf die Hospizvereine gern zurückgreifen. Doch beschrieben wird sie selten, wie der magere Literaturbefund zeigt. Was gibt es da zu verheimlichen? Was ist hier abzuwehren? Was ist so unheimlich an diesem Unterfangen, dass es quasi ausgegrenzt und tabuisiert wird, indem ihm Eitelkeit unterstellt wird? Lassen wir es bei dieser ersten Spur.

### *1.2 Garantiert Absicht*

Ebenfalls im Herbst 2007 wurde durch die Mitgliederversammlung der *DGSv* ein Beschluss verabschiedet, der es den Herausgebern einer Broschüre[3] untersagt, Aussagen zu curricularen Empfehlungen zur speziellen Feldkompetenzen von SupervisorInnen im Arbeitsfeld Hospiz/Palliative Care vorzunehmen. Zukünftige Auflagen der Broschüre sind dahingehend zu ändern[4]. Was war geschehen? Eine Arbeitsgruppe der *DGSv* hatte an Empfehlungen zur Weiterqualifizierung von SupervisorInnen gearbeitet, um deren Feldkompetenz in diesem speziellen Setting vergrößern zu helfen. Solche Kurse haben bisher versuchsweise in Wien, München und Hamburg stattgefunden, ohne dass sie bisher zum Standardangebot von Instituten oder Akademien

3 *Deutsche Gesellschaft für Supervision e. V.* (Hg.), Supervision in den Arbeitsfeldern Hospiz und Palliative Care – Erfahrungen und Anforderungen, Köln 2007.

4 Nachzulesen im Protokoll der Mitgliederversammlung der *DGSv* vom 17.11.2007, in: DGSv aktuell 4.2007, Köln 2007.

geworden wären. Dennoch ist darüber eine Diskussion entbrannt. Abgesehen von der generellen Frage nach der Notwendigkeit von Feldkompetenz, die von Einigen wegen grundsätzlicher Erwägungen bestritten wird, ging es hier vordergründig um Konkurrenz. Doch es geht um mehr: Unausgesprochen scheint mir auch hier eine Tabuisierung des Themas virulent, denn anders kann diese Entwicklung nicht verständlich werden. Schließlich gibt es viele Beispiele für Empfehlungen, Berichte, und Feldkompetenzbeschreibungen zur Supervision in spezifischen Settings. Das reicht von der Supervision in der Regelversorgung über Schule und Gefängnis bis hin zur Supervision in Kommunen und in der Wirtschaft. Innerhalb und außerhalb der *DGSv* hat es schon immer Beiträge, Berichte und Theorien zur „Supervision im xy-Feld" gegeben. Einschlägige Fachzeitschriften leben von diesen Aufsätzen (die Grundlagendiskussion zur Supervision scheint abgeschlossen), und die großen Monografien liegen längst vor. Was also kann uns hindern, auch zum hier verhandelten Arbeitsfeld erfahrungsbezogen, didaktisch weiterführend und damit bedeutungsvoll Auskunft zu geben und Zusatzqualifizierungen zu entwerfen? Worauf zielt solch ein vermeintlich demokratisch sanktioniertes Tabu? Wovor und wen soll es schützen?

### *1.3 Literatur: Fehlanzeige und weitere Spuren*

Es fällt auf, dass sich keine Monografie zu unserem Thema findet. Knapp 20 Beiträge haben es „in der Szene" zu einer gewissen Bekanntheit gebracht, wobei die meisten davon Artikel in Zeitschriften oder Büchern, Vorträge, unveröffentlichte Diplomarbeiten oder Abschlussarbeiten aus Supervisionsweiterbildungen sind.[5]

5 Fast komplett sind diese Beiträge in der genannten Broschüre aufgelistet: *DGSv*, Supervision, 23f.

Es fehlt dort: *Bernhard Heilmann*, Qualitätssicherung am Beispiel von Supervision in der ambulanten ehrenamtlichen Hospizarbeit, in: *Roswitha Kottnik* (Hg), Hospizarbeit in Diakonie und Kirche, Stuttgart 2002, 100–105. Ebenso fehlt der Hinweis auf die unveröffentlichte Zulassungsarbeit zur Anerkennung als Supervisor eines DGfP-Kollegen: *Heinrich Josef Dor-*

Generell handelt es sich also eher um „verstecktes Material", dem nur sehr begrenzt öffentliche Wirkung nachgesagt werden kann. Immer wieder aber erreichen uns Anfragen aus der Palliativ- und Hospizszene, zur Supervision in diesem Feld etwas Grundsätzliches und Hilfreiches zu sagen. Das Feld verlangt von unserer Disziplin Auskunft über unser Beratungsformat.

Obwohl ein ausführlicher Beitrag noch aussteht, erweisen uns die vorliegenden Arbeiten einen Dienst, indem sie erstaunlich einheitlich auf zentrale Themen fokussieren:

1.3.1 Supervision in diesem Feld ist meistens die Supervision ehrenamtlicher HospizbegleiterInnen. Erst jüngst häufen sich im Zuge der strukturellen Umwälzungen in der Szene Coaching und Supervision für Vereinsvorstände und KoordinatorInnen. Vorstände sind ihrerseits meist ehrenamtlich tätig. Natürlich gehört für viele Hauptamtliche (von der Pflegekraft im Hospiz bis zur Hausärztin in der palliativmedizinischen Zusatzweiterbildung) Supervision zum Alltag, aber die Masse der Supervisionskontrakte beinhaltet die Arbeit mit Ehrenamtlichen. Damit sind gerade in diesem Feld spezielle Themen und Erwartungen verbunden. Dies reicht vom Unverständnis gegenüber üblichen Abgrenzungen (Warum ist Supervision keine Fortbildung, keine Therapie und keine Organisationsentwicklung?) bis hin zur hohen Dichte existenzieller Themen (Leid, Tod, Trauer, Grenzerfahrung). Ehrenamtliche profitieren gewaltig von persönlicher Entwicklung in und durch Supervision. Sie fordern daher eine hohe Feldkompetenz (z.B. eigene Erfahrungen im Arbeitsfeld) von ihren SupervisorInnen, denen sie sich oft unverkrampfter und erwartungsvoller aussetzen, als Hauptamtliche. Dieser mögliche persönliche Gewinn, der in der Supervision lockt, mag erklären, warum z.B. das Psychodrama als Methode so beliebt scheint.

*meier*, Wie viel Tod verträgt der Mensch? Psychodramatisch geprägte Supervision für Ehrenamtliche im Hospizbereich, Hildesheim 2004. Jüngst erschienen auch: *Günter Rothenberg*, Supervision für Ehrenamtliche. Psychodramatische Supervision in der Arbeit mit Hospizhelfern, in: Organisationsberatung – Supervison – Coaching 2/07, Wiesbaden 2007, 184–194.

1.3.2 Die existenziellen Themen sind es auch, die in der Literatur die „Supervision im Umfeld des Todes" als spezielle erscheinen lassen. Selten wird genau ausgeführt, was denn das Spezielle daran ist – aber es wird als Gefühl und als hohe Anforderung zugeschrieben. Offensichtlich müssen Supervisanden und Supervisoren sich gleichermaßen damit auseinandersetzen. Platt verstandene Abstinenz (unberührt bleiben) hat hier keine Chance. Selten wird allerdings auf die spezielle spirituelle Dimension des Palliative Care abgehoben, obwohl sich dies anböte. Darüber wird noch nachzudenken sein.

1.3.3 Für die Diskussion in der Hospizbewegung ist die leidige Unterscheidung „professionell" vs „ehrenamtlich" zwar inzwischen als falsche Alternative entlarvt, in ihrer Wirkung aber ungebrochen. Überall, wo mit „Professionalisierung" die Institutionalisierung (Reizwort: „Verhauptamtlichung") der Szene angesprochen wird, sehen andere reflexartig die „Ehrenamtlichkeit der Hospizidee" in Gefahr. Dies ist eine eigene Debatte, soll hier aber doch erwähnt werden, denn die Rolle von SupervisorInnen als „Beratungsprofis von außen" wird damit unterschwellig zum Thema. Sie geraten in den Strudel zwischen „ehrenamtlich" vs. „hauptamtlich", sollen dabei stets „professionell" (nicht selten aber kostengünstig) arbeiten und müssen ihren Standpunkt im Dreieck des Kontraktes nach beiden Seiten hin verteidigen. Sie beziehen damit unausweichlich Position, obwohl sie doch eine Position außerhalb einzunehmen gedenken. Kein Wunder, wenn Supervisoren neuerdings der „Abstinenz von Feldkompetenz" das Wort reden – quasi als Entlastung: Ist mit Feldkompetenz in der Palliativ- und Hospizszene doch zwangsläufig eine Positionierung in dieser Frage verbunden. Darauf weist die genannte Literatur fast geschlossen hin.

1.3.4 Nur selten ist in der Hospizszene bisher auf die Bedeutung der Supervision als Instrument der Qualitätssicherung verwiesen worden.[6] Dies mag mit der Ambivalenz des Qualitätsbegriffes zusammen hängen. Es fällt schwer, im Kontext von

6 In der Literatur taucht dieser Aspekt selten auf. Im Titel nur bei *Heilmann*, Qualitätssicherung.

Tod, Sterben und Sterbebegleitung von „Qualität" zu sprechen, will man nicht der Hybris eines „qualitätsgerechten Sterbens" verfallen[7]. Der Unsinn, der Häufig mit den berühmten Sterbephasen von Elisabeth Kübler Ross getrieben wird (gutes Sterben = Erreichen der Phase 5) hat zu dieser Ambivalenz beigetragen. Andererseits ist für professionelle Supervision der Aspekt der Qualitätssicherung als eines ihrer Markenzeichen zentral. Nun scheint er nicht überall in dieser Eindeutigkeit gefragt zu sein. Dies kränkt die Eitelkeit.

1.3.5 Jüngere Arbeiten weisen auf den Wandel in der Hospizbewegung und auf die Veränderungen im Gesundheitswesen hin, welche die Strukturen des Arbeitsfeldes massiv beeinflussen[8]. Damit wird Supervision häufig zum „multitasking" herausgefordert, indem ihr die Last möglicher Organisationsentwicklungsaufgaben munter in der alltäglichen Supervision aufgebürdet wird. Diese Vermischung mögen SupervisorInnen professionell klären können, werden an dieser Klärung jedoch nicht selten gehindert. Die ehrenamtlichen Hospizhelfer oder hauptamtlichen KoordinatorInnen überfluten manche Supervisionssitzung geradezu mit ihren Rollenunklarheiten, ihren Verletzungen und Kränkungen und ihrem Wunsch, dass die Supervision doch etwas an den Zuständen ändern möge. Auch diese Bedürftigkeit mag Routine sein für jede/n Supervisor/in, trifft in diesem Arbeitsfeld aber auf eine geschichtliche Entwicklung, die solche Vermischungen als Kernelement einer Pionierbewegung geradezu verinnerlicht hat. Die Literatur benennt dieses Thema fast unisono.

1.3.6 Ebenfalls als zentral für die Supervision benennen alle Arbeiten die Tatsache, dass Palliative Care und Hospizarbeit konstitutiv interdisziplinär, interprofessionell und interkompetent

7 Als Beispiel für die lauter werdende Kritik ans zu viel Professionalität und Standardisierung: *Reimer Gronemeyer*, Sterben in Deutschland. Wie wir dem Tod wieder einen Platz im Leben einräumen können, Frankfurt 2007, 13–23.

8 Gut und pointiert zusammengefasst in einem Vortrag von: *Jürgen Wälde*, Hospiz – eine Bewegung in Bewegung, 2005, als download unter www.bayerische-stiftung-hospiz.de

denken und handeln. Damit wird ausgeschlossen, dass es eine Leitdisziplin gibt. Dies ist im Gesundheitswesen unüblich und selten. Das Ehrenamt wird in der Hospizidee ausdrücklich als eigene Profession verstanden. Dies wertet die Rolle der Ehrenamtlichen in einer Weise auf, die sowohl von den Hauptamtlichen, als auch von den SupervisorInnen immer neu verstanden und verinnerlicht werden muss. Mit Interkompetenz ist gemeint, dass die radikale Patientenzentrierung des Palliative Care keinen Vorsprung der Betreuenden kennt. Die beratende Beziehung ist hier in beiden Richtungen asymmetrisch. Das Credo der Pionierin Cicely Saunders lautete „Pain ist what the patient says hurts“. In der Supervision mit Sterbebegleitern ist dies paradigmatisch zu berücksichtigen und verbietet jegliche Besserwisserei nicht nur aus supervisorischen Gründen (Stichwort: „Die Lösung kennt immer nur der Klient“) sondern auch aus dem Blickwinkel des Palliative Care heraus (Stichwort: „Es geht gar nicht um Lösungen an der Grenze des Lebens sondern um Wegbegleitung“). Sterbebegleitung ist nicht auf die klassischen Beratungsziele ausgerichtet: Problemlösung, Wachstum und Entwicklung, Integration oder gar Heilung. All dies mag am Lebensende gerade nicht mehr möglich oder erstrebenswert sein. Helfer und Begleiter in diesem Feld wissen darum (zumindest theoretisch). SupervisorInnen in diesem Feld müssen lernen, ihre Disziplin diesem Paradigma anzupassen. Gerade in Fällen hoher Bedürftigkeit und unklarer Erwartungen (Supervision als Mischung aus Praxisbegleitung, Fortbildung, Tipp- und Trickkiste, Tröstung und Rollenstärkung) erscheint diese Aufgabe riesig.

### *1.4 Vermutungen zum Thema*

1.4.1 Zusammengefasst meldet die spärliche Literatur zur Supervision folgende Themen an:
Supervision in diesem Feld ist dominant die Supervision von Ehrenamtlichen, wobei diese im Palliative Care eine eigenständige Profession darstellen. Die Themen in der Praxis der Supervisanden und in ihrer Supervision sind hochgradig existentieller Natur und schließen an der Grenze des Lebens lösungsorientierte und integrative Antworten häufig aus. Dies stellt die Be-

schreibung einer adäquaten Supervision vor schwierige Aufgaben, zumal sich die Rolle der Supervision selbst gegenwärtig erst noch herausbildet, da die gesamte Szene im Umbruch ist. Zentral ist dabei die Ambivalenz der Begriffe „professionell" und „Qualität", weil sie im Supervisionsjargon ganz anders besetzt sind, als im Hospiz- und Palliativjargon. Aus den genannten Umbrüchen und Ambivalenzen resultiert in diesem Arbeitsfeld eine hohe Unklarheit über die Rolle, die Aufgaben und den Fokus der Supervision. Das Format „schwimmt noch".

1.4.2 Damit bieten sich am Ende unserer Spurensuche einige Vermutungen an:

1.4.2.1 Supervision in diesem Arbeitsfeld macht Angst! So wie der Tod ängstigt, so wie die Begleitung Sterbender und ihrer Familien ängstigt, so ängstigt auch die Supervision dieser Begleiter. Diese Erkenntnis scheint lapidar, gehört jedoch zu den am häufigsten verschwiegenen. Sie findet sich kaum in der Literatur und selten im Gespräch. Ich selbst habe mir im Laufe der letzten 13 Jahre und ca. 500 Sitzungen Supervision in Hospizvereinen und palliativen Settings diese Angst selten eingestanden. Aber sie existiert und wäre allein schon ein Grund, das Thema zu verschweigen. Benennt man die Angst, gelangt man nicht selten zum Gefühl der Hilflosigkeit. Diesen Ort betreten SupervisorInnen schon gar nicht gern, da sie ja als Stütze und Hilfe gerufen werden!

1.4.2.2 Supervision in diesem Arbeitsfeld verlangt nach Abgrenzung. Es fällt auf, dass diese Aufgabe besonders häufig beschrieben wird. Man soll das Format sauber abgrenzen (Supervision ist keine Praxisbegleitung und keine Therapie und keine Fortbildung und dies nicht und das nicht) und dabei den Kontrakt klar halten. Das ist lästig und knifflig, zumal nicht selten die ehrenamtlichen SupervisandInnen zugleich den Vorstand des Vereins und damit den Auftraggeber darstellen. Fordern die SupervisandInnen dann auch noch „Tipps und Tricks", um ihre Arbeit besser zu bewältigen (wohl spürend, dass sie damit Regeln brechen) gerät der/die Supervisor/in in ein echtes Dilemma: Der Tod ist die alle Regeln des Lebens brechende – weil beendende! – Regel. Was soll Supervision hierzu beitragen? Wäre es nicht eitel und heilsam zugleich, sich dieser Arbeit nicht zu stellen? Ich vermute, die Verweigerung der Diskussion solcher Themen stellt Eitelkeit her und dar, was allerdings SupervisorInnen nicht daran hindert, in diesem Arbeitsfeld tätig zu sein.

1.4.2.3 Supervision in diesem Arbeitsfeld kann sich einer Definition von Spiritualität nicht verweigern. Der „palliative Blickwinkel" der Hospizidee (bis hin zur Definition der WHO[9]) kennt die spirituelle Dimension in der Sterbebegleitung als konstitutiv. Dies gilt so nicht für Supervision – zumindest nicht außerhalb der Pastoralpsychologie. Supervision in diesem Setting muss aber in der Lage sein, die Supervisanden zu verstehen, die ihrerseits die Sterbenden, Schwerstkranken und ihre Familien auch spirituell wahrnehmen und diese Wahrnehmung in die Supervision eintragen. Dies kann implizit geschehen, kommt aber sehr häufig auch explizit ins Gespräch. Hier kann ich als Supervisor nicht „eitel außen vor bleiben". Lasse ich mich aber ein, muss ich über ein hermeneutisches Handwerkszeug verfügen, um spirituelle Themen überhaupt zu orten. Nicht jeder Fallbericht über die Jenseitsvorstellungen eines Patienten markiert spirituelle Fragen oder tangiert die Religiosität des Begleiters. Gleichzeitig kann jede Erzählung meiner Supervisanden (z.B. über Schuld und Schuldgefühle der Begleiteten und ihrer Begleiter) eine spirituelle Dimension haben. Diese will ich orten und dann entscheiden, was ich mit dieser Ortung mache. Ich halte diese Aufgabe für oft derart schwierig, dass es mich nicht wundert, wenn das Thema bisher kaum beschrieben ist. Ich vermute, dass ob dieser Schwierigkeit das Ab- und Ausgrenzungsbedürfnis groß ist. Dann lieber jeglichen Bedarf an Feldkompetenz negieren.

9 Palliative care was defined by the World Health Organization in 2002, as: "… an approach that improves the quality of life of patients and their families facing the problems associated with life –threatening illness, through the prevention and relief of suffering by means of early identification and impeccable assessment and treatment of pain and other problems, physical, psychosocial and spiritual", Ref: National cancer control programmes: policies and managerial guidelines, Genf, World Health Organization, $^{2}$2002.

## *2. Feldkompetenz Palliative Care?*

### *2.1 Die Untersuchung der DGSv*

Schon in o.g. Literatursammlung tauchen Arbeiten auf, die ihre Erkenntnisse aus der Befragung von Hospizhelfern oder -vereinen ziehen. Die radikale Patientenzentrierung des Palliative Care erfordert, dass auch die Sterbebegleiter gefragt werden, welche Wünsche und Bedürfnisse sie an ihre Begleiter (also z.B. SupervisorInnen) haben. Waren diese Arbeiten noch am Interesse der Autoren ausgerichtet, so kann man die Einsetzung einer Arbeitsgruppe der *DGSv* und deren Umfrage auch als Kundenorientierung verstehen. Die 12 wichtigsten Ergebnisse dieser Befragung von ca. 1.300 Einrichtungen der Hospiz- und Palliativbewegung lassen sich wie folgt zusammenfassen:[10]

- Sehr viele Einrichtungen bieten Supervision an (ebenso Fortbildung). Das Qualitätsbewusstsein und die Reflexionsbereitschaft sind in dieser Szene hoch. Allerdings wird nicht immer definiert, was z.B. den Unterschied zwischen Supervision und Praxisbegleitung ausmacht.
- Der turnusmäßige Wechsel der/des Supervisors/in ist eher selten. Langfristige Bindungen dominieren.
- Vorherrschende Auswahlkriterien sind: Persönliche Bekanntheit, Bewährung in der Szene, feldrelevantes Engagement, Ehrenamtlichkeit (auch in Bezug auf die SV!) oder ähnliche „weiche Faktoren“. Zwar haben die meisten letztlich doch eine Ausbildung, aber dies scheint nicht entscheidend für den Auftrag. Erst jüngst gewinnen Kriterien wie Ausbildung oder Zugehörigkeit zu einem Fachverband schon bei der Auswahl an Gewicht.
- Fast die Hälfte der SupervisorInnen sind im Grundberuf TheologInnen. Das fällt auf. Sehr häufig haben die beauftragten SuperisorInnen auch Erfahrungen im Arbeitsfeld – also „Feldkompetenz“. Übereinstimmend fordern dies die Kunden (Teilnehmer und Vereine) oder setzten es voraus.
- Es wird von den SupervisorInnen durchgängig erwartet, dass sie sich im Feld auskennen (87 %) und dass sie sich mit den

10 Vgl. *DGSv*, Supervision, 13–18.

existentiellen Fragen rund um Tod und Sterben auseinandergesetzt haben (63 % erwarten dies explizit, 97 % gehen implizit davon aus). Mehr als die Hälfte der Befragten erwartet ausdrücklich die Fähigkeit und die Bereitschaft, die Themen *Trauer* und *Spiritualität* zu bearbeiten.

- Der Umfang der Supervision variiert: Hauptamtliche erhalten weniger Stunden als Ehrenamtliche und externe Supervision wird seltener angeboten als interne. Mittelwert aller Antworten: zwei Stunden pro Monat.
- Supervision in diesem Feld ist fast ausschließlich Gruppensupervision.
- Die Teilnahme an der (meist verpflichtenden) Supervision liegt bei 74 % bis 82 % – ja nachdem, ob die SV extern oder intern für Hauptamtliche oder Ehrenamtliche angesetzt ist. Hauptamtliche nehmen externe Supervision regelmäßiger wahr, als interne; für Ehrenamtliche gilt das Gegenteil.
- Rückmeldungen aus der Supervision an die Auftraggeber sind nicht selten. 20 % der Antworten lassen die Vermutung zu, dass die befragten Einrichtungen Supervision zum Screening der Tauglichkeit von Mitarbeitern nutzen. I.d.R. scheint dies offen und akzeptiert zu sein.
- Die Themen umfassen die ganze Bandbreite – von Fallarbeit bis Psychohygiene und werden i.d.R. von der Gruppe ad hoc festgelegt *(was wir heute mitgebracht haben)*. Fragen der Rolle(n) und der Struktur des Vereins sind häufig Thema. Trotz der Mitbestimmung der Gruppe scheint es Tabus zu geben, die von den Supervisoren ausgehen. Denn nach offenen Wünschen gefragt (*was sollte noch in der SV besprochen werden können*), wurden übereinstimmend *spirituelle Fragen* (in dieser Klarheit) und *Tabuthemen* (in dieser Abstraktion) genannt. Das Auftauchen von „Tabus" in Gruppen („darüber kann man bei uns nicht sprechen") ist gruppendynamische Routineerfahrung. Dass ein bestimmtes Tabu unisono genannt wird, hat nichts mehr mit der je konkreten Gruppe zu tun. Es markiert vielmehr ein Thema des Feldes
- Supervision wird hoch motiviert wahrgenommen, dient der Entlastung, Persönlichkeitsbildung, Fortbildung und Motivation der MitarbeiterInnen und fungiert auch als Würdigung für die Ehrenamtlichen.

- SupervisorInnen in diesem Feld werden meist schlecht bezahlt und nicht selten wird kostengünstige oder gar kostenlose (17 %!) Arbeit erwartet.

### *2.2 Die curricularen Empfehlungen der DGSv*

Egal, wie die Debatte um die Empfehlungen weitergeht, und egal, ob es überhaupt solche Curricula und darauf aufbauende Qualifizierungsangebote geben wird, ist doch ein Blick auf das Erarbeitete für unser Thema aufschlussreich. Ich fasse die Inhalte, die sich bereits im Titel als „Anforderungen" positionieren, bewusst knapp zusammen:

2.2.1 Begleiter in diesem Feld (auch SupervisorInnen) müssen (um Übertragungen bzw. Gegenübertragungen handhaben zu können) existentielle Lebens- und Grenzerfahrungen für sich selbst gut bearbeitet haben. Sie müssen ethisch versiert sein und die Geschichte, Struktur und spezifische Sprache der Hospizbewegung und des Palliative Care kennen und verstehen.

2.2.2 Aus acht zentralen Themenbereichen listen die Empfehlungen Lernziele auf[11]:
- Palliativmedizin und Palliativpflege
- Psychosoziale Herausforderungen des Feldes
- Struktur und Finanzierung von Hospizarbeit; Akquise und Haltung
- Sonderthema: Supervision mit Ehrenamtlichen
- Sonderthema: Spiritualität
- Eigenreflexion: Warum will ich in diesem Feld supervidieren
- eigene Auseinandersetzung mit existentiellen Fragen
- Kenntnis von Konzepten palliativer und hospizlicher Praxis und Versorgung

### *2.3 Das Feld und die Pastoralpsychologie*

Viele dieser Themen lassen sich, bei aller existentiellen Tiefe, generell bearbeiten. Supervision in diesem Feld könnte von jedem/jeder Supervisor/in bewältigt werden, ragte nicht die

11 Siehe *DGSv*, Supervision, 19 –22.

*Spiritualität* sperrig aus dieser Themenkiste heraus. Sie ist per definitionem konstitutiv für den Blickwinkel im und auf das Feld. Sie bereitet allerdings häufig Sorgen, kennt kaum noch eine begriffliche Verständigungsbasis und wird scheinbar von den SupervisorInnen eher tabuisiert, als von den Supervisand Innen. Aus der Fallarbeit mit Hospizhelfern weiß ich, dass dieses Phänomen sich spiegelt: Auch in der Begleitung sprechen die Sterbenden religiöse Themen leichter und häufiger an, als ihre Begleiter. Supervision im hier diskutierten Arbeitsfeld wäre also leichter und jeder könnte sie leisten, gäbe es den spirituellen Aspekt nicht. Unter Einbeziehung dieses Aspekts und in Kenntnis der Geschichte des Begriffs „Spiritualität" sowie seiner Bedeutung(en) ist die hier geforderte supervisorische Kompetenz in erster Linie theologisch-hermeneutischer und pastoralpsychologischer Natur. Natürlich muss ich auch etwas von der Hospizbewegung und ihren Themen und Grundparadigmen wissen und damit über eine „allgemeine Feldkompetenz" verfügen, was nicht jeder Pfarrer automatisch tut! Aber ich muss v.a. über eine „spezielle Feldkompetenz" verfügen: Die Fähigkeit, spirituelle Aspekte und Themen zu orten, wahrzunehmen und angemessen zu intervenieren. Dabei ist „Angemessenheit" nicht nur eine supervisionstheoretische Kategorie, sondern zuvorderst eine theologische: Nur ein spirituell geschulter (und über die Fähigkeit zur Differenzierung und „Scheidung der Geister" verfügender) Blick kann spirituelle Aspekte[12] orten und deuten und entsprechend intervenieren. Alle anderen Themen lassen sich bearbeiten und stellen uns vor lösbare Probleme. Einzig die spirituellen Fragen bleiben gegenwärtig in der Diskussion sperrig außen vor und werden wider alle Erwartungen nicht bearbeitet. Dies kann daran liegen, dass es an *pastoralpsychologischem* Interesse mangelt, obwohl doch häufig Theologen für die Supervisionstätigkeit angefragt werden.[13] Wir vernachlässigen hier eine ureigene Aufgabe.

12 *Spirituell* ist *das Zauberwort*, weil es scheinbar jeder gefahrlos verwenden kann. Genauer wären natürlich *spirituelle* von *religiösen* und *kirchlichen* Themen zu unterscheiden.

13 Ich habe 2001 ausgewählte und 2005 dann alle ca. 600 DGfP-Mitglieder angeschrieben, und diejenigen mit Supervisionspraxis im Hospiz-Feld um Erfahrungsaustausch gebeten. Erhalten habe ich fünf Antworten.

## *3. Gegenwärtige Entwicklungen*

### *3.1 Entwicklungen im Sozialgesetzbuch V*

Supervision ist ein Markt, der im hier diskutierten Feld an Bedeutung gewinnt. Haben schon die Rahmenvereinbarungen zwischen den Krankenkassen und der Hospizbewegung 2002 das Vorhalten von Supervision/Praxisbegleitung zur Fördervoraussetzung gemacht, so wird sich die Nachfrage infolge der jüngsten Gesundheitsreform nochmals erhöhen[14]. Verstärkt werden Hospizvereine, Palliativdienste, Hospize und Krankenhäuser (die Zahl der Palliativstationen ist im Zuge der erwarteten Refundierbarkeit von Palliativversorgung sprunghaft gestiegen) im Zuge ihres Qualitätsnachweises – aber auch um der Praxis willen – Supervision nachfragen. Sicher wird dabei die Feldkompetenz der SupervisorInnen diskutiert (wenn auch nicht vorgeschrieben) werden.

### *3.2 Spiritualität und Ethik als spezielle Facetten am Markt*

Im Kontext der Bedeutung von Spiritualität und Seelsorge als konstitutivem Aspekt von Palliativversorgung (so ausdrücklich wiederholt im Gesetzgebungsverfahren benannt[15]), ist diese Entwicklung interessant für PastoralpsychologInnen: Unsere Prägung des Supervisionsformates trägt per definitionem einen Aspekt der nötigen Feldkompetenz in sich. Dies könnte bedeutsam für die Wahl des/der Supervisors/in sein. Hier sehe ich auch Verantwortung auf unserer Seite, verlässliche Angebote in dieser Richtung zu machen.

14 In das SGB V wurde zum 1.4.2007 der § 37b eingefügt, der den Anspruch auf „spezialisierte ambulante Palliativversorgung" (SAPV) festschreibt. Da in 2008 die Rahmenvereinbarungen ausgehandelt werden, nach denen Krankenkassen Verträge gem. § 132d SGB V schließen, wird bei der Beschreibung der Voraussetzungen für potentielle Leistungserbringer von SAPV die Supervision im Sinne der Qualitätssicherung ein Rolle spielen und die Nachfrage im palliativen Arbeitsfeld anheizen.

15 Aufschlussreich hierzu: *Tragende Gründe zu dem Beschluss des Gemeinsamen Bundesausschusses über die Erstfassung der Richtlinie zur Verordnung von spezialisierter ambulanter Palliativversorgung* vom 20.12.2007.

Zusätzlich häufen sich im Kontext von end-of life-care ethische Fragestellungen. Nicht nur die Patientenverfügung oder ethisch-rechtliche Diskussionen um die Indikation von Behandlungen am Lebensende beschäftigen die Szene. Hinter jedem dieser „Fälle" stehen Schicksale und reale Menschen. Dies macht Sterbebegleitung zunehmend komplex und erfordert gute Beratung der Begleiter. Dafür genügt es nicht, wenn SupervisorInnen „schon mal was von Ethik gehört haben". Sie müssen vielmehr in der Lage sein, ethische Beratungsprozesse zu verstehen und die darin angewandten Beratungsparadigmen hermeneutisch zu integrieren. Ethikberatung bewährt sich gegenwärtig v.a. als kommunikativ-interkompetenter Prozess in der je konkreten Situation. Dies meint etwas anderes, als die klassischen Ethikkomitees in Kliniken, in denen Experten „über einen Fall entscheiden"[16]. Mir scheint dieser Wandel eine Chance für pastoralpsychologisch geschulte SupervisorInnen, denn unser Beratungsverständnis ähnelt diesem Vorgehen[17]. Somit sind wir nicht nur in der Lage, solche Prozesse als ModeratorInnen zu begleiten (worum wir immer wieder gebeten werden!), sondern wir verstehen in der Supervision auch eher, wovon unsere SupervisandInnen erzählen, wenn sie selbst Mitspieler solcher Ethikprozesse sind.

### *3.3 Neue Versorgungskontexte*

Große Umwälzung im Palliative Care vollzieht sich gegenwärtig durch seine Einwanderung in die Regelversorgung. Der Rahmen dieses Artikels gestattet keine ausführliche Beschreibung dieser Entwicklung[18]. Hier sei jedoch darauf verwiesen, dass z.B. die Bemühungen um die Implementierung von Palliative Care in

16 Einen guten Einblick in diese Entwicklung bietet Abschnitt VI „Ethik und Moral" in: *Cornelia Knipping* (Hg.), Lehrbuch Palliative Care, Bern $^{2}$2007, 519–590.

17 Interessant hierzu: *Michael Klessmann/Kerstin Lammer* (Hg.), Das Kreuz mit dem Beruf. Supervision in Kirche und Diakonie, Neukirchen 2007, 37–40.

18 Ich verweise interessierte LeserInnen auf meine Homepage, die Einblick in diese Ansätze und seine Geschichte vermittelt: www.hospizprojekt.de.

die Altenhilfe große Umwälzungen zeitigt. Für die stationäre und ambulante Altenhilfe wird die Frage der *end-of-life-care* in den nächsten zwei Dekaden existentiell. Altenheime werden mittelfristig zu palliativen Einrichtungen. Darauf bereitet sich die Szene seit gut 10 Jahren durch den Rückgriff auf die Hospizidee vor. Wir sind mitten in dieser Diskussion. Bei gut 14.000 Heimen in Deutschland, entsteht somit ein riesiges „palliatives Feld". Supervision wird hier wesentlich an Raum gewinnen. Gleichzeitig bedeutet das „Auswandern der Idee" (wie es manche Hospizler empfinden) Veränderungen in der Arbeit der Hospiz- und Palliativszene, die bisher in ihren eigenen Versorgungssettings (stationäres und ambulantes Hospiz, Palliativstation) die Idee gelebt hat. Neue Fragen, Irritationen und Ängste, der Zwang zur Umorientierung und Organisationsveränderungen sind die Folge. Auch hier wird der Beratungsbedarf allein aus diesem Grund steigen. Die Anfragen nach OE, Coaching und Supervision im Zuge von Implementierungsprojekten und Kooperationen mit Heimen häufen sich. Den klassischen Pflegeheimen werden Einrichtungen der speziellen stationären Gerontopsychiatrie, komplexe neue Wohnformen, Einrichtungen der Behindertenhilfe und schließlich Krankenhäuser folgen. Die Implementierung von Palliative Care in die Regelversorgung wird Beratung und Supervision im großen Stil mit sich bringen[19].

## *4. Konsequenzen und Ermutigung*

### *4.1 Zusammenschau*

Listet man zusammenfassend die Themen auf, die mit Supervision im Feld von Hospizarbeit und Palliative Care gegeben sind, ergeben sich Aufgaben für die Pastoralpsychologie: *Leid, Tod, Abschied, Kontrollverlust und Grenzerfahrungen; Tabus; Spiritualität und Sinnfragen; Supervision von Ehrenamtlichen; Ethik; Strukturfragen (Rollen, Hierarchien, Veränderungen in der Szene); Interdisziplinarität; Unschärfen im Format (Fortbildung,*

19 Gängige Projekte und Modelle der Implementierung beinhalten Supervision und Coaching bereits integrativ.

*Selbsterfahrung, Praxisanleitung, Supervision); Unterschiede der Versorgungssettings (Hospizlandschaft vs Regelversorgung).*

Dies ist mehr als ein Waschzettel! Es stellt eine Sammlung von Themen dar, die pastoralpsychologisch durchdrungen werden wollen – ein Feld, das bestellt werden will. Die Supervisand Innen und ihre Auftraggeber in diesem Feld erwarten in Zeiten der Umwälzung Hilfestellung und Angebote. Eine sorgfältige Diskussion der speziellen hermeneutischen Kompetenzen der Pastoralpsychologie steht aus. Die Themen *Grenzerfahrung, Altenhilfe, Ethik und Spiritualität* könnten z.B. noch klarer von uns aufgegriffen und in nachvollziehbare theoretische Ansätze und praktische Beratungsangebote umgemünzt werden. Diese Währung wäre valide.

### *4.2 Ausblick*

Zunächst wäre es reizvoll, die gemeinsamen Wurzeln aufzuspüren. Nur wenige in der DGfP wissen noch, dass die Anfänge der Begleitung, Fortbildung und Supervision in der entstehenden deutschen Hospizlandschaft in der KSA liegen[20]! Warum geriet dies in Vergessenheit? Welche Tabuisierungen wirken hier? Aufklärung wäre ein erster Schritt.

Ungeklärt ist in Deutschland das Verhältnis zwischen Kirche und Hospizbewegung. Letztere hat Wurzeln in ersterer, geht darin aber nicht auf. Manchmal hat die Zuwendung zur Hospizarbeit direkt mit einer Abwendung von bisherigem kirchlichem Engagement zu tun und manchmal entstammt sie ihm. Diese Uneinheitlichkeit bedarf der Besprechung und ist immer wieder Thema in Supervisionen. Sie bedarf der theologisch-hermeneutisch Durchdringung, denn mit ihr ist stets direkt die Handhabung spiritueller Themen in der Praxis und in der Supervision verbunden. Allerdings spiegelt sich dieses Phänomen

20 2006 erläuterte in Wien der Würzburger Theologen und Psychologen *Ernst Engelke* als Zeitzeuge und Beteiligter der ersten gemeinsamen Kursen von *Hans-Christoph Piper* mit Hospizeinrichtungen die gemeinsamen Wurzeln. Noch die heute gängigen Modi der Vorbereitung dieser Begleiter nehmen die klassische KSA-Methodik auf. Schon 2005 hatte *Andreas Heller* die Krankenhausseelsorge in einem Vortrag auf diese gemeinsamen Wurzeln aufmerksam gemacht.

uneinheitlicher Positionierung deutlich in der Pastoralpsychologie und ihrer Haltung zur Kirche. Nichtbearbeitung jedoch reduziert Komplexität nur scheinbar. Vielleicht wäre eine Klärung (besser: Integration) auf unserer Seite eine wichtige Stütze für das Feld, vom wir hier sprechen?

Wir steuern auf eine Situation in Deutschland zu, wo sich auch in der Hospizlandschaft „Sterben erster und zweiter Klasse" begegnen: Wenn sich die Palliativszene aufmacht, die Regelversorgung mit zu bedienen und ihren Schatz (die Hospizidee) mit allen zu teilen, die es brauchen, dann beteiligt sie sich an sehr unterschiedlichen Versorgungsqualitäten. Sie lässt sich auf eine Welt ein, in der z.B. hochaltrige und demente Menschen am Lebensende deutlich unzureichender palliativ versorgt werden, als Gäste eines Hospizes. Es wird unterschiedlich gut betreut gestorben in unserem Land[21]! Supervision in diesen Settings fordert manchmal Demut. Sie kann nicht so gut prahlen und leuchten, wie z.B. Supervision im Krankenhaus, wo wir an der vornehmen Aufgabe der Heilung beteiligt sind (und gute Arbeit leisten!): Da sind wir Helden, weil wir Helden begleiten. Dort wo gestorben wird, ist dies nicht per se der Fall. Dennoch haben wir auch dort eine Aufgabe. Supervision im Feld von Hospizarbeit und Palliative Care kann stärken und trösten, wird prophetisch und priesterlich wirken und wird allein durch ihr „sich einlassen" eine Stütze sein. Es wäre alles andere als eitel, sich auf diesen Weg zu begeben. Die Erfahrungen in diesem Arbeitsfeld sind herausfordernd und bereichernd zugleich.

21 Die Diskussion wird inzwischen geführt und hat es bis ins Parlament geschafft: *Zwischenbericht der Enquete –Kommission „Ethik und Recht der modernen Medizin. Verbesserung der Versorgung Schwerstkranker und Sterbender in Deutschland durch Palliativmedizin und Hospizarbeit"*, *Deutscher Bundestag 15. Wahlperiode, Drucksache 15/5858, 22.06.2005.*

# Burnout in der Hospizarbeit

## Anfragen an die Leipziger Untersuchung

*Christiane Burbach*

*Zusammenfassung:* In diesem Artikel werden Fragen an die Leipziger Untersuchung von 2003 gestellt. Besonders der Charakter des Hospizes als einer normativen Institution wurde nach Auffassung der Verfasserin nicht hinreichend Rechnung getragen.

*Abstract:* In this article, the Leipzig study of 2003 is questioned. In the authors opinion, especially the hospice as a normative institution was not adequately dealt with.

### 1. *Das Burnout-Syndrom in der Pflegearbeit des Hospizes*

Seit der Entdeckung des Burnout-Syndroms durch *Freudenberger*[1] 1974 und seiner weiteren Ausdifferenzierung werden verschiedene Verursachungen dieser Symptomatik untersucht. Besonders im Gesundheitsbereich wurden als generelle Stressorenarbeits- und organisationsbedingte Faktoren ausfindig gemacht wie „Geringe Handlungsspielräume, organisatorische Probleme, Unsicherheiten im Umgang mit Patienten, geringe Aufstiegsmöglichkeiten, soziale Stressoren, Schichtarbeit, Arbeitsplatzunsicherheit“[2], auch der Zeitdruck gehört in diese Kategorie. Als arbeitsplatzspezifische Stressoren gelten u.a. die Nähe zu Krankheit, Tod, Sterben und zu psychischen Anfälligkeiten. Pflegende im Hospiz gelten als Mittler zwischen den Organisationszielen, den Vorschriften der Vorgesetzten, den Ärzteanordnungen einerseits

1 *Herbert J. Freudenberger/Geraldine Richelsen*, Ausgebrannt, Berlin 1982. Seit 1950 gibt es jedoch Studien zu einzelnen Symptomen des Syndroms.

2 Vgl. *Harry Schröder/Christina Schröder/Frank Förster/Alexander Bänisch*, Palliativstationen und Hospize in Deutschland. Belastungserleben, Bewältigungspotenzial und Religiosität der Pflegenden, Wuppertal 2003, 8; dort weitere Literatur und Untersuchungen zum Thema.

und den Patientenerwartungen andererseits.[3] Bereits hier lässt sich eine Lücke in der Feststellung der Koordinaten für mögliche Burnout-Erkrankungen erkennen. Aus der Supervisionsarbeit ist bekannt, dass auch die eigene Motivation der Pflegenden zu ihrem Beruf und die Verwirklichung ihrer Ziele darin eine wesentliche Rolle in dieser Gemengelage spielen. Die avisierte Vermittlungsarbeit ist also komplexer.

Als Untersuchungsinstrumentarium zur Feststellung eines Burnout-Syndroms hat sich der arbeits- und organisationsorientierte Ansatz von *Maslach / Jackson / Leiter*[4] durchgesetzt. Mit dem Maslach Burnout Inventory, abgekürzt MBI-GS-D, wird mit Hilfe von 25 Items das Vorhandensein und das Ausmaß solcher Symptomatik in den drei Dimensionen emotionale Erschöpfung, Depersonalisierung und eigene Leistungseinschätzung eruiert.

In ihrer flächendeckenden Untersuchung in West- und Ostdeutschland zu Belastungserleben, Bewältigungspotenzial und Religiosität der Pflegenden in Palliativstationen und Hospizen[5] haben die AutorInnen u.a. auf dieses Instrument zurückgegriffen, haben es reduziert einerseits und ergänzt anderseits um Aspekte der Betriebsorganisation und der Arbeitsplatzorganisation und einen weiteren Faktor, die Einschätzung der Arbeitsplatzunsicherheit. Eine weitere Tabelle fragt nach den persönlichen Bewältigungsstilen[6] und Persönlichkeitsmerkmalen. Eine dritte schließlich erfragt die psychischen, somatischen und psychosomatischen Gesundheitsindikatoren.[7]

3 Vgl. *Schröder e.a.*, a.a.O., 9. *Ute Reimann* unterscheidet fünf Bereich potentieller Burnout-Quellen, Vgl. Burnout in der Hospiz- und Palliativarbeit, Die Hospizzeitschrift 30, 8.Jg. 2006/4, 5ff.

4 Inzwischen in der zweiten Version von *Christina Maslach / Susan E. Jackson / Michael P. Leiter*, (³1996), The Maslach Burnout Inventory. Palo Alto, CA: Consulting Psychologists Press. Und: *Christina Maslach / Michael P. Leiter* (³1997), The truth about burnout, San Francisco, CA: Jossey-Bass.

5 Vollständiger Titel vgl. Anm.2.

6 Hierzu wurde der Stressverarbeitungsbogen SVF von *Janke / Erdmann / Kallus* verwendet. Vgl. *Christina Schröder / Gabriele Schmutzer / Harry Schröder*, Belastbarkeit und Belastungsbedingungen von onkologischen Palliativpflegekräften im zeitlichen Verlauf und Vergleich mit konventioneller onkologischer Pflege, 24.

7 Vgl. *Antje Ducki*, Arbeits- und organisationspsychologische Gesundheitsanalysen, Leipzig 1998.

Diese Untersuchung kommt zu dem Ergebnis, dass die Arbeitsbedingungen in Hospizen und Palliativstationen sehr viel besser sind als auf anderen Krankenhausstationen und insofern in dieser Hinsicht geringes Burnoutpotenzial konstatiert werden kann[8], dass arbeitsplatzbezogene Ressourcen wie gegenseitige Hilfe, ein gutes kollegiales Verhältnis der Pflegenden untereinander, eine als interessant bewertete Tätigkeit sowie Entscheidungsfreiräume in Hohem Maße gegeben sind.[9] Allerdings wurde im Bereich der emotionalen Erschöpfung und der Arbeitsfreude eine 50 %ige Burnout-Prognose eruiert.[10] Schließlich konnte festgestellt werden, dass Arbeitsfreude und Leistungszufriedenheit der Pflegenden mit der Ausprägung von „transpersonalem Vertrauen" korrelieren. Religiöse Vorstellungen wirken angstreduzierend. „Steigendes transpersonales Vertrauen geht mit vermehrt positiv bewerteter Arbeit, einer erhöhten Identifikation mit der Einrichtung und einer höheren Zufriedenheit mit der erhaltenen Gratifikation einher."[11] Nur „teilweise" transpersonal vertrauende Pflegekräfte klagen über höhere Gereiztheit und emotionale Erschöpfung und beantworten Stress eher mit Resignation.

Die abschließenden Empfehlungen bestehen überwiegend darin, die Leitung solcher Einrichtungen darauf zu verweisen, dass sie aufbau- und ablauforganisatorische Maßnahmen treffen, die sich burnoutmindernd auswirken. Dazu gehört es, die Partizipations- und Informationspolitik sowie die Fürsorge für die Pflegenden zu verbessern. Zeitdruck und Störungen bei der Arbeit gelten als besondere Stressfaktoren und sollten minimiert werden, soziale Ressourcen sollten gestärkt werden.[12] Das Resümé schließt mit der Feststellung, dass die terminale Pflege mit ihren spezifischen Belastungen durch geeignete Rahmenbedingungen aufgefangen werden können.

8 *Schröder / Schröder / Förster / Bänsch*, Palliativstationen und Hospize in Deutschland, 60.

9 Ebd. 62.

10 Ebd., 63.

11 Ebd., 63.

12 Ebd., 64f.

## *2. Zwischenbemerkung: Beobachtung aus der Supervision mit Hospiz-Pflegenden*

Ein Vergleich dieser großen Untersuchung mit Materialien aus der Supervision von Pflegenden in Hospizen zeigt, dass die hier untersuchten Parameter eine Rolle spielen. Aber ein solcher Vergleich zeigt auch, dass in der Supervision Themen problematisiert werden, die in der Untersuchung keine essenzielle Bedeutung haben. Dabei handelt es sich um Fragen, die durch Organisationsverbesserungen nicht aufgefangen und durch den Kanon der Fortbildungsangebote nicht repräsentiert werden. Dazu gehört z.B. das Problem, eine hohe religiöse Bindung zu haben und eine dezidiert religiöse Sinngebung mit der Arbeit im Hospiz zu verbinden, mit dieser Haltung jedoch weder mehrheitlich im Gegenüber mit den Hospizgästen noch im Kollegium Resonanz zu finden, sondern Reibung und Dissenserfahrung zu machen. Dazu gehört umgekehrt die Erfahrung, eine eingefleischte spirituelle Kultur im Hospiz nicht teilen zu können, sie als angestrengt und als Stressfaktor zu erleben. Erlebt werden kann auch ein gewisser nicht hinterfragbarer Heroismus, der anstrengend wirkt. Schließlich ist hier zu erwähnen, dass sich Hospizleitungen u.U. vor hohen Anforderungen und große Verantwortung für die Mitarbeitenden gestellt sehen, im Hinblick auf die Herstellung des auch in der o.g. Untersuchung geforderten „geeigneten Rahmens" der Hospizarbeit. Dazu kommt z.B. gegebenenfalls die nicht gerade triviale Aufgabe, Spenden zu akquirieren, um die Kosten des würdigen Sterbens, die durch Kranken- und Pflegekasse nicht vollständig abgedeckt werden, sicher zu stellen, Verhandlungen mit dem Träger zu führen mit dem Ziel Zuschüsse zu erhalten. Die nicht durch die Kassen abgedeckten Mittel können u.U. die Hälfte des Haushaltes betragen. Die Notwendigkeit des Fundraisings ist jedoch nicht in allen Hospizen gegeben. Einige können auch kostendeckend ohne Spenden arbeiten. Von den Belastungen der Spendenwerbung werden die Mitarbeitenden in der Pflege u.U. nicht behelligt. Für die Leitungen, teilweise jedoch auch für die Pflegenden entsteht hier ein hoher Erfolgsdruck.

Diese Beobachtungen führen mich dazu, einige Stellen des Untersuchungsdesigns und einige Interpretationen zu hinterfragen.

## *3. Das Hospiz als normative Institution und der Verdacht auf normativ aufgeladene Antworten in der empirischen Untersuchung*

Wer die Leitbilder, Internetseiten, Verlautbarungen und Werbematerialien der Hospize studiert, nimmt sehr schnell zur Kenntnis, dass sich hier Organisationen präsentieren, die Werte aufrichten, wahren und verteidigen. Um nur einige zu nennen: Die Hospizbewegung mit dem Anliegen der Begleitung Sterbender tritt offensiv gegen Möglichkeiten der aktiven Sterbehilfe an. Sie hat es sich zur Aufgabe gemacht, aktive Sterbehilfe, assistierten Suizid und den Wunsch danach durch ihre überzeugende Arbeit obsolet zu machen. Daraus folgen viele weitere Normen und Forderungen,[13] wie die der Selbstbestimmung des Menschen bis zuletzt, der Bedürfnisorientierung, der weitgehenden Schmerzreduktion, der nach hochprofessionellen Teams.

Vor diesem Hintergrund lesen sich einige Ergebnisse der Befragung differenzierter. So wird der gute Ruf der Einrichtung in der Öffentlichkeit und die Vorstellung, dass die Einrichtung Zukunft hat, als betriebliche Ressource dargestellt.[14] Der gute Ruf in der Öffentlichkeit wird bei Hospizpflegenden mit 95,8 % Zustimmung, bei Pflegenden der Palliativstationen nur mit 78,2 % versehen. Hier stellt sich die Frage wie hoch der Anteil der Empirie und wie hoch der Anteil der Normativität ist. Der gute Ruf in der Öffentlichkeit ist im Hospiz stets nicht nur entlastend, sondern immer auch eine Herausforderung, die mit großer Anstrengung verbunden ist. Man muss gut und besser als die Krankenpflege sein. Ein mittelmäßiger Ruf würde bereits die Spendenmittel reduzieren und die Zukunft der Einrichtung auf die Dauer in Frage stellen. Nach innen halten die Hospizpflegenden mit allen, die sich daran beteiligen können, gegen qualvolles Sterben und den unwürdigen Tod zusammen, nach außen gilt es dies glaubwürdig darzustellen.

13 Vgl. z.B. die Darstellung der Deutschen Hospiz Stiftung, http://www.hospize.de/idex.php?go=030&druck=true; vgl. auch die Gemeinsame Stellungnahme der „Deutschen Gesellschaft für Palliativmedizin“ und der „Bundesarbeitsgemeinschaft Hospiz“ zur Gesetzgebung über aktive Sterbehilfe in den Niederlanden vom 14.4.2001.

14 *Schröder et al.*, Palliativstationen und Hospize in Deutschland, 28.

Ähnliches lässt sich für die „Identifikation mit dem Krankenhaus" sagen, die als betriebliche Ressource betrachtet wird. Sie wird bei Hospizpflegenden mit 97,5 % bestätigt, bei Pflegenden in der Palliativmedizin mit 88,0 %.[15] Auffällig ist hier bereits der Abstand zum Item mit der nächsten hohen Zustimmung, Betriebsklima: Hospizpflegende stimmen mit 84,5 % zu, Palliativpflegende mit 76,4 %. Der Abstand beträgt rund 11 %. Bemerkenswert ist m.E. auch, dass die Identifikation mit dem Krankenhaus generell die stärkste Zustimmung erfährt vor dem Betriebsklima, der Partizipation und Arbeitsorganisation. Die Identifikation mit der Einrichtung könnte insofern normativ aufgeladen sein, als sie die organisatorische Verankerung der Motivation zu diesem Beruf beinhaltet. Leid zu lindern, Leben menschenwürdig zu gestalten, zu helfen bis zuletzt, Nächstenliebe und Barmherzigkeit zu leben, das sind Motive zu Ausübung dieses Berufes, das sind auch die Ziele der Einrichtung. Ob hier tatsächlich geäußert wird, dass die Einrichtung in optimaler Weise agiert oder ob hier bestätigt wird, dass es immer noch das Hospiz ist, das in höchstem Maße die eigenen Motivationen zum Beruf repräsentiert, ist ohne Kontrollfragen nicht entscheidbar. Die Aufrechterhaltung dieses positiven Bildes evtl. entgegen partieller andersartiger Erfahrung, stellt aber wiederum keine Ressource, sondern Stresspotenzial dar. Dies würde jedenfalls die Heroenattitüde und die gelegentlich anzutreffende angestrengte spirituelle Kultur erklären.

Bei aller Relativierung zeigt sich doch auch immer wieder bei Hospizmitarbeitenden die (Wunsch-)Vorstellung des „seligen Sterbens", das Leitbild des „friedlichen Einschlafens" nach allen Lebenskämpfen. Diese Vorstellung mag in hohem Maße mit den Wunschvorstellungen der Sterbenden selbst korrespondieren, stellt aber dennoch eine sehr hohe Anforderung dar. Die Normativität solcher Leitbilder und das inhärente Stresspotential sehe ich in den Items zur Erhebung der Arbeits- und Organisationsmerkmalen nicht repräsentiert. Hier fehlen damit essenzielle Gesichtspunkte, die für die Organisation Hospiz charakteristisch sind.

15 Ebd., 29.

Des Weiteren fehlt in der Befragung eine Differenzierung zwischen Pflegepersonal und Pflegedienst- oder Hospizleitung. Leitungspersonen sind anderen und weiteren Stressfaktoren ausgesetzt, erhalten allerdings auch weitere materielle und immaterielle Gratifikation. Für die weiterführende empirische Klärung der Situationen im Hospiz wäre eine solche Differenzierung zielführend. Darüber hinaus sollten auch die Ehrenamtlichen befragt werden, um des Näheren feststellen zu können, in welchen Arbeitsbereichen des Hospizes Stressfaktoren kumulieren und wo sich die Situation verhältnismäßig stressarm darstellt. Solche Erkenntnisse könnten dann für die Supervision bedeutsam werden.

## *4. Fazit*

In den bisher vorliegenden Befragungsinstrumentarien insbesondere der Arbeits- und Organisationsmerkmale zur Erforschung des Burnout-Syndroms im Hospiz fehlen wesentliche Gesichtspunkte, die Zweck und Ziele der Organisation repräsentieren und charakteristisch für die Arbeit dort sind. Die Werthaltigkeit dieser Zwecke, Ziele und Leitbilder gilt es so zu erfassen, dass bei den Antworten zwischen empirie- und normhaltigen Anteilen differenziert werden kann.

Die Motivation zum Beruf/zur Tätigkeit der Hospizmitarbeitenden sollte korreliert werden mit dem Leitbild der Einrichtung. Auch hier findet sich Stresspotential.

Schließlich sollten in einer weiteren Untersuchung Leitung, Pflege und Ehrenamtliche differenziert befragt werden.

# Autorinnen und Autoren

*Amelung, Volker Eric*, Professor für Gesundheitssystemforschung mit Forschungsschwerpunkten Managed Care, Integrierte Versorgung und Gesundheitsökonomie, Institut für Epidemiologie, Sozialmedizin und Gesundheitssystemforschung, Medizinische Hochschule Hannover; Vorstandsvorsitzender des Bundesverbands Managed Care e.V., Berlin.

*Behnken, Annette*, Pastorin, Mutter von Anne Feline (†), Marie und Lina, Pastorin, Kirchengemeinde „Zum Barmherzigen Samariter"; Personenzentrierte Gesprächsführung, Fortbildung in Focusing, Meditations- und Kontemplationslehrerin Via Cordis i.A., Lehrerin für Tanzimprovisation, Tanztheater und Körpersymbolik.

*Begemann, Verena Dr. phil., Dipl. Sozialpäd./Sozialarb. (FH)*, wissenschaftliche Mitarbeiterin an der Westfälische Wilhelms-Universität Münster, Kontaktstelle Studium im Alter. Arbeitsschwerpunkt: „Bürgerschaftliches Engagement in Wissenschaft und Praxis". Veröffentlichungen zum Themenspektrum „Hospizarbeit und Lebenskunst".

*Burbach, Christiane*, Dr. theol, Professorin für Praktische Theologie an der Fachhochschule Hannover; Supervisorin DGfP/DGSv, Lehrsupervisorin DGfP; Forschungsgebiete: Pastoralpsychologische Themen, GenderPerspektiven, Weisheit,; Veröffentlichungen u.a. zum Thema Krankenhaus, Hospiz, Gender, Weisheit und Lebenskunst.

*Buser, Kurt*, Dr. phil., Dipl. Volkswirt, ehemaliger Leiter des Arbeitsschwerpunktes Gesundheitsökonomische Analysen, Institut für Epidemiologie, Sozialmedizin und Gesundheitssystemforschung, Medizinische Hochschule Hannover.
Weitere Forschungsschwerpunkte: Epidemiologie und Versorgungsforschung.

*Charbonnier, Ralph,* Dr. theol., Systematische Theologie und Medizinethik, Veröffentlichungen zu ethischen Fragen am Lebensende, jetzige Funktion: Superintendent im Ev.-luth. Kirchenkreis Burgdorf/Hannover.

*Dech, Heike,* Prof. Dr. habil., Geriaterin und Gerontologin. Lehre: Sozialmedizin an der Alice Salomon Hochschule Berlin und der Universität Kassel. Forschungsgebiete: Gerontologische Themen, Demenz, Prävention/Gesundheitsförderung, womens mental health, psychosoziale Versorgungsforschung.

*Elsdörfer, Ulrike,* Dr. phil. Pfarrerin der Ev. Kirche von Hessen-Nassau, Supervisorin DGfP; Lehrbeauftragte an den Universitäten Frankfurt/M. und Heidelberg;
Forschungsbereiche: Frauen in Christentum und Islam, Medizin, Psychologie und Beratung im Islam, Menschenrechte im Islam, Bahá`í-Religion, Südafrika: Beratungs- und Seelsorgethemen, aber auch Islam und Christentum im afrikanischen Kontext, Interkulturelle Beauftragte der DGfP.

*Kittelberger, Frank,* Pfarrer & Pastoralpsychologe, Lehrsupervisor (DGfP, DGSv), Gruppenanalytiker (GAG, DAGG); Fachstelle Hospizarbeit & Palliativkultur, Pastoralpsychologie & Supervision der Hilfe im Alter-Gemeinnützigen GmbH der Inneren Mission München.

*Rüegger, Heinz,* Dr. theol., MAE, wissenschaftlicher Mitarbeiter am Institut Neumünster, zuständig für die Bereiche Theologie, Ethik und Gerontologie, und Seelsorger im Wohn- und Pflegehaus Magnolia, Zollikerberg

*Roser, Traugott,* PD Dr. theol., Professor für Spiritual Care am Lehrstuhl für Palliativmedizin der LMU München. Forschungsbereiche: Spiritualität in der Palliative Care; Sexualität bei chronisch Kranken; Religion und Film; Krankheit und Film; Veröffentlichungen: Spiritual Care: Ethische, organisationale und spirituelle Aspekte der Krankenhausseelsorge, Stuttgart 2007; Spiritualität und Medizin: Gemeinsame Sorge für den kranken Menschen, hg. mit Eckhard Frick sj, Stuttgart 2009.

*Schneider, Nils*, PD Dr.med., MPH, Arzt für Allgemeinmedizin und Palliativmedizin. Leiter der Arbeitsgruppe Versorgung in der letzten Lebensphase, Institut für Epidemiologie, Sozialmedizin und Gesundheitssystemforschung, Medizinische Hochschule Hannover.
Weitere Arbeitsschwerpunkte: Versorgung im Alter, Patientenorientierung, Lehre im Medizinstudium.

*Wenn Sie weiterlesen möchten...*

Ulrich H.J. Körtner

**Ethik im Krankenhaus**

Diakonie – Seelsorge – Medizin

An der Schnittstelle von Medizin und Seelsorge steht die diakonische Ethik vor der Herausforderung, den christlichen Ethos in der Konfrontation mit anderen Ethosformen zu neuer Geltung zu verhelfen.

Ulrich H.J. Körtner entwickelt eine »Krankenhaus-Ethik«, die Praktikern in Krankenhaus und Pflegeheim ein ethisches Fundament bietet.

Neben theologischen Grundlagen von Ethik im Krankenhaus diskutiert Körtner das Verhältnis von Ethik und Seelsorge und die Fragen um die ethische Grundkonzeption, die sich im Umgang mit unserer Endlichkeit, Gebrechlichkeit und Sterblichkeit stellen. Das Buch versteht sich ebenso als Beitrag zur klinischen Ethik wie zur Diskussion über Grundlagen und Aufgaben diakonischer Ethik.

Hans-Günter Heimbrock / Trygve Wyller (Hg.)

**Den Anderen wahrnehmen**

Fallstudien und Theorien für respektvolles Handeln

Dieser Band fokussiert die für Sozialberufe zentrale Frage: Wie kann man Andere in ihrem Anderssein respektieren, so dass Fürsorgehandeln problematische Disziplinierungsprozesse vermeidet? Fallstudien aus Krankenpflege, Hospizarbeit, Schule, Seelsorge und Sozialarbeit erarbeiten im Rückgriff auf phänomenologische Traditionen von Husserl bis Foucault ethisch gesprächsfähige und berufspraktisch nützliche Perspektiven.

Grundinformationen zu Professionsethik, empirischer Forschung und dem normativen Gewicht von Praxis verorten die Fallarbeit in einen größeren Kontext und regen zum eigenen Weiterforschen an.

*Wenn Sie weiterlesen möchten...*

Volker Drewes

**Abschied vom Leben**

Beratung von Angehörigen Sterbender

Wenn sich die ganze Aufmerksamkeit auf den Sterbenden richtet, treten die Bedürfnisse der Angehörigen in den Hintergrund. Dabei brauchen gerade auch sie Hilfe und Beratung in dieser schwierigen Situation.

Nicht nur Sterbende fühlen sich isoliert und hilfebedürftig, sondern auch jene, die sie auf ihrem letzten Lebensweg begleiten wollen. Was den Angehörigen bevorsteht, ängstigt sie und erfüllt sie mit Unruhe und Unbehagen. Wer sich in einer solchen Situation einer Beraterin/einem Berater anvertraut, wünscht sich, Hilfe bei der Aufgabe zu finden, andere über eine Schwelle zu begleiten.

Anhand eines Beispiels werden Gesprächsabläufe mit Angehörigen und deren Reaktionen durch Theorien unterstützend reflektiert. Besonderes Augenmerk liegt dabei auf dem Umgang mit den Gefühlen und der Erstellung eines Angehörigendiagrammes.

Volker Drewes

**Der Eingriff**

Beratung vor und nach einer Operation

Obwohl operative Eingriffe für viele Menschen eine Krise darstellen, die mit besonderen seelischen Bedürfnissen verbunden ist, werden diese oft kaum beachtet. Volker Drewes stellt adäquate Beratungsmöglichkeiten vor.

PatientInnen sind oft einsam und hilfebedürftig. Und auch die, die auf dem Weg in den Operationssaal oder nach einer Operation begleiten, suchen oft nach Antworten. Menschen, die in einer solchen Situation einen Berater/eine Beraterin aufsuchen, wünschen sich Hilfe dabei, sich auf das Bevorstehende einlassen zu können oder mit den Folgen eines operativen Eingriffs umzugehen. Der erfahrene Klinikpfarrer Volker Drewes reflektiert anhand eines Beispiels Gesprächsabläufe zwischen PatientIn und BeraterIn und erhellt auch deren theoretischen Hintergrund. Das besondere Augenmerk liegt auf dem Umgang mit Gefühlen und der Umdeutung des Krankheitsgeschehens.